HISPANIC TEXTS

general editor
Professor Catherine Davies
Spanish, Portuguese and Latin American Studies
University of Nottingham

series previously edited by
Professor Peter Beardsell, University of Hull
Emeritus Professor Herbert Ramsden

series advisers
Spanish literature: Professor Jeremy Lawrance
Spanish, Portuguese and Latin American Studies, University of Nottingham
US adviser: Professor Geoffrey Ribbans, Brown University, USA

Hispanic Texts provide important and attractive material in editions with an introduction, notes and vocabulary, and are suitable both for advanced study in schools, colleges and higher education and for use by the general reader. Continuing the tradition established by the previous *Spanish Texts*, the series combines a high standard of scholarship with practical linguistic assistance for English speakers. It aims to respond to recent changes in the kind of text selected for study, or chosen as background reading to support the acquisition of foreign languages, and places an emphasis on modern texts which not only deserve attention in their own right but contribute to a fuller understanding of the societies in which they were written. While many of these works are regarded as modern classics, others are included for their suitability as useful and enjoyable reading material, and may contain colloquial and journalistic as well as literary Spanish. The series will also give fuller representation to the increasing literary, political and economic importance of Latin America.

Tristana

Manchester University Press

HISPANIC TEXTS

available in the series

Carmen Conde *Mientras los hombres mueren*
  ed. Jean Andrews

Julio Cortázar *Siete cuentos*
  ed. Peter Beardsell

Antonio Machado *Soledades. Galerías. Otros poemas*
  ed. Richard A. Cardwell

Spanish contemporary poetry: An anthology
  ed. Diana Cullell

Gertrudis Gómez de Avellaneda *Sab*
  ed. Catherine Davies

Elena Poniatowska *Querido Diego, te abraza Quiela*
  ed. Nathanial Gardner

La vida de Lazarillo de Tormes
  ed. R.O. Jones

Lope de Vega Carpio *El Caballero de Olmedo*
  ed. Anthony John Lappin

Carmen de Burgos Three novellas: *Confidencias*, *La mujer fría* and *Puñal de claveles*
  ed. Abigail Lee Six

Ramón J. Sender *Réquiem por un campesino español*
  ed. Patricia McDermott

Pablo Neruda *Veinte poemas de amor y una canción desesperada*
  ed. Dominic Moran

Gabriel García Márquez *El coronel no tiene quien le escriba*
  ed. Giovanni Pontiero

Federico García Lorca *Bodas de sangre*
  ed. H. Ramsden

Federico García Lorca *La casa de Bernarda Alba*
  ed. H. Ramsden

Federico García Lorca *Romancero gitano*
  ed. H. Ramsden

Lorca's Romancero gitano: eighteen commentaries
  ed. H. Ramsden

Miguel Barnet and Esteban Montejo *Biografía de un Cimarrón*
  ed. William Rowlandson

Miguel Delibes *El camino*
  ed. Jeremy Squires

Octavio Paz *El laberinto de la soledad*
  ed. Anthony Stanton

Lope de Vega Carpio *El castigo sin venganza*
  ed. Jonathan Thacker

Federico García Lorca *Yerma*
  ed. Robin Warner

Alfredo Bryce Echenique *Huerto Cerrado*
  ed. David Wood

Benito Pérez Galdós

Tristana

edited with an introduction, critical analysis, notes and vocabulary by
Pablo Valdivia

Manchester University Press

All editorial matter, in English and Spanish © Pablo Valdivia 2016
All other material © as acknowledged

The right of Pablo Valdivia to be identified as the editor of this work has been asserted
by him in accordance with the Copyright, Designs and Patents Act 1988.

Published by Manchester University Press
Altrincham Street, Manchester M1 7JA
www.manchesteruniversitypress.co.uk

British Library Cataloguing-in-Publication Data
A catalogue record for this book is available from the British Library

Library of Congress Cataloging-in-Publication Data applied for

ISBN 978 0 7190 9921 2 *paperback*

First published 2016

The publisher has no responsibility for the persistence or accuracy of URLs
for any external or third-party internet websites referred to in this book,
and does not guarantee that any content on such websites is, or will remain,
accurate or appropriate.

Typeset in Adobe Garamond Pro
by Koinonia, Manchester
Printed in Great Britain
by TJ International Ltd, Padstow

Contents

List of figures	*page* vi
Acknowledgements	vii
Introduction	1
Bibliography	32
Tristana	37
Appendices	
1 Life and works of Benito Pérez Galdós	195
2 Emilia Pardo Bazán, *Review 'Tristana'*	204
3 Benito Pérez Galdós, *Realidad*	210
4 Benito Pérez Galdós, *La Incógnita*	212
Temas de discusión	218
Selected vocabulary	219

List of figures

1 Oil painting of Benito Pérez Galdós by Joaquín Sorolla, 1894. Picture in the public domain — *page* viii
2 Image from *Tristana*, 1969, Época Films, directed by Luis Buñuel — 23
3 Image from *Tristana*, 1969, Época Films, directed by Luis Buñuel — 26
4 Image from *Tristana*, 1969, Época Films, directed by Luis Buñuel — 28
5 Extract from the original manuscript, reproduced by permission of the Biblioteca Nacional de España — 30
6 Extract from the original manuscript, reproduced by permission of the Biblioteca Nacional de España — 31

Acknowledgements

I am most grateful to the following colleagues and friends for their invaluable assistance during the preparation of this edition: Professor Catherine Davies (Institute of Modern Languages Research, University of London), Professor Jeremy Lawrance (University of Nottingham), Professor José Saval (University of Edinburgh), Margaret Jull Costa, Antonio Muñoz Vico, María José Rucio Zamorano and the staff of the Biblioteca Nacional de España, Elvira Lindo, Manuel de la Fuente, Gabriel Sevilla, Elisabet García and the Amsterdam School for Cultural Analysis. A special thank you to Ross, Becky, Bonifacio, Carmen, Víctor, and Gema.

Lock up your libraries if you like; but there is no gate, no lock, no bolt that you can set upon the freedom of my mind.

(Virginia Woolf, *A Room of One's Own*)

Give a girl an education and introduce her properly into the world, and ten to one but she has the means of settling well, without further expense to anybody.

(Jane Austen, *Mansfield Park*)

Figure 1 Oil painting of Benito Pérez Galdós by Joaquín Sorolla, 1894

Introduction

Galdós's literary realism: *Tristana* and the series of 'contemporary novels'

Benito Pérez Galdós (1843–1920) is the Spanish author who arguably, after Cervantes, has had the most influence on all subsequent literature both inside and outside Spain. Galdós was born in Las Palmas but spent his formative years in Madrid. He arrived in the capital of Spain at the age of nineteen with the intention of studying law. However, he soon abandoned these studies and he swapped the classroom for the cafés and literary circles of Madrid.

There was an innate curiosity in the young Galdós which led him to be interested in the immediate historical, political, and social developments of his time. He quickly found a means of sating his endless curiosity when, in 1865, he began to work as a journalist for *La Nación* and the *Revista del movimiento intelectual europeo*. From an early stage in his career, Galdós devoted himself to the world of journalism as he considered this profession a valuable tool with which to witness and comment on the flow of history. Furthermore, Galdós found the blend of journalism and literature to be a productive way of exploring and articulating reality.

In 1867, after having translated Charles Dickens' *Pickwick Papers*, Galdós focused his interest and effort on a particular kind of realistic narrative,[1] the results of which first came to fruition in 1870 with the publication of *La Fontana de Oro* and *La Sombra*. That same year,

1 *Realism*: A mode of writing that gives the impression of faithfully recording or 'reflecting' an actual way of life. The term refers, sometimes confusingly, both to a literary method based on detailed accuracy of description (i.e. verisimilitude) and to a more general attitude that rejects idealisation, escapism, and other extravagant qualities of romance in favour of recognising soberly the actual problems of life. Modern criticism frequently insists that realism is not a direct or simple reproduction of reality (a 'slice of life') but a system of conventions producing a lifelike illusion of some 'real' world outside the text, by processes of selection, exclusion, description, and ways of addressing the reader (*Oxford Dictionary of Literary Terms*, 2015).

in parallel to these publications, Galdós was appointed director of a government newspaper, *El Debate*. Journalism and literature went hand in hand in Galdós' intellectual activities. In fact, during his time working at *El Debate*, Galdós was a one-man band as his duty was to publish articles on a very diverse range of topics from politics to art. In other words, Galdós' novelist style was forged within the frenetic rhythm of the newspaper's editorial offices.

For a better understanding of Galdós' literary education, we should take into account how journalism and literature overlap. On the one hand, Galdós is an observer of immediate reality around him and, on the other, he is a novelist influenced by his knowledge of Dickens' works and aesthetics. Any critical approach to *Tristana* (1892), such as the following, must consider these two early influences.

Good timing and opportunity are key to the success of any writer's career. Galdós had both. By 1870, he had already demonstrated his talent and a splendid sense of timing when analysing the contemporary problems of Spain. In 1897 (another key moment in his life), he once again displayed his perceptiveness when, in a moment of crisis and turbulence just one year before the famous Spanish 'Disaster' of 1898,[2] his inaugural address at the Spanish Royal Academy (*Real Academia Española de la Lengua*) discussed contemporary society as the material of his literary works. For Galdós writing had a social purpose. He believed that writers had the responsibility to bring to light the contradictions and tensions of their times.

If 1870 marked the inclusion of a new promising voice in the second half of nineteenth-century Spain, the second date, 1897, heralded Galdós' canonisation. By 1897, Galdós was already one of the most important men of letters in the country and a celebrated intellectual who had defended liberal and progressive political views throughout his career.

---

2 *Disaster of 1898*: The Spanish–American War of 1898 was a conflict between Spain and the United States (US), the consequence of US intervention in the Cuban War of Independence. US attacks on Spain's Pacific possessions also led to the US's involvement in the Philippine Revolution, and finally to the Philippine–American War. The result was the 1898 Treaty of Paris, negotiated on terms favourable to the US, which allowed it temporary control of Cuba, and ceded indefinite colonial authority over Puerto Rico, Guam, and the Philippine islands. The defeat and collapse of the Spanish Empire was a profound shock to Spain's national psyche, and provoked a thorough philosophical and artistic re-evaluation of Spanish politics and society.

For almost thirty years, Galdós proposed a kind of realism anchored in his immediate reality and the problems of his time. His brand of realism conceived society as the raw material of fictional writing. I explicitly use the expression 'a kind of' realism (and not any other) because there is a general tendency to summarise Galdós' aesthetics under the reductionist equation of a mimetic copy of reality that is equated with realist literature. I suggest Galdós' approach to realist fiction was far more complex and creative. This is clear from the author's attempts to define his own poetics, clearly demonstrated in his speech to the Academy.

On the 7 February 1897 in a speech entitled 'La sociedad presente como materia novelable', Galdós revealed the very principles of his aesthetics. For him, a writer must reproduce life. He used the verb *reproducir* 'to reproduce' and not 'to copy'. At first sight the difference might seem insignificant, but it is extremely relevant, as he notes in the following extract:

> Imagen de la vida es la Novela, y el arte de componerla estriba en reproducir los caracteres humanos, las pasiones, las debilidades, lo grande y lo pequeño, las almas y las fisonomías, todo lo espiritual y lo físico que nos constituye y nos rodea, y el lenguaje, que es la marca de raza, y las viviendas, que son el signo de familia, y la vestidura, que diseña los últimos trazos externos de la personalidad: todo esto sin olvidar que debe existir perfecto fiel de balanza entre la exactitud y la belleza de la reproducción. (Pérez Galdós, 1897, quoted in Sotelo, 2013: 94–96)

As Galdós stresses in the last line of the quote, a novel is a piece of perfect architectural equilibrium balanced between attention to its raw material and its aesthetic reproduction in words. What does Galdós mean by 'raw material'? He means the common people, 'una muchedumbre alineada en un nivel medio de ideas y sentimientos'. The German romantics, especially Hegel,[3] termed this 'nivel medio' (the mid-level or the average) the *Zeitgeist* or 'spirit of the times',[4] while the 'mass of individuals' (la muchedumbre) was the *Volksgeist* or 'spirit

---

3 *Hegel*: (1770–1831) German philosopher. He is especially known for his three-stage process of dialectical reasoning (set out in his *Science of Logic*, 1812–1816), which underlies his idealist concepts of historical development and the evolution of ideas; Marx based his theory of dialectical materialism on this aspect of Hegel's work.

4 *Zeitgeist*: The German word for 'time-spirit', more often translated as 'spirit of the age'. It usually refers to the prevailing mood or attitude of a given period.

of the people'.[5] Galdós places his writing at the meeting point of these two coordinates. He explains how literature can transform reality, as

> muchedumbre alineada en un nivel medio de ideas y sentimientos; [el] vulgo, sí, materia primera y última de toda labor artística, porque él, como humanidad, nos da las pasiones, los caracteres, el lenguaje, y después, como público, nos pide cuentas de aquellos elementos que nos ofreció para componer con materiales artísticos su propia imagen: de modo que empezando por ser nuestro modelo, acaba por ser nuestro juez. (Pérez Galdós, 1897, quoted in Sotelo, 2013: 94–96)

According to Galdós, the writer 'arranges the ingredients', reorganises sets of ideas, emotions, and actions to elaborate a fictional world from these elements. Galdós understands the processing of raw material into fictional matter as an ideological operation. He assumes that to describe reality is actually to prescribe it. In short, Galdós is well aware of the power of literature to not only recount reality but to shape it, to mould it, to transform it. For him, when the public read about themselves as historical subjects in a literary text, they also inscribe themselves within specific sets of values, beliefs, and morals. Galdós is vindicating here 'a sort of realism' that cannot just be simplified as mimetic reproduction.

Lisa Condé, author of an excellent critical guide to *Tristana*, has also noted Galdós' promotion of literature as a tool for social transformation. Galdós departs from the literary context of his youth, the distorted over-sentimentalism of Romanticism. He believed he had to escape the romantic literary horizon of evasion, escapism, or pure entertainment and replace it with works that could contribute to the freedom of individuals and to critical judgement:

> In literary terms, Galdós had been anxious to break away from the Romanticism of the early part of the nineteenth century and promote a more faithful '*imagen de la vida*' through the novel, which he believed '*debe ser enseñanza, ejemplo*' rather than empty entertainment. His early, largely anti-clerical novels, while not without art, have been described as 'thesis novels', while those of his '*segunda manera*' (the '*novelas contemporáneas*') are those for which he has been most acclaimed. *Tristana* appears towards the end of this second period, during a time of change on many levels. (Condé, 2000: 11–12)

---

5 *Volksgeist*: The German loanword (literally meaning 'spirit of the people' or 'national character') for the unique 'spirit' possessed collectively by each people or nation.

Condé thus introduces a useful division in Galdós' literary production. She explains how *Tristana* moves on from the 'thesis' novels and enters a much more experimental field where Galdós develops his personal notion of literary realism. Galdós experiments in two interconnected ways – new narrative techniques (namely, *novelas dialogadas*) and new topics (intergenerational and across social classes, and women's daily life), both articulated in the specific case of *Tristana* within the framework of a frustrated search for identity. Condé notes that:

> Tristana herself envisages new potential professional identities – identities as yet uncoined and unrecognised in Spain. For '*las cosas grandes*' to which she aspires, the choices necessary for her to forge the identity she desires, are denied her because of her gender. [...] Hence the novel as a *Bildungsroman* [a novel of development from childhood to adulthood] is frustrated. (Condé, 2000: 59–60)

The narrative core of *Tristana* is frustration. The plot of the novel constantly orbits around this concept. Don Lope, in his fifties, is nostalgic about the seventeenth century and conducts himself according to a very particular code of Castilian knightly honour. The literary model here is obvious: Don Quixote. The uniqueness in Galdós' novel resides in the creation of the hybrid character of Don Lope based on both Don Quixote and, paradoxically, Don Juan Tenorio (the quintessential Don Juan).[6] Don Lope delights in stealing the innocence of young women, as he believes that women are meant to be conquered in their naïveté and helplessness.

The complexity of the models and techniques in *Tristana* places this work in a special position within Galdós' overall novelistic production and, more specifically, in the series of 'contemporary novels'. For a better understanding of *Tristana* as a groundbreaking novel, it is necessary to contextualise Galdós' *segunda manera* of writing (namely the 'contemporary novels') within the context of his literary production. From 1873 onwards (the date of publication of

---

6 *Don Quixote*: Main character of Miguel de Cervantes' *El ingenionso hidalgo don Quijote de La Mancha* (1605 and 1615). Don Quixote is an 'hidalgo', a nobleman, who reads so many chivalric romances that he loses his sanity and decides to set out to revive chivalry, undo wrongs, and bring justice to the world.

Don Juan Tenorio: Don Juan is a legendary, fictional libertine. *El burlador de Sevilla y convidado de piedra* (1630) by Tirso de Molina is a play set in the fourteenth century. Don Juan is used synonymously for 'womaniser'.

the first series of the *Episodios Nacionales*), Galdós dedicated himself almost exclusively to literature.[7] The literary success of the *Episodios* led to immense fame. After he had finished the first two instalments of the *Episodios*, written at the same time as his first novels, Galdós began his most ambitious project, the 'contemporary novels'.

Other important events in Galdós' life took place during the 1880s. Thanks to the support of important literary figures such as the critic Marcelino Menéndez Pelayo and the novelist Juan Valera, Galdós was nominated in 1889 as a candidate for a seat in the Spanish Royal Academy. However, due to his well-known liberal and anticlerical positions, the conservatives forced the failure of his candidature. A few months later, in a second attempt, he was accepted after conservative reluctance was overcome. In the last decade of the nineteenth century, Galdós continued his activity as a novelist in parallel with his successful career as a playwright. By the end of the decade, he began the third series of the *Episodios Nacionales*. Then, just after the turn of the century, Galdós' public commitment increased as the Spanish monarchy became more and more conservative. This social and political context led him to join the left of centre Republican Party. In 1909, he was appointed co-president of the *Conjunción Republicano-Socialista* alongside Pablo Iglesias (founder of the Spanish Socialist Party). Galdós' last years were bitter. In 1912, his candidature for the Nobel Prize for Literature was boycotted by the Spanish conservatives. His precarious health (he became blind) required him to dictate his last works. Bedridden by illness and burdened by economic difficulties, Galdós died in Madrid in 1920.

Despite the sheer volume of Galdós' literary output, most critics distinguish, for pedagogical purposes, the *Episodios Nacionales* from the rest of his novelistic works. In relation to the latter, critics concur in dividing Galdós' novels as follows.

---

7 *Episodios Nacionales*: The *Episodios Nacionales* are a collection of forty-six historical novels written by Benito Pérez Galdós between 1872 and 1912. They are divided into five series and they deal with Spanish history from roughly 1805 to 1880. They are fictional accounts which add characters invented by the author within historical events.

First novels

These novels were published during the 1870s. Most are 'thesis novels' (*novelas de tesis*) where two antagonistic ideologies are presented in permanent confrontation: conservatives against liberals. In these novels, Galdós never concealed his support for liberal ideas. The moralism and didacticism of these novels is clearly aimed at undermining conservative morals and policies. The thesis novels are *La Fontana de Oro* (1870), *Doña Perfecta* (1876), *Gloria* (1877), *Marianela* (1878), and *La familia de León Roch* (1878). Apart from the stereotypical realist outline of the characters and ambiances, we can already discern in these early novels some of Galdós' narrative techniques that are fully developed in later texts.

Contemporary novels

Condé refers to these as Galdós' '*segunda manera*'. Galdós gave the overarching title '*novelas contemporáneas*' to a series of novels published from *La desheredada* (1881) onwards. This novel was partially influenced by Émile Zola's naturalism.[8] However, it presents a complex articulation of actions and characters. The characters, forged by contradictions and paradoxes, undergo great psychological evolution during the course of the novel. Other works traditionally assigned to this series are *El amigo Manso* (1882), *La de Bringas* (1884), and *Miau* (1888). The last two novels share a common exploration of the complexities of the Spanish middle class. Perhaps the novel from this period that best represents this line of enquiry is *Fortunata y Jacinta* (1886–87), one of Galdós' masterpieces. It is a sprawling narrative built upon a constellation of complex social relationships during the tumultuous period between 1873 and 1876, and in which Galdós proves his mastery at blending fiction and historical fact. The pages of

8 *Naturalism*: A more deliberate, cruder kind of realism in novels, stories, and plays, usually involving a view of human beings as passive victims of natural forces and the social environment. As a literary movement, naturalism was initiated in France by Jules and Edmond Goncourt with their novel *Germinie Lacerteux* (1865), but it came to be led by Émile Zola, who claimed a 'scientific' status for his studies of impoverished characters miserably subjected to hunger, sexual obsession, and hereditary defects in for example *Thérèse Raquin* (1867) and *Germinal* (1885). Naturalist fiction aspired to a sociological objectivity, offering detailed and fully researched investigations into unexplored corners of modern society, while enlivening this with a new sexual sensationalism (*Oxford Dictionary of Literary Terms*, 2015).

Fortunata y Jacinta present a fine catalogue of Galdós' special narrative techniques: highly detailed insight into real life and stereotypes, the masterful use of dialogue, a dynamic use of interior monologues, and the clever organisation of multiple narrative threads, among others. Critics argue that *Fortunata y Jacinta* constitutes one of the greatest achievements of Galdós' realism. His aesthetics differ from the literary practices of most of his Spanish contemporaries: he added to mainstream realist techniques the recollection of memories, the interpretation of dreams, the source of the unconscious, the world of the imagination, and the exploration of illogical symbolic associations. All this is integrated in a way that results in a fresh social canvas populated by powerful characters and complex individuals. As Condé explained,

> The author himself no longer conforms exactly to what we have come to expect in terms of a realist novel, and the narrator is so elusive that we cannot pin him down at all. The social realist novel, which had flourished in Spain and the rest of Europe during the second half of the nineteenth century, was now being affected by a movement towards more individual psychological and spiritual preoccupations in the manner of Tolstoy. [...] Galdós himself was clearly in experimental mode, having published the epistolary novel *La incógnita* in 1889 and the dialogue novel *Realidad* in 1891, which he was subsequently to adapt for the stage in 1892, the year of *Tristana*. *Tristana* itself is a difficult novel to define, having elements of social realism, the psychological, the epistolary, and what might loosely be termed experimental. It does have a fairly easily defined feminist theme, although not such an easily defined thesis or argument, but then it was clearly not written as another thesis novel. (Condé, 2000: 15)

In other words, *Tristana* represents the zenith of Galdós' mastery and evolution from classic realist artistic practices. The crisis of realist aesthetics and Galdós' interest in finding new pathways are clearly manifested in his novels after 1889: *La incógnita* (1889), *Tristana* (1892), *Torquemada* (1889–95), *Nazarín* (1895), *Misericordia* (1897), and *El caballero encantado* (1909). As well as experimenting with new forms, such as novels in dialogue and epistolary narratives, these novels display Galdós' engagement with experimental narrative strategies, including the introduction and development of fantastic elements (dreams, symbols, ellipsis), and the influence of a spiritualism typical of the European *fin de siècle* novel. Galdós combines different features to reach new literary forms. Thus, the modernity of Galdós' narrative is connected to his progressive ideological radicalisation, which leads him to seek different aesthetic spaces as a way of understanding reality in its polyhedral nature. Having introduced the particularities of Galdós' realism, I will now study *Tristana*'s structural and aesthetic singularities. The next section focuses on the novel's plot and its characters.

Plot and characters

Don Juan López Garrido, Don Lope, has no known occupation other than attending gatherings in cafés and strolling around the city. He adopts the name of Don Lope Garrido and lives on the profits he obtains from land ownership. At the beginning of the novel, the narrator explains how Don Antonio Reluz, a childhood friend of Don Lope's, had contracted debts due to failed businesses. Don Lope, as the loyal friend and grotesque, modernised version of an errant knight, arrives to assist his friend and family. Nevertheless, Don Lope's efforts cannot prevent Reluz's death. The family of the deceased, his wife and daughter, are left in the care of Don Lope. Within a short space of time, Reluz's widow also dies. The daughter, Tristana, is sent to live with Don Lope. Although he is almost three times the girl's age, after two months of being at home, Don Lope makes Tristana his lover and she becomes his property. Saturna, who lives in the house with Tristana and Don Lope, bears witness to this situation. She is a middle-aged maid, the widow of a construction worker killed in an accident and whose deaf son is in a hospice.

Time passes. Tristana, Don Lope's disciple and lover is growing up and becoming curious. Tristana and Saturna, avoiding Don Lope's control, go for walks in the evenings. On one of those outings, Tristana meets a young man to whom she is intensely attracted. After the first meeting, they begin a secret affair. The reader is provided with the details of this amorous relationship through the written correspondence of the two lovers. Horacio Díaz, Tristana's lover, is a painter. They meet every afternoon with the help of the maid. However, Don Lope, who notices a substantial change in the personality of Tristana, becomes jealous and suspects the existence of another man. When Horacio realises that Tristana is not Don Lope's wife but his sex slave, he asks her to leave him. But Don Lope, now sure about the relationship, prevents Tristana from escaping.

In the midst of this situation, Horacio decides to spend some time in Villajoyosa with his aunt Doña Trini, and an intense exchange of love letters takes place. In her letters, Tristana narrates her life with Don Lope but also her dreams of becoming free and emancipated. In one letter, the girl hints at the possible spread of Don Lope's rheumatism to one of her knees, which causes severe pain.

When Don Lope discovers Tristana's disease, he pays for all types of care but, despite receiving medical attention, the pain continues. Finally, the doctor makes the difficult decision to amputate Tristana's leg after realising that she has a bone tumour. When he hears this news, Horacio returns to Madrid. Saturna, who acts as a matchmaker, convinces Don Lope to approve the relationship of the two young lovers and to release Tristana. Don Lope is persuaded by Saturna and goes to Horacio's study. He invites Horacio to visit the sick Tristana.

Horacio stays at Don Lope's while Tristana is still recovering, but he shows disaffection towards his lover. Don Lope does not hide his astonishment when Horacio swears to him he will not marry Tristana. Tristana realises that Horacio has changed; he returns to Villajoyosa and, although they maintain the exchange of letters, their love disappears.

Months later, Don Lope informs Tristana that Horacio is going to marry another woman. The news, contrary to what might be expected, is not received by Tristana with bitterness. Life goes on in the house of Don Lope and both become accustomed to the new circumstances: Tristana becomes fond of going to church and increasingly devout.

Years pass. Tristana uses a wooden leg and takes care of Don Lope, who is by now a very old man. The couple live a grey, monotonous life. After some time, a nephew of Don Lope, an archdeacon in a village in Andalucía, convinces his uncle to do the honourable thing and Don Lope marries Tristana, who becomes a faithful companion and resigns herself to a life with the old man. The marriage takes place and, as a gesture of reconciliation, Don Lope's relatives, two cousins, donate some land to him. The sale of the land serves to alleviate the couple's difficult economic situation. The married couple live the mediocrity of a conformist life.

As can be appreciated from this plot summary, the characters suffer important transformations or metamorphoses during their lives. Galdós does not work in this novel with stereotypes but with living presences that psychologically evolve as a result of the logic of their actions and the interaction with the world they are living in. Ricardo Gullón provides helpful insight into how Galdós conceived his characters:

> Para leer correctamente *Tristana* es recomendable observar con detalle su funcionamiento como sistema combinatorio de precisión hábilmente montado por un autor diestro y consciente de sus poderes. Empezaré examinando los recursos utilizados para dar estabilidad a la inestable protagonista: una serie de mutaciones la altera incidentalmente sin afectar a su esencia. Sucesivas metamorfosis diluyen su consistencia en el cambio, en los cambios a que su carácter la inclina. Aspira a realizarse, a ser como se desea, libre e independiente, y este deseo sirve de soporte y de amortiguador en las mudanzas ocasionadas por las fluctuaciones que la transportan de una fantasía a la siguiente hasta que 'el eje diamantino' se quiebra en la adversidad. (Gullón, 1975: 11)

Gullón's analysis accurately reflects how all the elements of the love triangle undergo a considerable evolution. On the one hand, Tristana develops from being a teenager subjugated by Don Lope (a sexual slave) to becoming a rebellious youth who eventually turns into a conformist woman devoted to her husband. Furthermore, Don Lope is portrayed as a perverse anticlerical mix of Don Quixote and Don Juan, only to evolve into a person who yields to Tristana's love affair. Furthermore, Don Lope treats Tristana with real concern during her illness and fully commits to caring for her during her recovery. By the end, he shows signs of deep religious convictions. Something similar happens with Horacio Díaz, who is not immune to all these transformations. Horacio, at the beginning of the novel, appears as an impulsive, brave, and romantic youth willing to do anything for the love of Tristana. However, over time, he will turn into a coward who is incapable of making decisions. He will choose the financial security of his own family and, in this way, avoid what he regards as a burden: the care of a disabled woman after her operation. Therefore, we can conclude that not only does Tristana see her potential emancipation frustrated and undermined but that the other characters also experience deep frustration. In this regard, Galdós manages to create a set of very contradictory characters briefly outlined as follows.[9]

Tristana

She never receives a formal education; she is an impulsive, sincere, and idealistic girl who is subjected to a despotic man. Due to her liberal spirit, Tristana suffers the social conventions of her time. Her attempts at emancipation and her ambitious life project will be frustrated by the circumstances and decisions of the male characters. The dreams of the protagonist are unfulfilled when a twist of fate leaves Tristana dependent on Don Lope.

Don Lope

He is a unique hybrid of Don Quixote and Don Juan Tenorio. Don Lope's nature is truly complex; he acts with great generosity in some instances and with few scruples in others. Tristana eventually defines him as a man with two faces: one noble and pure in certain respects and the other cruel and evil. Don Lope has a particular set of ideas which is the result of his special blend of anachronistic code of honour and despotic and egotistical impulses. The most prominent feature of Don Lope is his irresistible and endless powers of seduction and persuasion. Don Lope struggles to retain Tristana, as he knows she is his last conquest. The old man uses his mastery of rhetoric. However, paradoxically, like Tristana, Don Lope is forced to abandon the ideals that make up the essence of his personality and he gradually turns into a conventional man respectful of the key principles, policies, and morals of his time.

Horacio

This character also suffers an important transformation. In the early pages of the novel, Horacio epitomises the romantic hero. He appears to live for his artistic ideals. He dreams of success and glory, seeking a lover. Conversely, he manifests signs of having suffered bitter oppres-

---

[9] I follow here the outline of characters suggested by Montserrat Amores and Agustín Sánchez Aguilar in their informative edition.

sion during his adolescence. Horacio does not commit himself to their love affair as clearly as Tristana does. He experiences a curious metamorphosis while visiting his aunt Doña Trini. Ultimately, Horacio is a fickle character overly influenced by the people around him. When he returns to Madrid, he has very little in common with the romantic idealist who dazzled Tristana.

Secondary characters
In addition to these three protagonists, the reader encounters secondary characters that give depth to the story. The most prominent is the maid Saturna, who becomes Tristana's accomplice. Moreover, Galdós does not forget to explain to us the origins and fate of the Reluz marriage. In addition, Horacio pays an important visit to his aunt Doña Trini, who advises him to end his love affair with Tristana. Finally, there is a noteworthy feature common to all Galdós' works: in his novels, doctors very often embody scientific progress and prove to be morally upright, which is the case with Augusto Miquis in *Tristana*.

In *Tristana* the reader confronts a microcosm of complex human relationships which is developed between these characters, who, in literary terms, are far from being mere archetypes. On the contrary, they are closer to living presences that try to make sense of the times they live in.

Narrator, structure, and themes

The narrator of *Tristana* does not only recount the facts but offers an opinion about what he narrates while, in a parallel narrative movement, he judges the behaviour of the characters.[10] The omniscient narrator has a thorough understanding of the events and access to the thoughts of the characters. However, in some passages he declares his ignorance of certain aspects of the story he discloses. Like other narrators in Galdós' novels, *Tristana*'s storytelling exudes humour and irony. In particular, the narrative voice becomes ironic when describing the effusive signs of mutual affection displayed by Tristana and Horacio.

10 *Narrative*: A spoken or written account of connected events; a story. *Narration*: The action or process of narrating a story.

This unusual and unreliable narrator combines the role of a spectator, a voice that delivers stage directions, and an ironic commentator within a textual space bounded by narrative, playwriting, and the epistolary genre. The narrator of this novel may be omniscient but subverts his own omniscience by means of parody and ellipsis. In *Tristana*, what is said is as important as what is merely suggested. Perhaps the best example of this is to be found at the end of the novel, when the narrator asks '¿Eran felices uno y otro? Tal vez...'. This open ending accurately summarises the spirit embodied by the narrator. The ending was very controversial among critics at the time, as some of them assumed that the lack of punishment for Don Lope and the subsequent lack of closure to the novel meant that Galdós was not fully committed to the denunciation of women's oppression at the time. In my opinion, Galdós' project in this novel is much more subtle and moves beyond the political pamphlet. He gives life to these characters and their narrative develops to a conclusion according to the socio-historical logic of their time and their own personalities. This open question placed at the end of the novel has a strong impact on readers, as it invites them to reflect on the future progression of events and the destiny of the couple. In this novel, Galdós has already left behind the model of the anticlerical novel and is moving towards new ways of writing fiction based on modern conceptions of the slow release of information to the reader, the psychological evolution of characters, and the interplay between different genres.

The novel is structured into twenty-nine chapters. As suggested by a number of critics, including Montserrat Amores and Agustín Sánchez Aguilar (2003), the text can be divided into thematic sections:

Origins
From chapters 1 to 6 the narration describes the lives of Tristana and Don Lope. After some time of submission to Don Lope, Tristana begins to express her discomfort and aspires to a different and emancipated life.

Tristana hopes for emancipation
From chapters 7 to 15, we read how Tristana starts to leave the house in the company of Saturna with the pretence of long walks on the

outskirts of Madrid. During one of these walks, she meets Horacio. Tristana falls in love and the narration explains Horacio's life and his activities as a painter. They begin their love affair. After this, Tristana reveals to Horacio the kind of life she leads with Don Lope. Tristana will confront Don Lope, who suspects the existence of another man. In the last chapters of this section, Galdós transports the reader into the intimate world of the two lovers.

The fall
From chapters 16 to 23, the narrator explains how Horacio and Tristana become temporarily separated as he has to pay a visit to his aunt Doña Trini. The narrator reproduces some of the letters exchanged by the lovers. In the later part of this thematic section, Tristana becomes sick and Don Lope does everything in his power to obtain a cure for her.

Metamorphosis and disenchantment
From chapter 24 to chapter 29, Tristana experiences a deep metamorphosis after the amputation of her leg. Moreover, Don Lope will become the object of an important transformation as he visits Horacio with the aim of convincing him to pay a visit to Tristana, who is still recovering from the surgery. In chapter 27, Horacio and Tristana meet again but with clear disaffection. The last two chapters of the novel show the results of Tristana's and Don Lope's transformation and how they end up living an ordinary and conformist life.

While it is true that this division into four thematic blocks can be of help for a general understanding of the novel, it is also important to note other important themes in the text, such as love, honour, and the ideological representation of women's role in society. In this regard, Tristana reveals the discrimination and marginalisation that women suffered in the nineteenth century. Tristana wants to live alone, but she fails to find a job that could provide the necessary economic independence. She is not trained in any art or profession. She is exposed and helpless in a society that condemns her to be simply an '*ángel del hogar*' and to play a secondary role as a devoted wife. This was a common situation for women in the Madrid that provides the background to Galdós' novel, discussed in the next section.

The setting: Madrid at the *fin de siècle*

The works of Galdós, although mostly set in Madrid, provide a complex overview of Spanish society of his time. Madrid encapsulates all the social and historical contradictions of the country; it is a grand city whose complex world is represented by Galdós. Thus, while the middle classes occupy the foreground in his works, like Dickens Galdós is always attentive to all walks of life, ruined aristocrats, rich bourgeois, speculators, money lenders, landlords, merchants, civil servants, the popular classes, whose lives bubble incessantly in the streets of the big city.

From the time in 1561 that Philip II chose Madrid as the location for his Court, the capital's population began to grow. The establishment of the royal court in Madrid brought requirements for service personnel and for a large range of administrators and professionals. Centuries later, industrialisation brought in people belonging to the middle-class professions, new workers, and a cheap labour force. Many workers came from the provinces and rural areas across Spain. They needed to earn money to support their families and in many cases brought them to the city as well. Throughout the nineteenth century, Madrid almost doubled its population. In Galdós' times, Madrid's street design was chaotic. There was a lack of water supply in many sectors of the city. The poorest people lived in small houses without light or water; many lived in improvised dwellings surrounded by rubbish. The *corralas* were typical working-class buildings, or tenements, in certain areas of Madrid. They consisted of long series of tiny flats that shared a common hallway. Generally, there was a toilet on each floor, but many flats had no windows and in the courtyard there was one source of water for the inhabitants. Madrid was a city in the process of transformation during the time in which *Tristana* is set as the nineteenth century was a period of deep instability and social change. The bourgeoisie eventually surpassed the economic power of the aristocracy, who were forced to accept these 'new rich' into their ranks in order to survive. In the last quarter of the nineteenth century, the population of Madrid reached half a million inhabitants and urban growth led to the construction of new areas on its periphery. This was known as *El Ensanche de Madrid* (1857) or 'Plan Castro' and formed the new *barrios* (districts) of Chamberí, Salamanca, Argüelles, and Retiro. In 1850, Madrid had a total surface area of 1,920 acres; by the time *Tristana* was finished the city had tripled in its expansion to 5,668 acres. Plan Castro had five goals: (1) to improve living conditions in Madrid, (2) to set the general standard for the construction of new buildings (the height and shape of buildings, the width of streets, improved hygiene), (3) to create new areas of economic development, (4) to integrate the infrastructures of the city, and (5) to provide accommodation for the flood of migrants into the city. Essentially, Plan Castro was the first attempt to modernise the city.

The construction of suburbs for the expansion of Madrid was driven by legislation, such as the Law of the 22 December 1876 and the Act of 26 December 1892. However, the initial plan experienced important modifications during its execution. The area of Vallehermoso did not follow the original plan, which largely consisted of the creation of military installations. Instead, this part of the city became a residential area for the middle classes. Its development was much slower than others due to the pre-existence of cemeteries. The growth of the *barrios* around Chamberí and Argüelles, together with the dismantling in 1884 of the cemeteries, allowed for accelerated construction at the end of the century.

These *barrios* or neighbourhoods were connected to the city by tramlines but many, especially those in the south-eastern area of the city, lacked basic infrastructure. Several *barrios* were created next to main roads. For instance, the suburb of Vallecas was formed on the road to Valencia. New residential areas in the periphery and outside the municipality of Madrid were planned, although many were never completed.

In short Galdós' Madrid was a vibrant city where extremes of poverty and wealth coexisted: old palaces and new hovels, new bourgeois buildings and old, over-populated tenements. Madrid was a construction site in physical and societal terms. It was a city immersed in the process of development and transformation, which led to profound contradictions such as those experienced by the characters in the novel. The move from one house to another (by Don Lope and Tristana), the surroundings of Tristana's strolls, and the changes in the urban geography accompany the successive metamorphoses suffered by the members of the love triangle. Indeed, if it is true that the city experienced widespread changes and social upheaval, it is also possible to argue that Galdós' characters suffered the imbalances of a society at a crossroads where antagonistic forces fought to control public discourse. In parallel, Madrid is more than a mere setting in the novel but a city convulsed by political power and radical transformation at all levels. The changes in the city had tragic implications for Tristana, who saw all her hopes frustrated and dismantled.

Tristana as a symbol: feminism, social critique, reception of the novel, and adaptation to cinema

In the previous sections, we discussed Galdós' *segunda manera* of writing novels, i.e. novels where the author dares to experiment and to explore the limits of the novel as a genre. In 1892, the date of publication of *Tristana*, Galdós was far more concerned with how to leave aside the model of the 'thesis novels' and to encapsulate moments from the daily life of the Spanish middle classes. Galdós' attention to the middle classes has been analysed at length by many critics who are all in agreement that his interest in this segment of the population is due to the fact that he sees in them the ability to play a decisive role in social transformation. However, in Galdós' fiction it is possible to find all kinds of characters from diverse social backgrounds. Thus, *Tristana*, despite its apparent simplicity of form, is quite complex. If we look at the titles published by Galdós in the years surrounding the publication of *Tristana*, we notice that he used female names for many of his novels. Why was Galdós so interested in female characters and stories? The answer is that Galdós was a man of his time. The vexed 'problem' of women's education was publicly debated in the second half of the nineteenth century in Spain. Women were mostly uneducated and their educational opportunities were very limited. The role of a woman as caring mother and wife was imposed by the dominant patriarchal ideology of the time.

The subjugation imposed upon women was assumed as natural by the Catholic Church and by an important part of the population, men and women, in Galdós' time. In the nineteenth century, especially in the intellectual debate created by the Krausists, the education of women, and by extension the construction of female identity, was an issue of public concern that was also addressed in the political arena. The conception of *Tristana* was highly influenced by Krausist thought and Galdós' liberal political engagement. The Krausists were followers of the German philosopher Karl Christian Friedrich Krause (1781–1832) who advocated doctrinal tolerance and academic freedom from dogma. This philosophy was widespread in Restoration Spain (after 1874) and reached its maximum practical development thanks to the work of Krause's follower, Julián Sanz del Río, and the *Institución Libre de Enseñanza* established by Francisco Giner de los Ríos.[11] The Krausists promoted liberal ideas, among which was the education of women in order to incorporate them into a new productive economic model. Women's emancipation was considered to be key to societal development. The Krausists believed women should be able to have a profession or trade that would provide them with economic independence and free them from the domestic roles traditionally assigned to them in a patriarchal society.[12] Galdós' readers were mainly middle-class women who began to challenge the dominant social model which imposed conservative roles and morals on them. Galdós was conscious of this and, therefore, engaged with the quest to define different types of women. This topic was also discussed by fellow writers such as Leopoldo Alas and Emilia Pardo Bazán. If women's traditional roles had been undermined and questioned, in *Tristana* Galdós attempts to give voice to a new female identity that was under construction in the late nineteenth century. Galdós, always attentive to societal changes and conflicts, explores in several of his 'contem-

11 *Institución Libre de Enseñanza*: The Free Educational Institution was an educational project that developed in Spain for the half a century that roughly spanned 1876 to 1936. The institute was inspired by the philosophy of Krausism, which was first introduced to the Complutense University of Madrid by Julián Sanz del Río, and which (despite being subsequently thrown out from that university) had a significant impact on the renovation of the intellectual life within the Spanish culture of the time. The institution was founded in 1876 by a group of disaffected university professors including Francisco Giner de los Ríos, Gumersindo Azcárate, and Nicolás Salmerón. They declined to adjust their teaching to any official religious dogma or the moral and political imposition of the time. Consequently, they had to continue their educational work outside the state sector by creating a private secular educational institution, starting with university level instruction and later extending their activities to primary and secondary education.

12 *Patriarchy*: A system of society or government in which men hold the power and women are largely excluded from it.

porary novels' the possibilities of real emancipation for women. It is not only in *Tristana* that Galdós addresses this important question, as noted in the following extract from his novel *Realidad* (1890):

> BÁRBARA. (*Sola*) ¡Ay!, qué egoístas son estos hombres. Todo lo bueno ha de ser para ellos, y para nosotras, las del bello sexo, trabajos, hambres de amor y el no gozar de nada. Ellos se divierten con cuanta mujer encuentran, y a nosotras, si un hombre nos mira o le miramos, ya nos cae encima la deshonra, y empieza el run run de si lo eres o no lo eres... ¿Pues qué quería ese tonto? ¿Que mientras él se daba la gran vida su hermana se pudriera en casa como una monja? No, la chiquilla, aunque parece tan para poco, tiene el moño muy tieso, y ha demostrado que sabe dejar bien puesto nuestro pabellón. ¡Ay bello sexo! ¡Qué falta te hacen muchas así, resueltas y con garbo para darle el quiebro a la tiranía! (Galdós in Caudet, 2004: 453)

The last sentence is a clear vindication of women's emancipation. Critics have too often interpreted such assertions as traces of Galdós' personal life and, in this case, the echo of the opinions of his friend and lover, the writer Emilia Pardo Bazán. Critics also have perceived traces of Galdós' relationship with Concha-Ruth Morell in the character of Tristana and in several letters included in this novel. Regardless of whether these biographical details are of relevance to a critical assessment of the novel, they have resulted in several studies. For instance, Lambert (1973) studied the presence of Concha-Ruth Morell in *Tristana* and proved that Galdós used elements of his relationship with Concha-Ruth as inspiration for the letters shared by Horacio and Tristana.[13] The vocabulary used by the two lovers resembles the language exchanged by Concha and Galdós. Furthermore, Concha-Ruth Morell appears to be present in other works, such as the novel *Realidad*. With this in mind, readers might be tempted to draw a direct analogy in *Tristana* between Galdós' life and literary fiction. However, taking into consideration Galdós' view on the art of writing, the manipulation of his own biographical experiences to reproduce

13 Condé has noted that 'Much of the heroine's dilemma in *Tristana* corresponds to that experienced by Galdós' mistress Concha-Ruth Morell and, indeed, much of the text consists of her letters to him *literalmente copiadas*, as the young actress herself complained. Concha-Ruth was subsequently to play the role of Clotilde, who can be seen as the precursor to *la mujer nueva* in Galdós' first staged play, *Realidad*, which opened at the Teatro de la Comedia in Madrid on 15 March 1892' (Condé, 2000: 11).

life in the novel is understandable. In my view, he found in his letters and personal experiences the 'raw material' for the later development of Tristana's fictional writing or, in his own words, the appropriate arrangement of ingredients that resulted in the literary text.

Galdós' life story and *Tristana* share a common context of cultural and social references imbricated by personal experiences that are subtly scattered throughout the text to perfectly match the autonomy and psychological development of each character. In this sense, it is important to recall that one of Galdós' preoccupations was the commodification of human relations, in particular the social question of the education of women. Both concerns are obvious in *Tristana*. It is also worth noting that sometimes Galdós' social criticism is expressed by the narrator with such fine irony that at times it is almost impossible to know Galdós' real view on a specific subject. Labanyi astutely notes that, 'Indeed the irony of all Galdós' novels, and in particular his love of unreliable narrators, means that readers have to be wary of attributing the political views expressed in the text to their author (something critics have not always remembered)' (Labanyi, 1993: 63).

This was a crucial moment for the emancipation of women and perhaps this explains the negative critical reception of *Tristana*, interpreted as a political statement on behalf of women's emancipation. Many critics believed that Galdós was discrediting the possibilities of women gaining independence by presenting the story of an idealistic woman whose every attempt at emancipation is frustrated and who ends up conforming to stereotypes and to patriarchal norms. *Tristana* provoked many reactions of disappointment. Emilia Pardo Bazán, one of the most important writers of the time, thought the novel to be a failure for two reasons: it was poorly developed and it betrayed the main idea of the novel, namely women's emancipation (see her review in Appendix 2).

Leopoldo Alas' review was no more positive than Pardo Bazán's. He thought the novel started well but lost its way (see *Obras Completas*, 1, *Tristana*, 252). Both authors interpreted the lack of a closed ending as a sign of unfinished writing. Their praise in the reviews focused on the general merits of Galdós as a writer but they insisted on the fact that *Tristana*, while promising at first, was one of Galdós' minor literary projects. These two early negative reviews had an important influence on the fate of *Tristana*. The novel was labelled a failure, with a lack of commitment on the issue of women's emancipation, a view which Galdós could not overcome. Since then Tristana was considered a minor novel or a failed attempt within Galdós' literary production.

Nevertheless, as noted by Roberto G. Sánchez in his excellent article 'Galdós's *Tristana*, Anatomy of a Disappointment' (1977), these negative views *were* gradually modified when, in 1966, a major critic, Gonzalo Sobejano, published his essay 'Galdós y el vocabulario de los amantes'. This essay sparked renewed interest in this almost forgotten novel. Sobejano's article was mainly on the vocabulary of the lovers, Tristana and Horacio, as Galdós is well known for his unmatched ability to reproduce the sounds and linguistic patterns of diverse characters from different classes and places. In this way, Sobejano facilitated the recovery of *Tristana*. Sadi Lakhdari explained how this process took place:

> Hazel Gold ve un cambio importante en la manera de enfocar la obra en el trabajo pionero de Germán Gullón que revaloriza la novela insistiendo en la 'literaturización de la vida'. Se puede añadir que el artículo de Gonzalo Sobejano de 1966 había abierto nuevos derroteros gracias a su estudio sobre el vocabulario de los amantes. También se debe señalar que el acontecimiento más importante en lo que se refiere a una revisión crítica de *Tristana* lo constituyó la adaptación cinematográfica de Buñuel de 1969 que vale como una interpretación reveladora del sentido escondido de la obra. Después de 1970 las ediciones y los estudios críticos aumentaron considerablemente gracias a la difusión mundial de la película como muestra Theodore Sackett. (Lakhdari, 2002: 12)

In Lakhdari's view, Germán Gullón's contribution was also essential for the critical recovery of the novel. *Tristana* was rediscovered by critics and the general public thanks to its adaptation to cinema by Luis Buñuel in 1969. If we carefully examine the bibliography included in this edition, it is obvious that critical attention to *Tristana* increases dramatically after 1969.

Buñuel's adaptation is an open reconstruction of Galdós' novel. The film focuses above all on the novel's implicit violence and sadism. Buñuel had adapted Galdós' novel *Nazarín* to film in 1958 and, in 1961, he filmed *Viridiana* (inspired by Galdós' novel *Halma*). By the time Buñuel had planned the adaptation of *Tristana*, he was well aware of the novel's complexities at the level of content and form. In this so-called 'minor novel', Buñuel found the ideal terrain for exploring the repressed drives and the hypocritical morals of the bourgeoisie, two recurrent topics in his film production.

Tristana, the film, was premiered in Madrid on 29 March 1970. It was Buñuel's second film made in Spain after his exile in Mexico and France. His relationship with the authorities was still difficult. *Viridiana* had been previously rejected by the Ministry of Information and Tourism and banned in Spain. *Tristana*, which was approved, signified the authentic return of Buñuel to his homeland.

Buñuel was interested in *Tristana* for several reasons. The novel was rather short but involved complex narrative development. Within Galdós' literary production, Buñuel saw *Tristana* as a kind of pause between *Ángel Guerra* (1891) and *La loca de la casa* (1892), both considered to be novels of greater substance. It was also one of Galdós' lesser-known works, in his lifetime and beyond. Many critics have considered *Tristana* a bridge-novel between other works. In addition, *Tristana* the novel was published very shortly after the theatrical staging of *Realidad* (1892), which raised such high expectations that *Tristana* was largely overlooked.

Figure 2 Luis Buñuel's *Tristana*, 1969

Buñuel, like Emilia Pardo Bazán, considered this novel to be a critical account of the moral slavery of women, and, like Leopoldo Alas (Clarín), he thought it showed a weak character, Tristana, who was a dreamer eager to broaden her horizons but was sentenced to a life of dismal frustration. In other words, Galdós' Tristana was regarded as a mediocre woman whose dreams are frustrated by illness and social conventions. For Buñuel, Tristana yearns for freedom. Galdós' focus is on a woman who was forced by illness and the rejection of her love to be a conformist and to forget her dreams of liberation. After the amputation of her leg, Tristana knows she has lost the game; all her dreams are destroyed. In Buñuel's view, Galdós' ending implies that, within five years of surgery, Tristana and Don Lope are married and happy, accepting and united by their mutual mediocrity. In other words, Buñuel interpreted this novel as a sordid and sad tale of conformism.

The film begins with slight variations on the novel. While the novel takes place in Madrid during the last decades of the nineteenth century, the film is set in the provincial city Toledo during the 1930s. Buñuel adapts aspects of the original text relating to the death of Tristana's parents and Don Lope's personality. He also reinforces Don Lope's anticlerical and liberal ideological views with the addition of a scene where he comes to the defence of a thief and confronts the Civil Guard.

Moreover, in the film, Saturna is a bitter woman whose son lives with her in Don Lope's home, whereas in the novel the boy is in a poorhouse. Horacio lives in Madrid while Don Lope and Tristana live in Toledo. This change, critics have suggested, was imposed by Buñuel possibly to take advantage of the exteriors of the old city. Tristana flees with Horacio to Madrid. The years pass and Don Lope, whose economic situation has improved due to inheriting a fortune, realises that Tristana has returned to Toledo because of a serious illness in her leg. He welcomes her again at home, paying all the medical expenses relating to the disease. Subsequently, Tristana rejects Horacio. She continues her life by marrying Don Lope, although she hates him, and sexually provokes Saturno, the maid's son. In Buñuel's film married life carries on harmoniously, but only in appearance. Don Lope's strong character has softened until even his anticlericalism disappears. Tristana retains such a strong hatred towards him that she eventually contributes to Don Lope's death, as her revenge, when the old man suffers a heart attack.

In this regard, while Galdós leaves the story open to interpretation as his protagonists apparently commit to a conformist life style, Buñuel's Tristana, sour and embittered, maintains a rebellious attitude, hating Don Lope for her misfortune. Saturna, in Buñuel's adaptation, is not Galdós' talkative maid and matchmaker but a dry, rough, and hateful character. Her son, Saturno, in the film is an enigmatic deaf boy unclearly united with Tristana. Buñuel amplifies the grotesque and caricatured representation of the world where the tragedy develops, and, in contrast to Galdós, he sees the grotesque everywhere. Buñuel alters the original characters to create cartoon characters. While Galdós seems to feel sympathy for his creations and treats them as products of the society they live in, Buñuel turns them into bitter and desperate beings.

With reference to the script, it should be noted that it greatly reduces the strength of the relationships between Tristana, Horacio, and Don Lope. In general terms, Buñuel has a tendency to simplify the complex relationships into mere opposition of binaries; Tristana's bitterness caused by enforced submission contrasts with Don Lope's happiness after achieving full possession of her.

In spite of critical praise for its formal perfection, the film continues to be regarded as a canvas painted with rough brush strokes that give force to the set but which miss the subtleties, contradictions, and ellipses that contributed to the modernity of Galdós' novel. For this reason, we could argue that more than adaptation, the film is a free reconstruction inspired by the novel. While Galdós' *Tristana* could be summarised as a story of frustrated aspirations, Buñuel presents a narrative of patriarchal repression, hate, and vengeance.[14]

14   One of the most remarkable features of this film is the interpretation of the characters by outstanding actors: Fernando Rey in the role of Don Lope and Catherine Deneuve as Tristana and, to a lesser degree, Franco Nero as Horacio and Lola Gaos as Saturna. The project was produced by Robert Dorfmann and Luis Buñuel, while the script was written by the latter and Julio Alejandro. 'Época estudios' paid Buñuel $30,000 for the screenplay. The film was distributed by Mercurio Films and reached an impressive $3,257,954 in takings at the box office. *Tristana* was nominated for the Academy Award for Best Foreign Language Film and screened at the 1970 Cannes Film Festival. For further readings of the film adaptation, see: Faulkner, S. (2003); Sackett, T. (1977); Poyato Sánchez, P. (2013); López, I. J. (2001); Grossvogel, D. L. (1972).

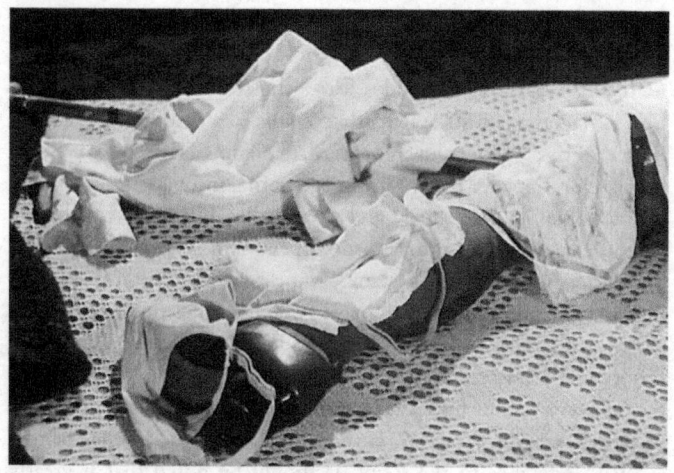

Figure 3 Luis Buñuel's *Tristana*, 1969

Critics have asked whether the novel is better than the film and have obsessed over how faithful Buñuel remained to Galdós' novel. These issues are irrelevant as they are two different cultural projects with dissimilar purposes, despite coinciding in some of their external features and plot lines. After highlighting the free nature of Buñuel's personal reconstruction of Galdós' novel, it is important to reiterate that, paradoxically, the film awoke critical interest in what had been considered a minor novel. In this regard, Sackett notes:

> The theme of women's liberation was perceived immediately by Pardo Bazán, and critics in the post-Buñuel years have expanded on that aspect of Galdós's novel. Others have begun to identify additional themes and techniques of literary interest. Julián Marías, for example, finds a pair of protagonists of extraordinary intimacy, tenderness, and invention, comparable only to the novelist's best efforts in works like *El Amigo Manso*. Casalduero has explored the relationship between Galdós and Ibsen, Leon Livingstone, the Don Juan archetype, and Francisco Ayala has provided useful insights into the origin of Don Lope de Sosa in the 'Cena jocosa' of Baltasar del Alcázar, a related archetype of a hell raising nobleman from Jaén. Recently, Ruth Schmidt has illuminated the significance of the Shakespearian elements in Galdós's novel.
> (Sackett, 1977: 71)

Sackett's overview leads us to a wealth of textual interpretation that has grown over the years in connection with intertextual relationships, the study of sources, and with other literary traditions. Within this constellation of readings, Tristana has gradually come to be seen more as a symbol of the emancipation of women, and this is today the main critical approach in the analyses of this character. This interpretation is well supported by the text itself when we read Tristana's aspiration to an independent profession and how the men she encounters express conventional views on this particular issue. However, readers of *Tristana* should also take into consideration her hopes. In this sense, I suggest that Galdós, instead of creating or presenting a symbol who epitomises women's struggle for emancipation, is attempting to give Tristana the chance to have her own voice without demonising the cruel societal and ideological context in which she is raised. Tristana, as Condé suggested, throughout the novel is trying to shape for herself professional identities which at that moment did not exist or are unrecognised in Spain. Galdós is not writing a thesis novel but a text that challenges the reader to confront both its literary and social implications. As Condé explains: 'Far from being an inferior and incomplete work, it is a carefully composed, finely tuned, and essentially modern text, which will probably continue to intrigue, inspire, and infuriate Galdós's scholars well into the twenty-first century' (Condé, 2000: 87).

In contrast to Condé's view, some critics maintain that, due to the ambiguity at the end of the novel, Galdós was anti-feminist. An example is Akiko Tsuchiya in her article 'The Struggle for Autonomy in Galdós's *Tristana*'. However, taking into consideration Galdós' political commitment, I believe there is sufficient evidence to consider that he is presenting the reader with the deep contradictions in late nineteenth-century Spanish society. It is difficult to support the view that Galdós was not concerned about women's emancipation. Instead, his social criticism functions under a much more modern set of aesthetic conventions where the reader's intelligence is preserved and shocked by the final question. This leaves us to decide what comes next and leads us to question how we should interpret the novel. In other words, Galdós invites the reader to freely engage with their own intellectual analysis of the novel and, subsequently, he abandons the

Figure 4 Luis Buñuel's *Tristana*, 1969

didacticism of the thesis novels and the political pamphlet. Galdós, as we saw at the beginning of this introduction, understood literature as an instrument for social transformation. He also learned, years later, that any change could only come from the self-awareness of the middle classes. Therefore Galdós rejects any temptation towards moral indoctrination and aspires to contribute to the sentimental and intellectual education of free-thinkers using their own critical judgement.

A note on the text

In preparing this edition, I had access to the original manuscript (MS. 21791) of *Tristana* preserved in the National Library of Spain. So far, most editions have focused on the edition published by Imprenta de la Guirnalda in 1892. The criterion that I have followed in editing the text is to update any elements which made reading difficult. In the footnotes I have explained anachronisms, slang, and neologisms frequently used by Galdós. Finally, I have respected the italics and Galdós' textual indications. I have also highlighted discrepancies between the manuscript of the first edition of 1892 and other textual solutions that have been chosen by different editors.

One of the most interesting features of the manuscript, which no other editor had noticed, is the fact that among *Tristana*'s notebook pages are intercalated manuscript pages from another novel: *Realidad*. In my opinion, Galdós must have been working on these two literary projects at the same time. His intention was to experiment with forms of narration and to explore the possibilities of what he called, in his theoretical writings, the dialogue novel, *novela dialogada*.[15] Another important aspect is related to the large number of drawings by Galdós in this manuscript. These drawings are graphic representations of mental concepts present in the text. In addition, other material is included such as a letter from Galdós to Emilio Mario. Although the letter's content has no direct relevance to this study, it demonstrates that Galdós was experimenting with the limits of the epistolary genre and including biographical elements in his fictional writing.

In conclusion this present edition is the most complete edition of *Tristana* to date. It has been prepared taking into account not only the original manuscript but also the various interventions of editors and critics who have dealt with the novel. The edition ends with a glossary of contemporary reactions to the publication of the novel, selected vocabulary, and a chronological table that will help the reader approach *Tristana* from a richer and more accurate perspective.

---

15 A novel set in dialogue allows readers to access the thoughts and feelings of the characters. Spanish literature has a long tradition of 'novelas dialogadas'; see for example *El coloquio de los perros*, a short story written by Miguel de Cervantes and published in 1613.

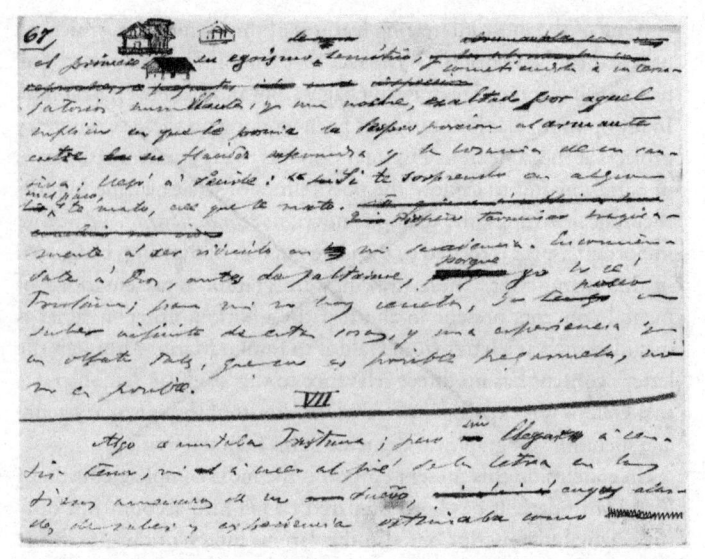

Figure 5 Extract from the original manuscript

Transcribed text: '[...] el primero su egoísmo semítico, sometiéndola a interrogatorios humillantes, y una noche, exaltado por aquel suplicio en que le ponía la desproporción alarmante entre su flacidez enfermiza y la lozanía de la cautiva, llegó a decirle:

«Si te sorprendo en algún mal paso, te mato, cree que te mato. Prefiero terminar trágicamente a ser ridículo en mi decadencia. Encomiéndate a Dios antes de faltarme. Porque yo lo sé Tristana, para mí no hay secretos; poseo un saber infinito de estas cosas, y una experiencia y un olfato tales, que no es posible pegármela, no, no es posible.

VII

Algo se asustaba Tristana; pero sin llegar a consentir terror, ni a creer al pie de la letra en las fieras amenazas de su dueño, cuyos alardes de saber y experiencia estimaba como [...]'

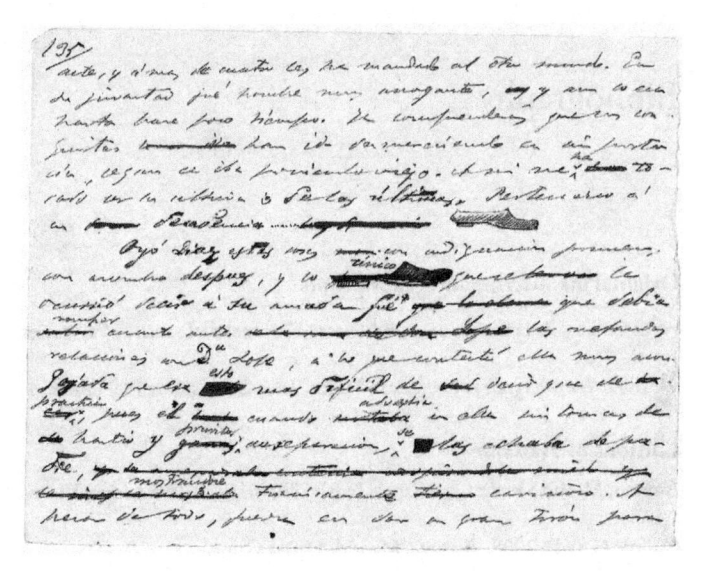

Figure 6 Extract from the original manuscript

Transcribed text: '[...] arte, y a más de cuatro les ha mandado al otro mundo. En su juventud fue hombre muy arrogante, y aún lo era hasta hace poco tiempo. Ya comprenderás que sus conquistas han ido desmereciendo en importancia según se iba poniendo viejo. A mí me ha tocado ser la última y de las últimas pertenezco a su decadencia...

Oyó Díaz estas cosas con indignación primero, con asombro después, y lo único que se le ocurrió decir a su amada fue que debía romper cuanto antes aquellas nefandas relaciones con Don Lope, a lo que contestó ella muy acongojada que era esto más difícil de decir que de practicar, pues él cuando advertía en ella síntomas de hastío y pruritos de separación, se las echaba de padre, mostrándose tiránicamente cariñoso. A pesar de todo, fuerza es dar un gran tirón para [...]'

Bibliography

Original manuscript and galley proofs

Pérez Galdós, B. 1892. *Tristana*, Biblioteca Nacional de España: Manuscript 21791.
—. 1892. *Tristana galley proofs*, Casa-Museo Pérez Galdós: Box 19, Number 1.

Editions of *Tristana*

Amores, M. and Sánchez Aguilar, A. (eds). 2003. *Tristana*, Barcelona: Vicens Vives.
Gullón, G. (ed). 2008. *Tristana*, Madrid: Espasa Calpe.
Gullón, R. (ed). 1975. *Tristana*, Barcelona: Alianza.
Gonzálvez, I. and Sevilla, G. (eds). 2011. *Tristana*, Madrid: Cátedra.
Lakhdari, S. (ed). 2002. *Tristana*, Madrid: Biblioteca Nueva.
Lindo, E. (ed). 2009. *Tristana / La loca de la casa*, Gran Canaria: Cabildo insular de Gran Canaria.
Minter, G. (ed). 1996. *Tristana*, Bristol: Bristol Classical Press.
Pérez Galdós, B. 1892. *Tristana*, Madrid: Imprenta de la Guirnalda.
—. 1969. *Tristana*, Madrid: Alfaguara.
Torralba Ramírez, P. (ed). 2003. *Tristana*, Madrid: Akal.
Treglow, J. (ed) and Jull-Costa, M. (trans). 2014. *Tristana*, New York: NYRB Classics.

Critical works on Galdós

Aldaraca, B. A. 1992. *El ángel del hogar: Galdós y la ideología de la domesticidad en España*, Madrid: Visor.
Armiño, M. (ed). 1974. *La emancipación de la mujer en España*, Madrid: Júcar.
Ayala, F. 1978. *Galdós en su tiempo*, Santander: Cabildo Insular de Las Palmas de Gran Canaria.
Benítez, R. 1990. *Cervantes en Galdós*, Murcia: Universidad de Murcia.
Bly, P. A. 1983. *Galdós's Novel of the Historical Imagination: A Study of the Contemporary Novels*, Liverpool: Francis Cairns-Liverpool Monographs in Hispanic Studies.

Casalduero, J. 1961. *Vida y obra de Galdós (1843–1920)*, Madrid: Gredos.
Caudet, F. 1988. *Madrid en Galdós: Galdós en Madrid*, Madrid: Consejería de Cultura.
—. (ed). 2004. *Realidad*, Madrid: Cátedra.
Charnon-Deutsch, L. 1990. *Gender and Representation: Women in Spanish Realist Fiction*, Amsterdam: John Benjamins.
Díaz, E. 1973. *La filosofía social del krausismo*, Madrid: Edicusa.
Engler, K. 1977. *The Structure of Realism: The Novelas contemporáneas of Benito Pérez Galdós*, Chapel Hill: North Carolina.
Faus Sevilla, P. 1972. *La sociedad española del siglo XIX en la obra de Pérez Galdós*, Valencia: Imprenta Nacher.
Gilman, S. 1981. *Galdós y el arte de la novela europea*, Madrid: Taurus.
Gold, H. 1993. *Reframing of Realism: Galdós and the Nineteenth-Century Spanish Novel*, Durham: Duke University Press.
Guerra de la Vega, R. 1993. *Guía de Madrid, siglo XIX*, Alcorcón: Indugraf.
Gullón, G. 1976. *El narrador en la novela del siglo XIX*, Madrid: Taurus.
—. 1991. *La novela del siglo XIX: Estudio sobre su evolución formal*, Amsterdam: Rodopi.
Gullón, R. 1970. *Técnicas de Galdós*, Madrid: Taurus.
—. 1996. *Galdós, novelista moderno*, Madrid: Gredos.
Jagoe, C. 1994. *Gender in the Novels of Galdós, 1870–1915*, Los Angeles: University of California Press.
Jiménez García, A. 1987. *El krausismo y la Institución Libre de Enseñanza*, Madrid: Cincel.
Kronik, J. and Turner, H. (eds). 1994. *Textos y contextos de Galdós*, Madrid: Castalia.
Labanyi, J. 1992. *Galdós*, New York: Longman.
—. 2000. *Gender and Modernization in the Spanish Realist Novel*, Oxford: Oxford University Press.
Lassaleta, M. C. 1974. *Aportaciones al estudio del lenguaje coloquial galdosiano*, Madrid: Ínsula.
López, I. J. 1986. *Caballero de novela, Ensayo sobre el donjuanismo en la novela española moderna, 1880–1930*, Barcelona: Puvill.
Nimetz, M. 1968. *Humor in Galdós: A Study of the 'Novelas Contemporáneas'*, New Haven and London: Yale University Press.
Ortiz-Armengol, P. 1996. *Vida de Galdós*, Barcelona: Crítica.
Percival, A. 1985. *Galdós and his Critics*, Toronto, Buffalo and London: University of Toronto Press.
Petit, M. C. 1972. *Les Personnages féminins dans les romans de Benito Pérez Galdós*, Paris: Les Belles Letres.
Pla, C. 1987. *El Madrid de Galdós*, Madrid: El Avapiés.

Sánchez, R. 1974. *El teatro en la novela: Galdós y Clarín*, Madrid: Ínsula.
Scanlon, G. M. 1976. *La polémica feminista en la España contemporánea*, Madrid: Siglo XXI.
Sotelo, M. L. 2013. *Realismo y naturalismo en España. La novela*, Barcelona: Universidad de Barcelona.
Urey, D. F. 1982. *Galdós and the Irony of Language*, Cambridge: Cambridge University Press.

Critical works on *Tristana*

Alas, L. 1912. '*Tristana*', Galdós, *Obras Completas*, 1, Madrid: Renacimiento.
Amorós, A. 1989. '*Tristana*, de Galdós a Buñuel', in Rafael Utrera (ed). *Galdós en la pantalla*, Las Palmas: Imprenta de San Nicolás, 83–96.
Anderson, F. 1985. 'Ellipsis and Space in *Tristana*', *Anales galdosianos*, 20, 61–76.
Andreu, A. 1990. '*Tristana*: El deseo y producción de la escritura', *Romance Languages Annual*, 2, 305–309.
Bidanki Mejías, A. 1996, 'El deseo en *Tristana*', *Anales galdosianos*, 31–32, 52–63.
Bordons, T. 1993. 'Releyendo a *Tristana*', *Nueva Revista de Filología Hispánica*, 41, 471–487.
Buñuel, L. 1971. *Tristana*, London: Lorrimer Publishing.
Burke, V. J. 2002. 'Castration/Gratification? A Psychoanalytic Reading of *Tristana* as Compared with *Jane Eyre*', *Philological Review*, 28, 19–30.
Chamberlain, V. 1985. 'The Sonata Form Structure of *Tristana*', *Anales galdosianos*, XX, 1, 83–95.
Condé, L. 2000. *Pérez Galdós: Tristana*, London: Grant & Cutler.
—. 2000a. 'The Buñuel Alternative to Galdós's *Tristana*', *Romance Studies*, 18, 135–144.
Dorca, T. 2005. 'Tres heroínas ante el matrimonio: *Marisalada, Tristana, Feíta*', *Lectora, Heroína, Autora (La mujer en la literatura española del siglo XIX). III Coloquio de la Sociedad de Literatura Española del Siglo XIX, Barcelona, 23–25 de octubre de 2002*, Barcelona: Universitat de Barcelona, 81–92.
Engler, K. 1977. 'The Ghostly Lover: The Portrayal of Animus in *Tristana*', *Anales galdosianos*, 12, 95–109.
Faulkner, S. 2003. 'Artful Relation: Buñuel's Debt to Galdós in *Narzarín* and *Tristana*', *Hispanic Research Journal: Iberian and Latin American Studies*, 4, 73–89.
Feal Deibe, C. 1976. '*Tristana* de Galdós: Capítulo en la historia de la liberación femenina', *Sin nombre*, 7, 116–129.
Fuentes, V. 1982. 'Buñuel y Galdós: Por una visión integral de la realidad', *Cuadernos Hispanoamericanos*, 385, 150–157.

García Bolívar, M. 2003. *Film Representation of Galdós's Female Character in 'Nazarín' (1962), 'Tristana' (1969), 'Fortunata y Jacinta' (Film: 1969, television series: 1987 and 'El Abuelo' 1998)*, PhD Thesis, Temple University.

García Domínguez, M. J. 1996–97. 'El proceso creador de *Tristana* de B. Pérez Galdós: Las versiones manuscritas y las versiones impresas', *Philologica Canariensia*, 2–3, 75–104.

Gold, H. 1993. 'Cartas de mujeres y la mediación epistolar en *Tristana*', *Actas del Cuarto Congreso Internacional de Estados galdosianos (1990)*, I, Las Palmas: Cabildo Insular de Gran Canaria, 661–671.

Goldin, D. 1985. 'Calderón, Cervantes, and Irony in *Tristana*', *Anales galdosianos*, 20, 97–106.

Golman, K. 2003. 'Those Obscure Objects of Desire in Luis Buñuel's Spanish Films: *Viridiana* and *Tristana*', *Tinta*, 7, 55–76.

Grimbert, J. 1992–93. 'Galdós's *Tristana* as a Subversion of the Tristan Legend', *Anales galdosianos*, 27–28, 109–123.

Grossvogel, D. L. (1972), 'Buñuel's Obsessed Camera: *Tristana* Dismembered', *Diacritics*, 2, 51–56.

Gullón, G. 1977. '*Tristana*: literaturización y estructura novelesca', *Hispanic Review*, 45, 13–27.

Keiffer, E. 1991. 'Tristana o el poder creador de la lengua: preliminares para un análisis multidimensional de la novela', *Anales galdosianos*, 26, 19–29.

Lara, F. 2000. '*Nazarín* y *Tristana*, una traición creativa', *Cuadernos de Literatura Infantil y Juvenil*, 13, 62–67.

Lambert, A. F. 1973. 'Galdós and Concha Ruth Morell', *Anales galdosianos*, 8, 33–47.

Ley, C. D. 1990. '*Realidad* y las novelas dialogadas de Galdós', *Actas del Cuarto Congreso Internacional de estudios galdosianos*, 1, 705–710.

Livingstone, L. 1972. 'The Law of Nature and Women's Liberation in *Tristana*', *Anales galdosianos*, 7, 93–102.

López, I. J. 2001, 'The Old Age of William Tell: A Study of Buñuel's *Tristana*', *Modern Languages Notes*, 116, 295–314.

Lowe, J. 1985. 'Age, Illusion and Irony in Tristana', *Anales galdosianos*, XX, 1, 107–111.

Madariaga de la Campa, B. 2001. 'Concepción Morell en la vida y en la obra de Galdós', *Páginas galdosianas*, Santander, 95–109.

Mayoral, M. 1973. '*Tristana*: ¿una feminista galdosiana?', *Ínsula*, 320–321, 28.

—. 1989. '*Tristana* y *Feitas Neiras*, dos versiones de la mujer independiente', *Actas de Galdós. Centenario de Fortunata y Jacinta (1887–1987)*, Madrid: Universidad Complutense de Madrid, 337–344.

Martínez Carazo, C. 1993. '*Tristana*: El discurso verbal frente al discurso visual', *Hispania*, 76, 365–370.

Mcdermott, P. 2005. 'Cómo se compone una mujer por correspondencia: *Pepita Jiménez* y *Tristana*', *Lectora, Heroína, Autora (La mujer en la literatura española del siglo XIX). III Coloquio de la Sociedad de Literatura Española del Siglo XIX (Barcelona, 23-25 de octubre de 2002)*, Barcelona: Universitat de Barcelona, 221-232.

Miller, B. 1974. 'La *Tristana* feminista de Buñuel', *Diálogos*, 60, 16-20.

Miró, E. 1971. '*Tristana* o la imposibilidad de ser', *Cuadernos Hispanoamericanos*, 250-252, 505-522.

Pardo Bazán, E. 1892. '*Tristana*', *Nuevo Teatro Crítico*, II, 76-90.

Percival, A. 1990. 'Personaje, espacio e ideología en *Tristana*', *Actas del Tercer Congreso Internacional de Estudios galdosianos*, II, Las Palmas: Cabildo Insular de Gran Canaria, 151-158.

Pfeiffer, E. 1991. '*Tristana* o el poder creado de la lengua: Preliminares para un análisis multidimensional de la novela', *Anales galdosianos*, 26, 19-32.

Poyato Sánchez, P. 2013. 'La transducción al cine de la novela *Tristana*: la forma cinematográfica buñueliana', *Signa: revista de la Asociación Española de Semiótica*, 23, 731-752.

Pozzi, G. 1989. '*Tristana* y sus lectores (internos y externos)', Gilberto Paolini (ed), *La Chispa, Selected Proceedings*, New Orleans: Tulane University.

Raphaël, S. 1972. 'Préface', *Tristana*, Paris: Aubier-Flammarion.

Rodríguez Sánchez, M. Á. 1993. 'Aproximación a Concepción Morell: documentos y referencias inéditas', *Actas del Cuarto Congreso Internacional de Estudios galdosianos*, II, Las Palmas: Cabildo Insular de Gran Canaria, 509-525.

Sackett, T. 1977. 'Creation and Destruction of Personality in *Tristana*: Galdós y Buñuel', *Anales galdosianos*, 12, 111-127.

Sánchez, R. G. (1977), 'Galdós' Tristana, Anatomy of a Disapointment', *Anales galdosianos*, 12, 111-127.

Sánchez Vidal, A. 1984. *Luis Buñuel. Obra cinematográfica*, Madrid: Ediciones J.C.

Schmidt, R. 1975. '*Tristana* and the Importance of Opportunity', *Anales galdosianos*, 10, 135-144.

Smith, G. 1975. 'Galdós, Tristana, and letters from Concha-Ruth Morell', *Anales galdosianos*, X, 91-117.

Schnepf, M. A. 1990. 'From the *Tristana* Manuscript: Background Information to Galdós's *Realidad*', *Anales galdosianos*, 25, 91-94.

Sinnigen, J. H. 1990. '*Tristana*: la tentación del melodrama', *Anales galdosianos*, 10, 53.

Sobejano, G. 1966. 'Galdós y el vocabulario de los amantes', *Anales galdosianos*, 1, 85-99.

Tsuchiya, A. 1989, 'The Struggle for Autonomy in Galdós's *Tristana*', *Modern Language Notes*, 104, 330-350.

Tristana

I

En el populoso barrio de Chamberí,[1] más cerca del Depósito de Aguas que de Cuatro Caminos, vivía, no ha muchos años, un hidalgo de buena estampa y nombre peregrino, no aposentado en casa solariega, pues por allí no las hubo nunca, sino en plebeyo cuarto de alquiler de los baratitos, con ruidoso vecindario de taberna, merendero, cabrería y estrecho patio interior de habitaciones numeradas[2] La primera vez que tuve conocimiento de tal personaje y pude observar su cadura militar de antiguo cuño, algo así como una reminiscencia pictórica de los tercios viejos de Flandes,[3] dijéronme que se llamaba *don Lope de Sosa*, nombre que trasciende al polvo de los teatros o a romance de los que traen los librillos de retórica; y, en efecto, nombrábanle así algunos amigos maleantes; pero él respondía por don Lope Garrido. Andando el tiempo, supe que la partida de bautismo rezaba *don Juan López Garrido*,[4] resultando que aquel sonoro *don Lope* era composición del caballero, como un precioso afeite aplicado a embellecer la personalidad; y tan bien caía en su cara enjuta, de líneas firmes y nobles, tan buen acomodo hacía el nombre con la espigada tiesura del cuerpo, con la nariz de caballete,[5] con su despejada frente y

1 'Chamberí': Currently a district of Madrid that comprises the neighbourhoods of Gaztambide, Arapiles, Trafalgar, Almagro, Ríos Rosas, and Vallehermoso. In the early nineteenth century a number of brick and clay tile factories started up in the area leading to the construction of new housing for workers nearby. During the period when *Tristana* is set, the residents of the district were diverse and belonged to many different social classes. In the 1890s, as the population of Madrid increased rapidly, Chamberí emerged as an important suburb of Madrid.
2 Here, Galdós is paraphrasing the opening of Cervantes' *Don Quixote*. Don Lope, as Don Quixote, is an 'hidalgo' (a noble of the lowest order). On Cervantes and Galdós, see in the bibliography Goldin, D. (1985).
3 Galdós is referring to the well-known 'tercios viejos' (old soldiers) who fought in the Eighty Years' War or Dutch War of Independence (1568–1648). These infantry soldiers were portrayed by Velázquez in his famous painting *La rendición de Breda* (1634).
4 In this instance, Galdós follows a technique developed by Cervantes: Galdós presents some inaccuracies in relation to Don Lope's name but later refers to the veracity of this story thanks to a document he finds, a birth certificate, where Don Lope's name is clearly stated. 'Don Lope de Sosa' is the main character of la 'Cena Jocosa', a Renaissance poem written by Baltasar del Alcázar.
5 'nariz de caballete': curved nose. On the use of language in the novel, see in the bibliography Keiffer, E. (1991).

sus ojos vivísimos, con el mostacho entrecano y la perilla corta, tiesa y provocativa, que el sujeto no se podía llamar de otra manera. O había que matarle o decirle don Lope.

La edad del buen hidalgo, según la cuenta que hacía cuando de esto se trataba, era una cifra tan imposible de averiguar como la hora de un reloj descompuesto, cuyas manecillas se obstinaran en no moverse. Se había plantado en los cuarenta y nueve, como si el terror instintivo de los cincuenta le detuviese en aquel temido lindero del medio siglo; pero ni Dios mismo, con todo su poder, le podía quitar los cincuenta y siete, que no por bien conservados eran menos efectivos. Vestía con toda la pulcritud y esmero que su corta hacienda le permitía, siempre de chistera bien planchada, buena capa en invierno, en todo tiempo guantes obscuros, elegante bastón en verano y trajes más propios de la edad verde que de la madura. Fue don Lope Garrido, dicho sea para hacer boca, gran estratégico en lides de amor, y se preciaba de haber asaltado más torres de virtud y rendido más plazas de honestidad que pelos tenía en la cabeza. Ya gastado y para poco, no podía desmentir la pícara afición, y siempre que tropezaba con mujeres bonitas, o aunque no fueran bonitas, se ponía en facha,[6] y sin mala intención les dirigía miradas expresivas, que más tenían en verdad de paternales que de maliciosas, como si con ellas dijera: «¡De buena habéis escapado, pobrecitas! Agradeced a Dios el no haber nacido veinte años antes. Precaveos contra los que hoy sean lo que yo fui, aunque, si me apuran, me atreveré a decir que no hay en estos tiempos quien me iguale. Ya no salen jóvenes, ni menos galanes, ni hombres que sepan su obligación al lado de una buena moza».

Sin ninguna ocupación profesional, el buen don Lope, que había gozado en mejores tiempos de una regular fortuna, y no poseía ya más que un usufructo en la provincia de Toledo, cobrado a tirones y con mermas lastimosas, se pasaba la vida en ociosas y placenteras tertulias de casino, consagrando también metódicamente algunos ratos a visitas de amigos, a trincas de café y a otros centros, o más bien rincones, de esparcimiento, que no hay para qué nombrar ahora. Vivía en lugar

---

6 Montserrat Amores and Agustín Sánchez Aguilar suggest in their edition that 'se ponía en facha' is military terminology and, therefore, Galdós creates a parallelism. This manoeuvre ('ponerse de facha') was carried out by battleships as they stopped before opening fire against the enemy.

tan excéntrico por la sola razón de la baratura de las casas, que aun con la gabela del tranvía, salen por muy poco en aquella zona, amén del despejo, de la ventilación y de los horizontes risueños que allí se disfrutan. No era ya Garrido trasnochador; se ponía en planta a punto de las ocho, y en afeitarse y acicalarse, pues cuidaba de su persona con esmero y lentitudes de hombre de mundo, se pasaban dos horitas. A la calle hasta la una, hora infalible del almuerzo frugal. Después de éste, calle otra vez, hasta la comida, entre siete y ocho, no menos sobria que el almuerzo, algunos días con escaseces no bien disimuladas por las artes de cocina más elementales. Lo que principalmente debe hacerse constar es que si don Lope era todo afabilidad y cortesía fuera de casa y en las tertulias cafeteriles o casinescas a que concurría, en su domicilio sabía hermanar las palabras atentas y familiares con la autoridad de amo indiscutible.

Con él vivían dos mujeres, criada la una, señorita en el nombre la otra, confundiéndose ambas en la cocina y en los rudos menesteres de la casa, sin distinción de jerarquías, con perfecto y fraternal compañerismo, determinado más bien por la humillación de la señora que por ínfulas de la criada. Llamábase esta Saturna, alta y seca, de ojos negros, un poco hombruna, y por su viudez reciente vestía de luto riguroso. Habiendo perdido a su marido, albañil que se cayó del andamio en las obras del Banco, pudo colocar a su hijo en el Hospicio, y se puso a servir, tocándole para estreno la casa de don Lope, que no era ciertamente una provincia de los reinos de Jauja.[7] La otra, que a ciertas horas tomaríais por sirvienta[8] y a otras no, pues se sentaba a la mesa del señor y le tuteaba con familiar llaneza, era joven, bonitilla, esbelta, de una blancura casi inverosímil de puro alabastrina; las mejillas sin color, los negros ojos más notables por lo vivarachos y luminosos que por lo grandes; las cejas increíbles, como indicadas en arco con la punta de finísimo pincel; pequeñuela y roja la boquirrita, de labios un tanto gruesos, orondos, reventando de sangre, cual si contuvieran toda la que en el rostro faltaba; los dientes, menudos, pedacitos de cuajado

7 'reinos de Jauja': from the popular Spanish expression *país de Jauja*, which literally means 'country of Jauja'. This phrase is used figuratively to mean a 'never-never land' or a 'land of milk and honey'.

8 In other critical editions, as in the Cátedra edition prepared by Isabel Gonzálvez and Gabriel Sevilla, the editors choose the word 'sirviente'. However, the original manuscript reads 'sirvienta'.

cristal; castaño el cabello y no muy copioso, brillante como torzales de seda y recogido con gracioso revoltijo en la coronilla. Pero lo más característico en tan singular criatura era que parecía toda ella un puro armiño y el espíritu de la pulcritud, pues ni aun rebajándose a las más groseras faenas domésticas se manchaba. Sus manos, de una forma perfecta —¡qué manos!—, tenían misteriosa virtud, como su cuerpo y ropa, para poder decir a las capas inferiores del mundo físico: *la vostra miseria non mi tange*.[9] Llevaba en toda su persona la impresión de un aseo intrínseco, elemental, superior y anterior a cualquier contacto de cosa desaseada o impura. De trapillo, zorro en mano,[10] el polvo y la basura la respetaban; y cuando se acicalaba y se ponía su bata morada con rosetones blancos, el moño arribita, traspasado con horquillas de dorada cabeza, resultaba una fiel imagen de dama japonesa de alto copete. Pero ¿qué más, si toda ella parecía de papel, de ese papel plástico, caliente y vivo en que aquellos inspirados orientales representan lo divino y lo humano, lo cómico tirando a grave, y lo grave que hace reír? De papel nítido era su rostro blanco mate, de papel su vestido, de papel sus finísimas, torneadas, incomparables manos.

Falta explicar el parentesco de Tristana, que por este nombre respondía la mozuela bonita, con el gran don Lope,[11] jefe y señor de aquel cotarro, al cual no será justo dar el nombre de familia. En el vecindario, y entre las contadas personas que allí recalaban de visita, o por fisgonear, versiones había para todos los gustos. Por temporadas dominaban estas o las otras opiniones sobre punto tan importante; en un lapso de dos o tres meses se creyó como el Evangelio que la señorita era sobrina del señorón. Apuntó pronto, generalizándose con rapidez, la tendencia a conceptuarla hija, y orejas hubo en la vecindad que la

---

9 'la vostra miseria non mi tange' ('vuestra miseria no me toca'): a quote from Dante's *Divine Comedy* 'Inferno, II, 92'. Beatrice explains that she is such a virtuous woman that even in the Inferno she is immune to the sins of those condemned sinners that live there.

10 'zorro en mano': an expression used to define casual indoor clothing. 'Zorro' was a utensil used for dusting inside the house.

11 On the literary echoes in don Lope and other characters, Germán Gullón has argued that 'En la novela *Tristana* de don Benito Pérez Galdós se oyen ecos del hacer literario de muchas épocas y de diversas literaturas, desde el mito de Tristán e Iseo de donde acaso procede el nombre de la protagonista, hasta *El burlador de Sevilla*, de Tirso de Molina, prototipo del carácter y hábitos amorosos del don Lope galdosiano' (1976: 1).

oyeron decir *papá*, como las muñecas que hablan. Sopló un nuevo vientecillo de opinión, y ya la tenéis legítima y auténtica señora de Garrido. Pasado algún tiempo, ni rastros quedaban de estas vanas conjeturas, y Tristana, en opinión del vulgo circunvecino, no era hija, ni sobrina, ni esposa, ni nada del gran don Lope; no era nada y lo era todo, pues le pertenecía como una petaca, un mueble o una prenda de ropa, sin que nadie se la pudiera disputar; ¡y ella parecía tan resignada a ser petaca, y siempre petaca...![12]

---

12 In relation to the reception of the novel, Sadi Lakhdari states: 'Hasta los años 70, los escasos críticos que se interesaron por la obra siguieron una de las dos direcciones indicadas por sus ilustres predecesores. *Tristana* fue considerada como un esbozo de novela de tesis feminista fracasada o como una típica novela del desencanto post-romántico, con una marcada preocupación psicológica. Casalduero, Berkowitz, y muchos otros despreciaron la obra, considerándola como inacabada' (2002: 11).

II

Resignada en absoluto no, porque más de una vez, en aquel año que precedió a lo que se va a referir, la linda figurilla de papel sacaba los pies del plato,[13] queriendo demostrar carácter y conciencia de persona libre. Ejercía sobre ella su dueño un despotismo que podremos llamar seductor, imponiéndole su voluntad con firmeza endulzada, a veces con mimos o carantoñas, y destruyendo en ella toda iniciativa que no fuera de cosas accesorias y sin importancia. Veintiún años contaba la joven cuando los anhelos de independencia despertaron en ella con las reflexiones que embargaban su mente acerca de la extrañísima situación social en que vivía. Aún conservaba procederes y hábitos de chiquilla cuando tal situación comenzó; sus ojos no sabían mirar al porvenir, y si lo miraban, no veían nada. Pero un día se fijó en la sombra que el presente proyectaba hacia los espacios futuros, y aquella imagen suya estirada por la distancia, con tan disforme y quebrada silueta, entretuvo largo tiempo su atención, sugiriéndole pensamientos mil que la mortificaban y confundían.

Para la fácil inteligencia de estas inquietudes de Tristana, conviene hacer toda la luz posible en torno del don Lope, para que no se le tenga por mejor ni por más malo de lo que era realmente. Presumía este sujeto de practicar en toda su pureza dogmática la caballerosidad, o caballería, que bien podemos llamar sedentaria en contraposición a la idea de andante o correntona; mas interpretaba las leyes de aquella religión con criterio excesivamente libre, y de todo ello resultaba una moral compleja, que no por ser suya dejaba de ser común, fruto abundante del tiempo en que vivimos; moral que, aunque parecía de su cosecha, era en rigor concreción en su mente de las ideas flotantes en la atmósfera metafísica de su época, cual las invisibles bacterias en la atmósfera física. La caballerosidad de don Lope, como fenómeno externo, bien a la vista estaba de todo el mundo: jamás tomó nada que no fuera suyo, y en cuestiones de intereses llevaba su delicadeza a extremos quijotescos.[14] Sorteaba su penuria con gallardía, y la cubría

---

13 'sacar los pies del plato': to dare to do something or to defy somebody.
14 The parallelisms between Don Quixote and Don Lope are a common pattern throughout the novel.

con dignidad, dando pruebas frecuentes de abnegación, y condenando el apetito de cosas materiales con acentos de entereza estoica. Para él, en ningún caso dejaba de ser vil el metal acuñado,[15] ni la alegría que el cobrarlo produce le redime del desprecio de toda persona bien nacida. La facilidad con que de sus manos salía, indicaba el tal desprecio mejor que las retóricas con que vituperaba lo que a su juicio era motivo de corrupción, y causa de que en la sociedad presente fueran cada día más escasas las cosechas de caballeros. Respecto a decoro personal, era tan nimio y de tan quebradiza susceptibilidad, que no toleraba el agravio más insignificante ni ambigüedades de palabra que pudieran llevar en sí sombra de desconsideración. Lances mil tuvo en su vida, y de tal modo mantenía los fueros de la dignidad, que llegó a ser código viviente para querellas de honor, y, ya se sabía, en todos los casos dudosos del intrincado fuero duelístico era consultado el gran don Lope, que opinaba y sentenciaba con énfasis sacerdotal, como si se tratara de un punto teológico o filosófico de la mayor transcendencia.

El punto de honor era, pues, para Garrido, la cifra y compendio de toda la ciencia del vivir, y esta se completaba con diferentes negaciones. Si su desinterés podía considerarse como virtud, no lo era ciertamente su desprecio del Estado y de la Justicia, como organismos humanos. La curia le repugnaba; los ínfimos empleados del Fisco, interpuestos entre las instituciones y el contribuyente con la mano extendida, teníalos por chusma digna de remar en galeras. Deploraba que en nuestra edad de más papel que hierro y de tantas fórmulas huecas, no llevasen los caballeros espada para dar cuenta de tanto gandul impertinente. La sociedad, a su parecer, había creado diversos mecanismos con el solo objeto de mantener holgazanes, y de perseguir y desvalijar a la gente hidalga y bien nacida.

Con tales ideas, a don Lope le resultaban muy simpáticos los contrabandistas y matuteros, y si hubiera podido habría salido a su defensa en un aprieto grave. Detestaba la Policía encubierta o uniformada, y cubría de baldón a los carabineros y vigilantes de consumos,[16] así como

---

15 In different passages, Don Lope is presented as anti-materialistic. Here, there is an analogy between this text and Don Quixote (I, 11) where the protagonist meditates on the ages of humankind by condemning or saving some historical periods. In *Tristana*, it is Don Lope who criticises the power of money and the commodification of values.

16 'vigilantes de consumos': he is referring to the 'carabineros' (armed soldiers who

a los pasmarotes que llaman de Orden público, y que, a su parecer, jamás protegen al débil contra el fuerte. Transigía con la Guardia civil, aunque él, ¡qué demonio!, la hubiera organizado de otra manera, con facultades procesales y ejecutivas, como verdadera religión de caballería justiciera en caminos y despoblados. Sobre el Ejército, las ideas de don Lope picaban en extravagancia. Tal como lo conocía, no era más que un instrumento político, costoso y tonto por añadidura, y él opinaba que se le diera una organización religiosa y militar, como las antiguas órdenes de caballería, con base popular, servicio obligatorio, jefes hereditarios, vinculación del generalato, y, en fin, un sistema tan complejo y enrevesado que ni él mismo lo entendía. Respecto a la Iglesia, teníala por una broma pesada, que los pasados siglos vienen dando a los presentes, y que estos aguantan por timidez y cortedad de genio. Y no se crea que era irreligioso: al contrario, su fe superaba a la de muchos que hociquean ante los altares y andan siempre entre curas. A estos no los podía ver ni escritos el ingenioso don Lope, porque no encontraba sitio para ellos en el sistema pseudo-caballeresco que su desocupado magín se había forjado, y solía decir: «Los verdaderos sacerdotes somos nosotros, los que regulamos el honor y la moral, los que combatimos en pro del inocente, los enemigos de la maldad, de la hipocresía, de la injusticia... y del vil metal».

Casos había en la vida de este sujeto que le enaltecían en sumo grado, y si algún ocioso escribiera su historia, aquellos resplandores de generosidad y abnegación harían olvidar, hasta cierto punto, las obscuridades de su carácter y su conducta. De ellos debe hablarse, como antecedentes o causas que son de lo que luego se referirá. Siempre fue don Lope muy amigo de sus amigos, y hombre que se despepitaba por auxiliar a las personas queridas que se veían en algún compromiso grave. Servicial hasta el heroísmo, no ponía límites a sus generosos arranques. Su caballería llegaba en esto hasta la vanidad; y como toda vanidad se paga, como el lujo de los buenos sentimientos es el más dispendioso que se conoce, Garrido sufrió considerables quebrantos en su fortuna. Su muletilla familiar de *dar la camisa por un amigo*[17] no era una simple afectación retórica. Si no la camisa, varias veces dio la

---

controlled the smuggling of goods at the borders) and to the police that secured payment of taxes assigned to the trade of goods.
17 'dar la camisa por un amigo': to offer great altruistic generosity.

mitad de la capa como San Martín;[18] y últimamente, la prenda de ropa más útil, como más próxima a la carne, había llegado a correr peligro.

Un amigo de la infancia, a quien amaba entrañablemente, de nombre don Antonio Reluz, compinche de caballerías más o menos correctas,[19] puso a prueba el furor altruista, que no otra cosa era, del buen don Lope. Reluz, al casarse por amor con una joven distinguidísima, apartose de las ideas y prácticas caballerescas de su amigo, calculando que no constituían oficio ni daban de comer, y se dedicó a manejar en buenos negocios el capitalillo de su esposa. No le fue mal en los primeros años. Metiose en la compra y venta de cebada, en contratas de abastecimientos militares y otros honrados tráficos, que Garrido miraba con altivo desprecio. Hacia 1880, cuando ambos habían pasado la línea de los cincuenta, la estrella de Reluz se eclipsó de súbito, y no puso la mano en negocio que no resultara de perros.[20] Un socio de mala fe, un amigo pérfido acabaron de perderle, y el batacazo fue de los más gordos, hallándose de la noche a la mañana sin blanca,[21] deshonrado y por añadidura preso...

—¿Lo ves? —le decía a su amigote—. ¿Te convences ahora de que ni tú ni yo servimos para mercachifles? Te lo advertí cuando empezaste, y no quisiste hacerme caso. No pertenecemos a nuestra época, querido Antonio; somos demasiado decentes para andar en estos enjuagues, que allá se quedan para la patulea del siglo.

Como consuelo, no era de los más eficaces. Reluz le oía sin pestañear ni responderle nada, discurriendo cómo y cuándo se pegaría el tirito con que pensaba poner fin a su horrible sufrimiento.

Pero Garrido no se hizo esperar, y al punto salió con el supremo recurso de la camisa.

18 Martín de Tours (316–397). The most famous legend relating to Martín de Tours refers to how he once cut his cloak in half to share with a beggar during a snowstorm. He saved the beggar from dying from the cold. That night he dreamed that Jesus was wearing the half-cloak. After this encounter with the beggar he left the Imperial Roman guard and devoted his life to the worship of God. There is an ironical parallelism between Martín de Tours' story and Don Lope's. The latter will change, during the novel, froma womaniser at the beginning to a sanctimonious man by the end of the text.
19 It is important to note the use of the adverbs 'más' and 'menos'. Galdós uses them to achieve an ironic tone in the narration. In the original manuscript, it reads 'andantes' instead of 'correctas'.
20 'de perros': here, businesses that failed.
21 'sin blanca': bankrupt.

—Por salvar tu honra soy yo capaz de dar la... En fin, ya sabes que es obligación, no favor, pues somos amigos de veras, y lo que yo hago por ti lo harías tú por mí.

Aunque los descubiertos que ponían por los suelos el nombre comercial de Reluz no eran *el oro y el moro*,[22] pesaban lo bastante para resquebrajar el edificio no muy seguro de la fortunilla de don Lope; el cual, encastillado en su dogma altruista, hizo la hombrada gorda, y después de liquidar una casita que conservaba en Toledo, se desprendió de su colección de cuadros antiguos, si no de primera, bastante apreciable por los afanes y placeres sin cuento que representaba.

—No te apures —decía a su triste amigo—. Pecho a la desgracia,[23] y no des a esto el valor de un acto extraordinariamente meritorio. En estos tiempos putrefactos se estima como virtud lo que es deber de los más elementales. Lo que se tiene, se tiene, fíjate bien, en tanto que otro no lo necesita. Ésta es la ley de las relaciones entre los humanos, y lo demás es fruto del egoísmo y de la metalización[24] de las costumbres. El dinero no deja de ser vil sino cuando se ofrece a quien tiene la desgracia de necesitarlo. Yo no tengo hijos. Toma lo que poseo; que un pedazo de pan no ha de faltarnos.

Que Reluz oía estas cosas con emoción profunda, no hay para qué decirlo. Cierto que no se pegó el tiro ni había para qué; mas lo mismo fue salir de la cárcel y meterse en su casa, que pillar una calentura maligna que lo despachó en siete días. Debió de ser de la fuerza del agradecimiento y de las emociones terribles de aquella temporada. Dejó una viudita inconsolable, que por más que se empeñó en seguirle a la tumba por *muerte natural*,[25] no pudo lograrlo, y una hija de diecinueve abriles, llamada Tristana.

---

22 'descubiertos'... 'el oro y el moro': although Reluz's debts were not too big.
23 'pecho a la desgracia': to confront the adversity.
24 'metalización de las costumbres': the commodification of daily life.
25 Gonzálvez and Sevilla have noted in their edition that 'Hay aquí una profunda ironía que Galdós subraya, en la edición original del texto, con el uso de la cursiva, respetado en esta edición. Como se sabe, la muerte natural es la que sobreviene por pura vejez, mientras que Galdós la define aquí, implícitamente, como la muerte que debería la viuda a su difunto esposo por fidelidad conyugal. Con la frustración de este intento de *muerte natural*, paradójico en sí mismo (y de ahí la ironía), se introduce una sutil parodia del amor romántico' (2011: 128).

III

La viuda de Reluz había sido linda antes de los disgustos y trapisondas de los últimos tiempos. Pero su envejecer no fue tan rápido y patente que le quitara a don Lope las ganas de cortejarla, pues si el código caballeresco de este le prohibía galantear a la mujer de un amigo vivo, la muerte del amigo le dejaba en franquía para cumplir a su antojo la ley de amar. Estaba de Dios,[26] no obstante, que por aquella vez no le saliera bien la cuenta, pues a las primeras chinitas que a la inconsolable tiró,[27] hubo de observar que no contestaba con buen acuerdo a nada de lo que se le decía, que aquel cerebro no funcionaba como Dios manda, y, en suma, que a la pobre Josefina Solís le faltaban casi todas las clavijas que regulan el pensar discreto y el obrar acertado. Dos manías, entre otras mil, principalmente la trastornaban: la manía de mudarse de casa y la del aseo. Cada semana, o cada mes por lo menos, avisaba los carros de mudanzas, que aquel año hicieron buen agosto paseándole los trastos por cuantas calles y rondas hay en Madrid. Todas las casas eran magníficas el día de la mudanza, y detestables, inhospitalarias, horribles ocho días después. En esta se helaba de frío, en aquella se achicharraba; en una había vecinas escandalosas, en otra ratones desvergonzados, en todas nostalgia de otra vivienda, del carro de mudanza, ansia infinita de lo desconocido.[28]

Quiso don Lope poner mano en este costoso delirio; pero pronto se convenció de que era imposible. El tiempo corto que mediaba entre

26 'Estaba de Dios': with God's help.
27 'las primeras chinitas que a la inconsolable tiró': Galdós explains, in an ironic manner, that Don Lope understood quickly the extent of Josefina Solís' madness.
28 In connection to the moves, Farris Anderson assured that 'The second move brings enclosure in a bourgeois domesticity that mocks the previous aspirations to independence of both Lope and Tristana. A more subtle irony, however, is found in the topographic implications of the second move. Southward movement ends with the first change of residence. The second change brings only lateral movement, to another house on the same street. Thus, the approach to the elusive city stalls, Lope and Tristana end up in a location that reconfirms the characteristic incompleteness of their lives and gives spatial form to the enigmatic *Tal vez* of the novel's final sentence. They are left on the northern edge of Madrid, enclosed in a new false center. They are a bit closer to the city than before, but they are apparently destined to go no closer. Progress toward the real center has, as usual, proved to be an illusion. As the novel ends, the city is still missing' (1985: 75).

mudanza y mudanza empleábalo Josefina en lavar y fregotear cuanto cogía por delante, movida de escrúpulos nerviosos y de ascos hondísimos, más potentes que una fuerte impulsión instintiva. No daba la mano a nadie, temerosa de que le pegasen herpetismo o pústulas repugnantes. No comía más que huevos, después de lavarles el cascarón, y recelosa siempre de que la gallina que los puso hubiera picoteado en cosas impuras. Una mosca la ponía fuera de sí. Despedía las criadas cada lunes y cada martes por cualquier inocente contravención de sus extravagantes métodos de limpieza. No le bastaba con deslucir los muebles a fuerza de agua y estropajo; lavaba también las alfombras, los colchones de muelles, y hasta el piano, por dentro y por fuera. Rodeábase de desinfectantes y antisépticos, y hasta en la comida se advertían tufos de alcanfor. Con decir que lavaba los relojes está dicho todo. A su hija la zambullía en el baño tres veces al día, y el gato huyó bufando de la casa, por no hallarse con fuerzas para soportar los chapuzones que su ama le imponía.

Con toda el alma lamentaba don Lope la liquidación cerebral de su amiga, y echaba de menos a la simpática Josefina de otros tiempos, dama de trato muy agradable, bastante instruida y hasta con ciertas puntas y ribetes de literata de buena ley. A cencerros tapados[29] compuso algunos versitos, que sólo mostraba a los amigos de confianza, y juzgaba con buen criterio de toda la literatura y literatos contemporáneos. Por temperamento, por educación y por atavismo, pues tuvo dos tíos académicos, y otro que fue emigrado en Londres con el duque de Rivas y Alcalá Galiano,[30] detestaba las modernas tendencias realistas; adoraba el ideal y la frase noble y decorosa. Creía firmemente que en el gusto hay aristocracia y pueblo, y no vacilaba en asignarse un lugar de los más obscuros entre los próceres de las letras. Adoraba el teatro antiguo, y se sabía de memoria largos parlamentos de *Don Gil de las calzas verdes*, de *La verdad sospechosa* y de *El mágico prodigioso*.[31] Tuvo

29 'a cencerros tapados': on the sly, in secret.
30 Ángel María de Saavedra, Duque de Rivas (1791–1865) and Antonio Alcalá Galiano (1789–1865) were two famous liberal politicians and romantic intellectuals who confronted the Monarchy of Fernando VII and were prosecuted by the monarchists and forced into exile in England.
31 *Don Gil de las calzas verdes* (1635) by Tirso de Molina. *La verdad sospechosa* (1634) by Juan Ruiz de Alarcón. *El mágico prodigioso* (1637) by Pedro Calderón de la Barca.

un hijo, muerto a los doce años, a quien puso el nombre de Lisardo,[32] como si fuera de la casta de Tirso o Moreto.[33] Su niña debía el nombre de Tristana a la pasión por aquel arte caballeresco y noble, que creó una sociedad ideal para servir constantemente de norma y ejemplo a nuestras realidades groseras y vulgares.[34]

Pues todos aquellos refinados gustos que la embellecían, añadiendo encantos mil a sus gracias naturales, desaparecieron sin dejar rastro en ella. Con la insana manía de las mudanzas y del aseo, Josefina olvidó toda su edad pasada. Su memoria, como espejo que ha perdido el azogue, no conservaba ni una idea, ni un nombre, ni una frase de todo aquel mundo ficticio que tanto amó. Un día quiso don Lope despertar los recuerdos de la infeliz señora, y vio la estupidez pintada en su rostro, como si le hablaran de una existencia anterior a la presente. No comprendía nada, no se acordaba de cosa alguna, ignoraba quién podría ser don Pedro Calderón,[35] y al pronto creyó que era algún casero o el dueño de los carros de mudanzas. Otro día la sorprendió lavando las zapatillas, y a su lado tenía, puestos a secar, los álbums[36] de retratos. Tristana contemplaba, conteniendo sus lágrimas, aquel cuadro de desolación, y con expresivos ojos suplicaba al amigo de la casa que no contrariase a la pobre enferma. Lo peor era que el buen caballero soportaba con resignación los gastos de aquella familia sin ventura, los cuales, con el sin fin de mudanzas, el frecuente romper de loza y deterioro de muebles, iban subiendo hasta las nubes. Aquel diluvio con jabón los ahogaba a todos. Por fortuna, en uno de los cambios de domicilio, ya fuese por haber caído en casa nueva, cuyas paredes chorreaban de humedad, ya porque Josefina usó zapatos recién sometidos a su sistema de saneamiento, llegó la hora de rendir a Dios el

---

32 'Lisardo': common name in Renaissance and Baroque works.
33 Agustín Moreto y Cavana (1618–69) was a Spanish Catholic priest and playwright.
34 Josefina Reluz loved the medieval noble art of knight errantry. Therefore, she chose to name her daughter Tristana in honour of the famous knight Tristán who suffered an unfortunate romance with the beautiful Isolda. For more information, see in the bibliography Grimbert, J. (1992–93).
35 Pedro Calderón de la Barca (17 January 1600–25 May 1681) was a playwright, poet, and writer of the Spanish Golden Age. During certain periods of his life, he was also a soldier and a Roman Catholic priest. Born when Lope de Vega was defining the Spanish Golden Age theatre, he developed it further. His work is regarded as the culmination of Spanish Baroque theatre.
36 The correct form is 'álbumes'.

alma. Una fiebre reumática que la entró a saco, espada en mano, acabó sus tristes días. Pero la más negra fue que, para pagar médico, botica y entierro, amén de las cuentas de perfumería y comestibles, tuvo don Lope que dar otro tiento a su esquilmado caudal, sacrificando aquella parte de sus bienes que más amaba, su colección de armas antiguas y modernas, reunida con tantísimo afán y con íntimos goces de rebuscador inteligente. Mosquetes raros y arcabuces roñosos, pistolas, alabardas, espingardas de moros y rifles de cristianos, espadas de cazoleta, y también petos y espaldares que adornaban la sala del caballero entre mil vistosos arreos de guerra y caza, formando el conjunto más noble y austero que imaginarse puede, pasaron a precio vil a manos de mercachifles. Cuando don Lope vio salir su precioso arsenal, quedose atribulado y suspenso, aunque su grande ánimo supo aherrojar la congoja que del fondo del pecho le brotaba, y poner en su rostro la máscara de una estoica y digna serenidad. Ya no le quedaba más que su colección de retratos de hembras hermosas, en los cuales había desde la miniatura delicada hasta la fotografía moderna en que la verdad suple al arte, museo que era para su historia de amorosas lides como la de cañones y banderas que en otro orden pregonan las grandezas de un reinado glorioso. Ya no le restaba más que esto, algunas imágenes elocuentes, aunque mudas, que significaban mucho como trofeo, bien poco, ¡ay!, como especie representativa de vil metal.

En la hora de morir, Josefina recobró, como suele suceder, parte del seso que había perdido, y con el seso le revivió momentáneamente su ser pasado, reconociendo, cual don Quijote moribundo, los disparates de la época de su viudez y abominando de ellos.[37] Volvió sus ojos a Dios, y aún tuvo tiempo de volverlos también a don Lope, que presente estaba, y le encomendó a su hija huérfana, poniéndola bajo su amparo, y el noble caballero aceptó el encargo con efusión, prometiendo lo que en tan solemnes casos es de rúbrica. Total: que la viuda de Reluz cerró la pestaña, mejorando con su pase a mejor vida la de las personas que acá gemían bajo el despotismo de sus mudanzas y lavatorios; que Tristana se fue a vivir con don Lope, y que este... (hay que decirlo, por duro y lastimoso que sea) a los dos meses de llevársela aumentó con ella la lista ya larguísima de sus batallas ganadas a la inocencia.

---

37 Another direct allusion to Cervantes' *Don Quixote*.

IV

La conciencia del guerrero de amor arrojaba de sí, como se ha visto, esplendores de astro incandescente; pero también dejaba ver en ocasiones arideces horribles de astro apagado y muerto. Era que al sentido moral del buen caballero le faltaba una pieza importante, cual órgano que ha sufrido una mutilación y sólo funciona con limitaciones o paradas deplorables. Era que don Lope, por añejo dogma de su caballería sedentaria, no admitía crimen ni falta ni responsabilidad en cuestiones de faldas. Fuera del caso de cortejar a la dama, esposa o manceba de un amigo íntimo, en amor todo lo tenía por lícito. Los hombres como él, hijitos mimados de Adán, habían recibido del Cielo una tácita bula que los dispensaba de toda moral, antes policía del vulgo que ley de caballeros. Su conciencia, tan sensible en otros puntos, en aquel era más dura y más muerta que un guijarro, con la diferencia de que este, herido por la llanta de una carreta, suele despedir alguna chispa, y la conciencia de don Lope, en casos de amor, aunque la machacaran las herraduras del caballo de Santiago, no echaba lumbres.[38]

Profesaba los principios más erróneos y disolventes, y los reforzaba con apreciaciones históricas, en las cuales lo ingenioso no quitaba lo sacrílego. Sostenía que en las relaciones de hombre y mujer no hay más ley que la anarquía, si la anarquía es ley; que el soberano amor no debe sujetarse más que a su propio canon intrínseco, y que las limitaciones externas de su soberanía no sirven más que para desmedrar la raza, para empobrecer el caudal sanguíneo de la humanidad. Decía, no sin gracia, que los artículos del Decálogo que tratan de toda la *peccata minuta*,[39] fueron un pegote añadido por Moisés a la obra de Dios, obedeciendo a razones puramente políticas; que estas razones de Estado continuaron influyendo en las edades sucesivas, haciendo necesaria la policía de las pasiones; pero que con el curso de la civilización perdieron su fuerza lógica, y sólo a la rutina y a la pereza humanas se debe que aún subsistan los efectos después de haber desaparecido las causas. La derogación

---

38 According to the legend, Santiago guided and encouraged the Christian forces in the battlefield against the Moors. He always appeared riding a mighty white horse.
39 'peccata minuta': minor sins.

de aquellos trasnochados artículos se impone, y los legisladores deben poner la mano en ella sin andarse en chiquitas.[40] Bien demuestra esta necesidad la sociedad misma, derogando de hecho lo que sus directores se empeñan en conservar contra el empuje de las costumbres y las realidades del vivir. ¡Ah!, si el buenazo de Moisés levantara la cabeza, él y no otro corregiría su obra, reconociendo que hay tiempos de tiempos.[41]

Inútil parece advertir que cuantos conocían a Garrido, incluso el que esto escribe, abominaban y abominaban de tales ideas, deplorando con toda el alma que la conducta del insensato caballero fuese una fiel aplicación de sus perversas doctrinas. Debe añadirse que a cuantos estimamos en lo que valen los grandes principios sobre que se asienta, etcétera, etcétera... se nos ponen los pelos de punta sólo de pensar cómo andaría la máquina social si a sus esclarecidas manipulantes[42] les diese la ventolera[43] de apadrinar los disparates de don Lope, y derogaran los articulitos o mandamientos cuya inutilidad este de palabra y obra proclamaba. Si no hubiera infierno, sólo para don Lope habría que crear uno, a fin de que en él eternamente purgase sus burlas de la moral, y sirviese de perenne escarmiento a los muchos que, sin declararse sectarios suyos, vienen a serlo de hecho en toda la redondez de esta tierra pecadora.

Contento estaba el caballero de su adquisición, porque la chica era linda, despabiladilla, de graciosos ademanes, fresca tez y seductora charla. «Dígase lo que se quiera —argüía para su capote, recordando sus sacrificios por sostener a la madre y salvar de la deshonra al papá—, bien me la he ganado. ¿No me pidió Josefina que la amparase? Pues más amparo no cabe. Bien defendida la tengo de todo peligro; que ahora nadie se atreverá a tocarla al pelo de la ropa».[44] En los primeros tiempos, guardaba el galán su tesoro con precauciones exquisitas y sagaces; temía rebeldías de la niña, sobresaltado por la diferencia de edad, mayor sin duda de lo que el interno canon de amor dispone. Temores y desconfianzas le asaltaban; casi casi sentía en la conciencia

---

40 'sin andarse en chiquitas': until the final consequences.
41 Don Lope assures that Moisés (Moses) added to the Ten Commandments some minor sins ('peccata minuta').
42 Galdós' neologism: 'manipulators'.
43 'ventolera': wild idea.
44 'tocarla al pelo': laísmos are frequent in Galdós' writings.

algo como un cosquilleo tímido, precursor de remordimiento. Pero esto duraba poco, y el caballero recobraba su bravía entereza. Por fin, la acción devastadora del tiempo amortiguó su entusiasmo hasta suavizar los rigores de su inquieta vigilancia y llegar a una situación semejante a la de los matrimonios que han agotado el capitalazo de las ternezas, y empiezan a gastar con prudente economía la rentita del afecto reposado y un tanto desabrido. Conviene advertir que ni por un momento se le ocurrió al caballero desposarse con su víctima, pues aborrecía el matrimonio; teníalo por la más espantosa fórmula de esclavitud que idearon los poderes de la tierra para meter en un puño a la pobrecita humanidad.

Tristana aceptó aquella manera de vivir casi sin darse cuenta de su gravedad. Su propia inocencia, al paso que le sugería tímidamente medios defensivos que emplear no supo, le vendaba los ojos, y sólo el tiempo y la continuidad metódica de su deshonra le dieron luz para medir y apreciar su situación triste. La perjudicó grandemente su descuidada educación,[45] y acabaron de perderla las hechicerías y artimañas que sabía emplear el tuno de don Lope, quien compensaba lo que los años le iban quitando, con un arte sutilísimo de la palabra, y finezas galantes de superior temple, de esas que apenas se usan ya, porque se van muriendo los que usarlas supieron. Ya que no cautivar el corazón de la joven, supo el maduro galán mover con hábil pulso resortes de su fantasía, y producir con ellos un estado de pasión falsificada, que para él, ocasionalmente, a la verdadera se parecía.

Pasó la señorita de Reluz por aquella prueba tempestuosa, como quien recorre los períodos de aguda dolencia febril, y en ella tuvo momentos de corta y pálida felicidad, como sospechas de lo que las venturas de amor pueden ser. Don Lope le cultivaba con esmero la imaginación, sembrando en ella ideas que fomentaran la conformidad con semejante vida; estimulaba la fácil disposición de la joven para

---

[45] On the notion of education in the novel, Sadi Lakhdari has asserted that 'No se puede culpar al autor de ser antifeminista como lo hicieron ciertos críticos. El mismo carácter de Tristana le impide lograr la realización de sus deseos de emancipación, pero este carácter ha sido forjado por una pésima educación. Cuando don Lope la recoge, ella tiene diecinueve años y no sabe nada, ni siquiera puede mantener una casa; es apenas capaz de ayudar a Saturna. Esta falta de educación explica, con la ociosidad que implica, la estimulación desaforada de su imaginación' (2002: 26).

idealizar las cosas, para verlo todo como no es, o como nos conviene o nos gusta que sea. Lo más particular fue que Tristana, en los primeros tiempos, no dio importancia al hecho monstruoso de que la edad de su tirano casi triplicaba la suya. Para expresarlo con la mayor claridad posible, hay que decir que no vio la desproporción, a causa sin duda de las consumadas artes del seductor y de la complicidad pérfida con que la naturaleza le ayudaba en sus traidoras empresas, concediéndole una conservación casi milagrosa. Eran sus atractivos personales de tan superior calidad, que al tiempo le costaba mucho trabajo destruirlos. A pesar de todo, el artificio, la contrahecha ilusión de amor, no podían durar: un día advirtió don Lope que había terminado la fascinación ejercida por él sobre la muchacha infeliz, y en esta, el volver en sí produjo una terrible impresión de la que había de tardar mucho en recobrarse. Bruscamente vio en don Lope al viejo, y agrandaba con su fantasía la ridícula presunción del anciano que, contraviniendo la ley de la Naturaleza, hace papeles de galán. Y no era don Lope aún tan viejo como Tristana lo sentía, ni había desmerecido hasta el punto de que se le mandara recoger como un trasto inútil. Pero como en la convivencia íntima, los fueros de la edad se imponen, y no es tan fácil el disimulo como cuando se gallea[46] fuera de casa, en lugares elegidos y a horas cómodas, surgían a cada instante mil motivos de desilusión, sin que el degenerado galanteador, con todo su arte y todo su talento, pudiera evitarlo.

Este despertar de Tristana no era más que una fase de la crisis profunda que hubo de sufrir a los ocho meses, aproximadamente, de su deshonra,[47] y cuando cumplía los veintidós años. Hasta entonces, la hija de Reluz, atrasadilla en su desarrollo moral, había sido toda irreflexión y pasividad muñequil,[48] sin ideas propias, viviendo de las proyecciones del pensar ajeno, y con una docilidad tal en sus sentimientos, que era muy fácil evocarlos en la forma y con la intención que se quisiera.[49]

---

46 'gallea': shows off.
47 Eight months after Tristana loses her virginity.
48 'muñequil': Galdós wants to emphasise that Tristana was a sexual toy for Don Lope.
49 Critics have demonstrated that Tristana was inspired by a real woman: Concha Morell. As a result of this, many critics see this novel as a representation of the conflict between reality and fiction. However, in her prologue to *Tristana* Elvira Lindo highlights the reductive nature of these readings as she astutely points out: 'No entraré a calibrar qué porcentaje de realidad hay en el personaje: es un

Pero vinieron días en que su mente floreció de improviso, como planta vivaz a la que le llega un buen día de primavera, y se llenó de ideas, en apretados capullos primero, en espléndidos ramilletes después. Anhelos indescifrables apuntaron en su alma. Se sentía inquieta, ambiciosa, sin saber de qué, de algo muy distante, muy alto, que no veían sus ojos por parte alguna; ansiosos temores la turbaban a veces, a veces risueñas confianzas; veía con lucidez su situación, y la parte de humanidad que ella representaba con sus desdichas; notó en sí algo que se le había colado de rondón[50] por las puertas del alma, orgullo, conciencia de no ser una persona vulgar; sorprendiose de los rebullicios, cada día más fuertes, de su inteligencia, que le decía: «Aquí estoy. ¿No ves cómo pienso cosas grandes?». Y a medida que se cambiaba en sangre y médula de mujer la estopa de la muñeca, iba cobrando aborrecimiento y repugnancia a la miserable vida que llevaba, bajo el poder de don Lope Garrido.

    terreno cansino, un debate que, por cierto, detestaba Leopoldo Alas Clarín, probablemente, por haber sufrido en sus carnes la burda interpretación literal con que los contemporáneos de una obra suelen juzgarla. Tristana es Tristana, no hay otra como ella, su figura se nos presenta nítida y soberana, está con pleno derecho en este mundo, no necesita mujeres reales que la inspiran para existir y emocionar cada vez que la sentimos en sus páginas' (2009: 2).
50 'de rondón': without previous notice, suddenly.

V

Y entre las mil cosas que aprendió Tristana en aquellos días, sin que nadie se las enseñara, aprendió también a disimular, a valerse de las ductilidades de la palabra, a poner en el mecanismo de la vida esos muelles que la hacen flexible, esos apagadores que ensordecen el ruido, esas desviaciones hábiles del movimiento rectilíneo, casi siempre peligroso. Era que don Lope, sin que ninguno de los dos se diese cuenta de ello, habíala hecho su discípula, y algunas ideas de las que con toda lozanía florecieron en la mente de la joven procedían del semillero de su amante y por fatalidad maestro. Hallábase Tristana en esa edad y sazón en que las ideas se pegan, en que ocurren los más graves contagios del vocabulario personal, de las maneras y hasta del carácter.

La señorita y la criada hacían muy buenas migas.[51] Sin la compañía y los agasajos de Saturna, la vida de Tristana habría sido intolerable. Charlaban trabajando, y en los descansos charlaban más todavía. Refería la criada sucesos de su vida, pintándole el mundo y los hombres con sincero realismo, sin ennegrecer ni poetizar los cuadros; y la señorita, que apenas tenía pasado que contar, lanzábase a los espacios del suponer y del presumir, armando castilletes de vida futura,[52] como los juegos constructivos de la infancia con cuatro tejuelos y algunos montoncitos de tierra. Era la historia y la poesía asociadas en feliz maridaje. Saturna enseñaba, la niña de don Lope creaba, fundando sus atrevidos ideales en los hechos de la otra.

—Mira, tú —decía Tristana a la que, más que sirviente, era para ella una fiel amiga—, no todo lo que este hombre perverso nos enseña es disparatado, y algo de lo que habla tiene mucho intríngulis... Porque lo que es talento, no se puede negar que le sobra. ¿No te parece a ti que lo que dice del matrimonio es la pura razón? Yo... te lo confieso, aunque me riñas, creo como él que eso de encadenarse a otra persona por toda la vida es invención del diablo... ¿No lo crees tú? Te reirás cuando te diga que no quisiera casarme nunca, que me gustaría vivir siempre libre. Ya, ya sé lo que estás pensando; que me curo en salud, porque después de lo que me ha pasado con este hombre, y siendo pobre como

---

51 They were close.
52 Daydreaming about a future life.

soy, nadie querrá cargar conmigo. ¿No es eso, mujer, no es eso?

—¡Ay, no, señorita, no pensaba tal cosa! —replicó la doméstica prontamente—. Siempre se encuentran unos pantalones para todo, inclusive para casarse. Yo me casé una vez, y no me pesó; pero no volveré por agua a la fuente de la Vicaría. Libertad, tiene razón la señorita, libertad, aunque esta palabra no suena bien en boca de mujeres.[53] ¿Sabe la señorita cómo llaman a las que sacan los pies del plato? Pues las llaman, por buen nombre, *libres*. De consiguiente, si ha de haber un poco de reputación, es preciso que haya dos pocos de esclavitud. Si tuviéramos oficios y carreras las mujeres, como los tienen esos bergantes de hombres, anda con Dios. Pero, fíjese, sólo tres carreras pueden seguir las que visten faldas: o casarse, que carrera es, o el teatro... vamos, ser cómica, que es buen modo de vivir, o... no quiero nombrar lo otro. Figúreselo.

—Pues mira tú, de esas tres carreras, únicas de la mujer, la primera me agrada poco; la tercera menos, la de en medio[54] la seguiría yo si tuviera facultades; pero me parece que no las tengo... Ya sé, ya sé que es difícil eso de ser libre... y honrada. ¿Y de qué vive una mujer no poseyendo rentas? Si nos hicieran médicas, abogadas, siquiera boticarias o escribanas, ya que no ministras y senadoras, vamos, podríamos... Pero cosiendo, cosiendo... Calcula las puntadas que hay que dar para mantener una casa... Cuando pienso lo que será de mí, me dan ganas de llorar. ¡Ay, pues si yo sirviera para monja, ya estaba pidiendo plaza en cualquier convento! Pero no valgo, no, para encerronas de toda la vida. Yo quiero vivir, ver mundo y enterarme de por qué y para qué nos han traído a esta tierra en que estamos. Yo quiero vivir y ser libre... Di otra cosa: ¿y no puede una ser pintora, y ganarse el pan pintando cuadros bonitos? Los cuadros valen muy caros. Por uno que sólo tenía unas montañas allá lejos, con cuatro árboles secos más acá, y en primer término un charco y dos patitos, dio mi papá mil pesetas. Con que ya ves. ¿Y no podría una mujer meterse a escritora y hacer comedias... libros de rezo o siquiera fábulas, Señor? Pues a mí me parece que esto es fácil. Puedes creerme que estas noches últimas, desvelada y no sabiendo cómo entretener el tiempo, he inventado no sé cuántos

---

53 On the notion of women's emancipation, see in the bibliography Livingstone, L. (1972).
54 In the original 'enmedio'.

dramas de los que hacen llorar y piezas de las que hacen reír, y novelas de muchísimo enredo y pasiones tremendas y qué se yo. Lo malo es que no sé escribir... quiero decir, con buena letra; cometo la mar de faltas de Gramática y hasta de Ortografía. Pero ideas, lo que llamamos ideas, creo que no me faltan.

—¡Ay, señorita —dijo Saturna sonriendo y alzando sus admirables ojos negros de la media que repasaba—, qué engañada vive si piensa que todo eso puede dar de comer a una señora honesta en libertad! Eso es para hombres, y aun ellos... ¡vaya, lucido pelo echan los que viven de cosas de la leyenda! Echarán plumas, pero lo que es pelo... Pepe Ruiz, el hermano de leche de mi difunto, que es un hombre muy sabido en la materia, como que trabaja en la fundición donde hacen las letras de plomo para imprimir, nos decía que entre los de pluma todo es hambre y necesidad, y que aquí no se gana el pan con el sudor de la frente, sino con el de la lengua; más claro: que sólo sacan tajada[55] los políticos que se pasan la vida echando discursos. ¿Trabajitos de cabeza?... ¡quítese usted de ahí! ¿Dramas, cuentos y libros para reírse o llorar? Conversación. Los que los inventaron no sacarían ni para un cocido si no intrigaran con el Gobierno para afanar los destinos. Así anda la *Ministración*.[56]

—Pues yo te digo (*con viveza*)[57] que hasta para eso del Gobierno y la política me parece a mí que había de servir yo. No te rías. Sé pronunciar discursos. Es cosa muy fácil. Con leer un poquitín de las sesiones de Cortes, en seguida te enjareto lo bastante para llenar medio periódico.[58]

---

55 'sacan tajada': obtain benefit.
56 Vulgarism. She is referring to the word 'Administration' (the institutional bodies of the Government).
57 Note the stage direction. From this moment in the novel, this kind of comment will be more and more in evidence. Galdós was writing his dramatic novel *Realidad* and *Tristana* at the same time. In the original manuscript, conserved at the Spanish National Library, there are passages of *Realidad* within the pages of *Tristana*. In this regard, Charles David Ley argues that 'En las últimas páginas de *La incógnita* Manolo Infante dice haber recibido un drama en cinco jornadas llamado *Realidad*, que cuenta la misma historia que *La incógnita* en forma dramática. No se aclara del todo quien ha escrito el drama. Es, en fin, una manera de anunciar que en el próximo libro de Galdós, titulado *Realidad*, el misterio ha de explicarse' (1990: 708).
58 Francisco Caudet has noted that 'Todas y cada una de las novelas de Galdós, a un lado las divisiones que de ellas se hagan, están estrechamente relacionadas con el

—¡Vaya por Dios! Para eso hay que ser hombre, señorita. La maldita enagua estorba para eso, como para montar a caballo. Decía mi difunto que si él no hubiera sido tan corto de genio, habría llegado a donde llegan pocos, porque se le ocurrían cosas tan gitanas como las que le echan a usted Castelar y Cánovas[59] en las Cortes, cosas de salvar al país verdaderamente; pero el hijo de Dios, siempre que quería desbocarse en el Círculo de Artesanos, o en los metingues[60] de los *compañeros*, se sentía un tenazón en el gaznate y no acertaba con la palabra primera, que es la más difícil... vamos, que no rompía. Claro, no rompiendo, no podía ser orador ni político.

—¡Ay, qué tonto!, pues yo rompería, vaya si rompería. (*Con desaliento*). Es que vivimos sin movimiento, atadas con mil ligaduras... También se me ocurre que yo podría estudiar lenguas. No sé más que las raspaduras de francés que me enseñaron en el colegio, y ya las voy olvidando. ¡Qué gusto hablar inglés, alemán, italiano! Me parece a mí que si me pusiera, lo aprendería pronto. Me noto... no sé cómo decírtelo... me noto como si supiera ya un poquitín antes de saberlo, como si en otra vida hubiera sido yo inglesa o alemana y me quedara un dejo...[61]

—Pues eso de las lenguas —afirmó Saturna mirando a la señorita con maternal solicitud— sí que le convenía aprenderlo, porque la que da lecciones lo gana, y además es un gusto poder entender todo lo que parlan los extranjeros. Bien podría el amo ponerle un buen profesor.

—No me nombres a tu amo. No espero nada de él. (*Meditabunda, mirando la luz*). No sé, no sé cuándo ni cómo concluirá esto; pero de alguna manera ha de concluir.

---

momento social e histórico en que fueron escritas. No ha de extrañar, por tanto, la insistencia con que se repiten en *La incógnita* y *Realidad*, tanto en la novela como en el drama, las denuncias lanzadas contra la Restauración por el mal estado de la justicia, por la inmortalidad de los políticos, por el desalojamiento que hacían de la Hacienda pública funcionarios y servidores del Estado y por la irresponsabilidad de las clases altas' (Caudet, 2004: 12).

59 Emilio Castelar y Ripoll (7 September 1832–25 May 1899) was a Spanish republican politician, and a president of the First Spanish Republic. Antonio Cánovas del Castillo (8 February 1828–8 August 1897) was a Spanish politician and historian known principally for serving six terms as Spanish Prime Minister, his role in supporting the restoration of the Bourbon monarchy to the Spanish throne, and for his death at the hands of an anarchist, Michele Angiolillo.

60 Distorted and assimilated form of 'meeting'.

61 The problem of women's access to education is one of the main themes in the novel.

La señorita calló, sumergiéndose en una cavilación sombría. Acosada por la idea de abandonar la morada de don Lope, oyó en su mente el hondo tumulto de Madrid, vio la polvareda de luces que a lo lejos resplandecía y se sintió embelesada por el sentimiento de su independencia. Volviendo de aquella meditación como de un letargo, suspiró fuerte. ¡Cuán sola estaría en el mundo fuera de la casa de su pobre y caduco galán! No tenía parientes, y las dos únicas personas a quienes tal nombre pudiera dar hallábanse muy lejos: su tío materno don Fernando, en Filipinas; el primo Cuesta, en Mallorca, y ninguno de los dos había mostrado nunca malditas ganas de ampararla. Recordó también (*y a todas estas Saturna la observaba con ojos compasivos*) que las familias que tuvieron visiteo y amistad con su madre la miraban ya con prevención y despego, efecto de la endiablada sombra de don Lope. Contra esto, no obstante, hallaba Tristana en su orgullo defensa eficaz, y despreciando a quien la ofendía, se daba una de esas satisfacciones ardientes que fortifican por el momento como el alcohol, aunque a la larga destruyan.

—¡Dale! No piense cosas tristes —le dijo Saturna, pasándose la mano por delante de los ojos, como si ahuyentara una mosca.

VI

—¿Pues en qué quieres que piense, en cosas alegres? Dime dónde están, dímelo pronto.

Para amenizar la conversación, Saturna echaba mano prontamente de cualquier asunto jovial, sacando a relucir anécdotas y chismes de la gárrula[62] sociedad que las rodeaba. Algunas noches se entretenían en poner en solfa[63] a don Lope, el cual, al verse en tan gran decadencia, desmintió los hábitos espléndidos de toda su vida, volviéndose algo roñoso. Apremiado por la creciente penuria, regateaba los míseros gastos de la casa, educándose, ¡a buenas horas!, en la administración doméstica, tan disconforme con su caballería. Minucioso y cominero,[64] intervenía en cosas que antes estimaba impropias de su decoro señoril, y gastaba un genio y unos refunfuños[65] que le desfiguraban más que los hondos surcos de la cara y el blanquear del cabello. Pues de estas miserias, de estas prosas trasnochadas de la vida del don Juan caído sacaban las dos hembras materia para reírse y pasar el rato. Lo gracioso del caso era que, como don Lope ignoraba en absoluto la economía doméstica, mientras más se las echaba de financiero y de buen mayordomo, más fácilmente le engañaba Saturna, consumada maestra en sisas[66] y otras artimañas de cocinera y compradora.

Con Tristana fue siempre el caballero todo lo generoso que su pobreza cada vez mayor le permitía. Iniciada con tristísimos caracteres la escasez, en el costoso renglón de ropa fue donde primero se sintió el doloroso recorte de las economías; pero don Lope sacrificó su presunción a la de su esclava, sacrificio no flojo en hombre tan devoto admirador de sí mismo. Llegó día en que la escasez mostró toda la fealdad seca de su cara de muerte, y ambos quedaron iguales en lo anticuado y traído de la ropa. La pobre niña se quemaba las cejas, haciendo con sus trapitos, ayudada de Saturna, mil refundiciones que eran un primor de habilidad y paciencia. En los fugaces tiempos que

---

62 gossip.
63 to criticise Lope.
64 fussy person.
65 grumbles.
66 master in cheating.

bien podríamos llamar felices o dorados, Garrido la llevaba al teatro alguna vez; mas la necesidad, con su cara de hereje, decretó al fin la absoluta supresión de todo espectáculo público. Los horizontes de la vida se cerraban y ennegrecían cada día más delante de la señorita de Reluz, y aquel hogar desapacible, frío de afectos, pobre, vacío en absoluto de ocupaciones gratas, le abrumaba el espíritu. Porque la casa, en la cual lucían restos de instalaciones que fueron lujosas, se iba poniendo de lo más feo y triste que es posible imaginar: todo anunciaba penuria y decaimiento: nada de lo roto o deteriorado se componía ni se reparaba. En la salita desconcertada y glacial sólo quedaba, entre trastos feísimos, un bargueño estropeado por las mudanzas, en el cual tenía don Lope su archivo galante. En las paredes veíanse los clavos de donde pendieron las panoplias. En el gabinete observábase hacinamiento de cosas que debieron de tener hueco en local más grande, y en el comedor no había más mueble que la mesa, y unas sillas cojas con el cuero desgarrado y sucio. La cama de don Lope, de madera con columnas y pabellón airoso, imponía por su corpulencia monumental; pero las cortinas de damasco azul no podían ya con más desgarrones. El cuarto de Tristana, inmediato al de su dueño, era lo menos marcado por el sello del desastre, gracias al exquisito esmero con que ella defendía su ajuar de la descomposición y de la miseria.

Y si la casa declaraba, con el expresivo lenguaje de las cosas, la irremediable decadencia de la caballería sedentaria, la persona del galán iba siendo rápidamente imagen lastimosa de lo fugaz y vano de las glorias humanas. El desaliento, la tristeza de su ruina, debían de influir no poco en el *bajón* del menesteroso caballero, ahondando las arrugas de sus sienes más que los años, y más que el ajetreo que desde los veinte se traía. Su cabello, que a los cuarenta empezó a blanquear, se había conservado espeso y fuerte; pero ya se le caían mechones, que él habría repuesto en su sitio si hubiera alguna alquimia que lo consintiese. La dentadura se le conservaba bien en la parte más visible; pero sus hasta entonces admirables muelas empezaban a insubordinarse, negándose a masticar bien, o rompiéndosele en pedazos, cual si unas a otras se mordieran. El rostro de soldado de Flandes iba perdiendo sus líneas severas, y el cuerpo no podía conservar su esbeltez de antaño sin el auxilio de una férrea voluntad. Dentro de casa la voluntad se rendía, reservando sus esfuerzos para la calle, paseos y casino.

Comúnmente, si al entrar de noche encontraba despiertas a las dos mujeres, echaba un parrafito con ellas, corto con Saturna, a quien mandaba que se acostara, largo con Tristana. Pero llegó un tiempo en que casi siempre entraba silencioso y de mal talante, y se metía en su cuarto, donde la cautiva infeliz tenía que oír y soportar sus clamores por la tos persistente, por el dolor reumático o la sofocación del pecho. Renegaba don Lope y ponía el grito en el cielo, cual si creyese que Naturaleza no tenía ningún derecho a hacerle padecer, o si se considerara mortal predilecto, relevado de las miserias que afligen a la humanidad. Y para colmo de desdichas, veíase precisado a dormir con la cabeza envuelta en un feo pañuelo, y su alcoba apestaba de los menjurjes que usar solía para el reuma o el romadizo.[67]

Pero estas menudencias, que herían a don Lope en lo más vivo de su presunción, no afectaban a Tristana tanto como las fastidiosas mañas que iba sacando el pobre señor, pues al derrumbarse tan lastimosamente en lo físico y en lo moral dio en la flor de tener celos. El que jamás concedió a ningún nacido los honores de la rivalidad, al sentir en sí la vejez del león se llenaba de inquietudes y veía salteadores y enemigos en su propia sombra. Reconociéndose caduco, el egoísmo le devoraba, como una lepra senil, y la idea de que la pobre joven le comparase, aunque sólo mentalmente, con soñados ejemplares de belleza y juventud, le acibaraba la vida. Su buen juicio, la verdad sea dicha, no le abandonaba enteramente, y en sus ratos lúcidos, que por lo común eran por la mañana, reconocía toda la importancia y sinrazón de su proceder y procuraba adormecer a la cautiva con palabras de cariño y confianza.

Poco duraban estas paces, porque al llegar la noche, cuando el viejo y la niña se quedaban solos, recobraba el primero su egoísmo semítico, sometiéndola a interrogatorios humillantes, y una vez, exaltado por aquel suplicio en que le ponía la desproporción alarmante entre su flacidez enfermiza y la lozanía de Tristana, llegó a decirle:

—Si te sorprendo en algún mal paso, te mato, cree que te mato. Prefiero terminar trágicamente a ser ridículo en mi decadencia. Encomiéndate a Dios antes de faltarme. Porque yo lo sé, lo sé; para mí no hay secretos; poseo un saber infinito de estas cosas y una experiencia y un olfato... que no es posible pegármela, no es posible.

---

67 head cold.

VII

Algo se asustaba Tristana, sin llegar a sentir terror ni a creer al pie de la letra en las fieras amenazas de su dueño, cuyos alardes de olfato y adivinación estimaba como ardid para dominarla. La tranquilidad de su conciencia dábale valor contra el tirano, y ni aun se cuidaba de obedecerle en sus infinitas prohibiciones. Aunque le había ordenado no salir de paseo con Saturna, se escabullía casi todas las tardes; pero no iban a Madrid, sino hacia Cuatro Caminos al Partidor, al Canalillo o hacia las alturas que dominan el Hipódromo;[68] paseo de campo, con meriendas las más de las veces, y esparcimiento saludable. Eran los únicos ratos de su vida en que la pobre esclava podía dar de lado a su tristeza, y gozaba de ellos con abandono pueril, permitiéndose correr y saltar, y jugar a las cuatro esquinas con la chica del tabernero, que solía acompañarla, o alguna otra amiguita del vecindario. Los domingos, el paseo era de muy distinto carácter. Saturna tenía a su hijo en el Hospicio, y, según costumbre de todas las madres que se hallan en igual caso, salía a encontrarle en el paseo.

Comúnmente, al llegar la caterva de chiquillos a un lugar convenido en las calles nuevas de Chamberí, les dan el rompan-filas y se ponen a jugar. Allí les aguardan ya las madres, abuelas o tías (del que las tiene), con el pañuelito de naranjas, cacahuetes, avellanas, bollos o mendrugos de pan. Algunos corretean y brincan jugando a la toña;[69] otros se pegan a los grupos de mujeres. Los hay que piden cuartos al transeúnte, y casi todos rodean a las vendedoras de caramelos largos, avellanas y piñones. Mucho gustaban a Tristana tales escenas, y ningún domingo, como hiciera buen tiempo, dejaba de compartir con su sirvienta la grata ocupación de obsequiar al hospicianillo, el cual se llamaba Saturno, como su madre, y era rechoncho, patizambo, con unos

---

68 As Montserrat Amores and Agustín Sánchez explain in their edition: 'Tristana y Saturna pasean por zonas poco pobladas situadas en los límites de Madrid. Por el norte, llegan hasta Cuatro Caminos, y por el noroeste, al Partidor, donde se dividían las aguas del Canal de Isabel II, o al Canalillo, que era una de las vías que encauzaban las aguas del río Lozoya y estaba rodeada por merenderos. Por último, caminando hacia el nordeste, Tristana y Saturna se dirigen hacia el Hipódromo, construido en 1878 al final del Paseo de la Castellana' (2008: 41).

69 A children's game based on jumping over a piece of wood.

mofletes encendidos y carnosos que venían a ser como certificación viva del buen régimen del establecimiento provincial. La ropa de paño burdo[70] no le consentía ser muy elegante en sus movimientos, y la gorra con galón[71] no ajustaba bien a su cabezota, de cabello duro y cerdoso como los pelos de un cepillo. Su madre y Tristana le encontraban muy salado; pero hay que confesar que de salado no tenía ni pizca; era, sí, dócil, noblote y aplicadillo, con aficiones a la tauromaquia callejera. La señorita le obsequiaba siempre con alguna naranja, y le llevaba además una perra chica para que comprase cualquier chuchería de su agrado; y por más que su madre le incitaba al ahorro, sugiriéndole la idea de ir guardando todo el numerario que obtuviera, jamás pudo conseguir poner diques a su despilfarro, y cuarto adquirido era cuarto lanzado a la circulación. Así prosperaba el comercio de molinitos de papel, de banderillas para torear y de torrados[72] y bellotas.

Tras importunas lluvias trajo el año aquel una apacible quincena de octubre, con sol picón, cielo despejado, aire quieto; y aunque por las mañanas amanecía Madrid enfundado de nieblas y por las noches la radiación enfriaba considerablemente el suelo, las tardes, de dos a cinco, eran deliciosas. Los domingos no quedaba bicho viviente en casa, y todas las vías de Chamberí, los altos de Maudes, las avenidas del Hipódromo y los cerros de Amaniel[73] hormigueaban de gente. Por la carretera no cesaba el presuroso desfile hacia los merenderos de Tetuán. Un domingo de aquel hermoso Octubre, Saturna y Tristana fueron a esperar a los hospicianos en la calle de Ríos Rosas, que enlaza los altos de Santa Engracia con la Castellana, y en aquella hermosa vía, bien asoleada, ancha y recta, que domina un alegre y extenso campo, fue soltada la doble cuerda de presos. Unos se pegaron a las madres, que les habían venido siguiendo desde lejos; otros armaron al instante la indispensable corrida de novillos de puntas, con presidencia, chiquero, apartado,[74] callejones, barrera, música del Hospicio y

70 made of rough cloth.
71 a cap with stripes.
72 toasted chickpeas.
73 Amaniel was the Sunday recreation area par excellence. Its popularity can be attributed to its beautiful fountain and several open-air cafés.
74 In their edition Gonzálvez and Sevilla note that 'Quizá se trata de una errata del original, ya que "apartado" es la acción de separar unos novillos de otros, mientras que el lugar donde éstos se guardan recibe el nombre de "apartadero", y es a esto último a lo que alude Galdós' (2011: 147).

demás perfiles. A la sazón pasaron por allí, viniendo de la Castellana,[75] los sordo-mudos, en grupos de mudo y ciego, con sus gabanes azules y galonada gorra. En cada pareja, los ojos del mudo valían al ciego para poder andar sin tropezones; se entendían por el tacto con tan endiabladas garatusas, que causaba maravilla verlos hablar. Gracias a la precisión de aquel lenguaje enteráronse pronto los ciegos de que allí estaban los hospicianos, mientras los muditos, todo ojos, se deshacían por echar un par de *verónicas*.[76] ¡Como que para eso maldita falta les hacía el don de la palabra! En alguna pareja de sordos, las garatusas[77] eran un movimiento o vibración rapidísima, tan ágil y flexible como la humana voz. Contrastaban las caras picarescas de los mudos, en cuyos ojos resplandecía todo el verbo humano, con las caras aburridas, muertas, de los ciegos, picoteadas atrozmente de viruelas, vacíos los ojos y cerrados entre cerdosas pestañas, o abiertos, aunque insensibles a la luz, con pupila de cuajado vidrio.

Detuviéronse allí, y por un momento reinó la fraternidad entre unos y otros. Gestos, muecas, cucamonas[78] mil. Los ciegos, no pudiendo tomar parte en ningún juego, se apartaban desconsolados. Algunos se permitían sonreír como si vieran, llegando al conocimiento de las cosas por el velocísimo teclear de los dedos. Tal compasión inspiraban a Tristana aquellos infelices, que casi le hacía daño mirarles. ¡Cuidado que no ver! No acababan de ser personas: faltábales la facultad de enterarse, y ¡qué trabajo tener que enterarse de todo pensándolo!

Apartose Saturno de su mamá para unirse a una partida que, apostada en sitio conveniente, desvalijaba a los transeúntes, no de dinero, sino de cerillas. «El fósforo o la vida» era la consigna, y con tal saqueo reunían los muchachos materia bastante para sus ejercicios pirotécnicos o para encender las hogueras de la Inquisición.[79] Fue

---

75 Paseo de la Castellana, commonly known as La Castellana, is one of the longest and widest avenues in Madrid. It is named after an old fountain that used to exist in Plaza de Castilla. To the west of La Castellana lie the districts of Chamberí and Tetuán, and to the east the districts of Salamanca and Chamartín.
76 A manoeuvre in bullfighting in which the matador stands with both feet fixed in position and swings the cape slowly away from the charging bull.
77 to coax somebody.
78 sweet nothings.
79 The Inquisition was a group of institutions within the judicial system of the Roman Catholic Church whose aim was to combat heresy. It was founded in twelfth-century France to combat religious sectarianism, in particular the Cathars

Tristana en su busca; antes de aproximarse a los incendiarios vio a un hombre que hablaba con el profesor de los sordomudos, y al cruzarse su mirada con la de aquel sujeto, pues en ambos el verse y el mirarse fueron una acción sola, sintió una sacudida interna, como suspensión instantánea del correr de la sangre.

¿Qué hombre era aquel? Habíale visto antes, sin duda; no recordaba cuándo ni dónde, allí o en otra parte; pero aquella fue la primera vez que al verle sintió sorpresa hondísima, mezclada de turbación, alegría y miedo. Volviéndole la espalda, habló con Saturno para convencerle del peligro de jugar con fuego, y oía la voz del desconocido hablando con picante viveza de cosas que ella no pudo entender. Al mirarle de nuevo, encontró los ojos de él que la buscaban. Sintió vergüenza y se apartó de allí, no sin determinarse a lanzar desde lejos otra miradita, deseando examinar con ojos de mujer al hombre que tan sin motivo absorbía su atención, ver si era rubio o moreno, si vestía con gracia, si tenía aires de persona principal, pues de nada de esto se había enterado aún. El tal se alejaba: era joven, de buena estatura; vestía como persona elegante que no está de humor de vestirse; en la cabeza un livianillo,[80] chafado sin afectación; arrastrando, mal cogido con la mano derecha, un gabán de verano de mucho uso. Lo llevaba como quien no estima en nada las prendas de vestir. El traje era gris, la corbata de lazada hecha a mano con descuido. Todo esto lo observó en un decir Jesús, y la verdad, el caballero aquel, o lo que fuese, *le resultaba simpático*... muy moreno, con barba corta... Creyó al pronto que llevaba quevedos; pero, no; nada de ojos sobrepuestos; sólo los naturales, que... Tristana no pudo, por la mucha distancia, apreciar cómo eran.

Desapareció el individuo, persistiendo su imagen en el pensamiento de la esclava de don Lope, y al día siguiente, esta, de paseo con Saturna, le volvió a ver. Iba con el mismo traje; pero llevaba puesto el gabán, y al cuello un pañuelo blanco, porque soplaba un fresco picante. Mirole

and the Waldensians. Beginning in the 1250s, inquisitors were generally chosen from members of the Dominican Order, replacing the earlier practice of using local clergy as judges. Except within the Papal States, the Inquisition was abolished in the early nineteenth century, after the Napoleonic wars in Europe and after the Spanish American wars of independence in the Americas. The institution survived as part of the Roman Curia, but in 1904 was given the new name of 'Supreme Sacred Congregation of the Holy Office'. In 1965, it became the Congregation for the Doctrine of the Faith.

80 Small and light hat.

con descaro inocente, regocijada de verle, y él la miraba también, parándose a discreta distancia. «Parece que quiere hablarme —pensaba la joven—. Y verdaderamente, no sé por qué no me dice lo que tiene que decirme». Reíase Saturna de aquel flecheo insípido,[81] y la señorita, poniéndose colorada, hacía como que se burlaba también. Por la noche no tuvo sosiego, y sin atreverse a comunicar a Saturna lo que sentía, se declaraba a sí propia las cosas más graves. «¡Cómo me gusta ese hombre! No sé qué daría por que se atreviera... No sé quién es, y pienso en él noche y día. ¿Qué es esto? ¿Estoy yo loca? ¿Significa esto la desesperación de la prisionera que descubre un agujerito por donde escaparse? Yo no sé lo que es esto; sólo sé que necesito que me hable, aunque sea por telégrafo, como los sordomudos, o que me escriba. No me espanta la idea de escribirle yo, o de decirle que sí, antes que él me pregunte... ¡Qué desvarío! Pero ¿quién será? Podría ser un pillo, un... No, bien se ve que es una persona que no se parece a las demás personas. Es solo, único... bien claro está. No hay otro. ¡Y encontrar yo el único, y ver que este único tiene más miedo que yo, y no se atreve a decirme que soy su única! No, no, yo le hablo, le hablo... me acerco, le pregunto qué hora es, cualquier cosa... o le digo, como los hospicianos, que me haga el favor de una cerillita... ¡Vaya un disparate! ¡Qué pensaría de mí! Tendríame por una mujer casquivana. No, no, él es el que debe romper...».

A la tarde siguiente, ya casi de noche, viniendo señorita y criada en el tranvía descubierto, ¡él también! Le vieron subir en la Glorieta de Quevedo; pero como había bastante gente, tuvo que quedarse en pie en la plataforma delantera. Tristana sentía tal sofocación en su pecho, que a ratos érale forzoso ponerse en pie para respirar. Un peso enorme gravitaba sobre sus pulmones, y la idea de que, al bajar del coche, el desconocido se decidiría a romper el silencio la llenaba de turbación y ansiedad. ¿Y qué le iba a contestar ella? Pues, señor, no tendría más remedio que manifestarse muy sorprendida, rechazar, alarmarse, ofenderse y decir que no y qué sé yo... Esto era lo bonito y decente. Bajaron, y el caballero incógnito las siguió a honestísima distancia. No se atrevía la esclava de don Lope a volver la cabeza, pero Saturna se encargaba de mirar por las dos. Deteníanse con pretextos rebuscados; retrocedían como para ver el escaparate de una tienda... y

81 Sudden falling in love.

nada. El galán... mudo como un cartujo.[82] Las dos mujeres, en su desordenado andar, tropezaron con unos chicos que jugaban en la acera, y uno de ellos cayó al suelo chillando, mientras los otros corrían hacia las puertas de las casas alborotando como demonios. Confusión, tumulto infantil, madres que acuden airadas... Tantas manos quisieron levantar al muchacho caído, que se cayó otro, y el barullo aumentó.

Como en esto observara Saturna que su señorita y el galán desconocido no distaban un palmo el uno del otro, se apartó solapadamente. «Gracias a Dios —pensó atisbándolos de lejos—; ya pica: hablando están». ¿Qué dijo a Tristana el sujeto aquel? No se sabe. Sólo consta que Tristana le contestó a todo que sí, ¡sí, sí!, cada vez más alto, como persona que, avasallada por un sentimiento más fuerte que su voluntad, pierde en absoluto el sentido de las conveniencias. Fue su situación semejante a la del que se está ahogando y ve un madero y a él se agarra, creyendo encontrar en él su salvación. Es absurdo pedir al náufrago que adopte posturas decorosas al asirse a la tabla. Voces hondas del instinto de salvación eran las breves y categóricas respuestas de la niña de don Lope, aquel sí pronunciado tres veces con creciente intensidad de tono, grito de socorro de un alma desesperada... Corta y de provecho fue la escenita. Cuando Tristana volvió al lado de Saturna, se llevó una mano a la sien, y temblando le dijo:

—Pero ¡si estoy loca!... Ahora comprendo mi desvarío. No he tenido tacto, ni malicia, ni dignidad. Me he vendido, Saturna... ¡Qué pensará de mí! Sin saber lo que hacía... arrastrada por un vértigo... a todo cuanto me dijo le contesté que sí... pero cómo... ¡ay!, no sabes... vaciando mi alma por los ojos. Los suyos me quemaban. ¡Y yo que creía saber algo de estas hipocresías que tanto convienen a una mujer! Si me creerá tonta... si pensará que no tengo vergüenza... Es que yo no podía disimular ni hacer papeles de señorita tímida. La verdad se me sale a los labios y el sentimiento se me desborda... quiero ahogarlo, y me ahoga. ¿Es esto estar enamorada? Sólo sé que le quiero con toda mi alma, y así se lo he dado a entender; ¡qué afrenta!, le quiero sin conocerle, sin saber quién es ni cómo se llama. Yo entiendo que los amores no deben empezar así... al menos no es eso lo corriente, sino que vayan por grados, entre síes y noes muy habilidosos, con cuquería... Pero yo no puedo ser así, y entrego el alma cuando ella me dice que quiere

[82] Carthusian.

entregarse... Saturna, ¿qué crees? ¿Me tendrá por mujer mala? Aconséjame, dirígeme. Yo no sé de estas cosas... Espera, escucha: mañana, cuando vuelvas de la compra, le encontrarás en esa esquina donde nos hablamos y te dará una cartita para mí. Por lo que más quieras, por la salud de tu hijo querido, Saturna, no te niegues a hacerme este favor, que te agradeceré toda mi vida. Tráeme, por Dios, el papelito, tráemelo, si no quieres que me muera mañana.

VIII

«Te quise desde que nací...». Esto decía la primera carta... no, no, la segunda, que fue precedida de una breve entrevista en la calle, debajito de un farol, entrevista intervenida con hipócrita severidad por Saturna, y en la cual los amantes se tutearon sin acuerdo previo, como si no existiesen, ni existir pudieran otras formas de tratamiento. Asombrábase ella del engaño de sus ojos en las primeras apreciaciones de la persona del desconocido. Cuando se fijó en él, la tarde aquella de los sordo-mudos, túvole por un señor así como de treinta o más años. ¡Qué tonta! ¡Si era un muchacho!... Y su edad no pasaría seguramente de los veinticinco, sólo que tenía un cierto aire reflexivo y melancólico, más propio de la edad madura que de la juventud. Ya no dudaba que sus ojos eran como centellas, su color moreno caldeado de sol, su voz como blanda música que Tristana no había oído hasta entonces y que más le halagaba los senos del cerebro después de escuchada. «Te estoy queriendo, te estoy buscando desde antes de nacer —decía la tercera carta de ella, empapada de un espiritualismo delirante—. No formes mala idea de mí si me presento a ti sin ningún velo, pues el del falso decoro con que el mundo ordena que se encapuchen nuestros sentimientos se me deshizo entre las manos cuando quise ponérmelo. Quiéreme como soy; y si llegara a entender que mi sinceridad te parecía desenfado o falta de vergüenza, no vacilaría en quitarme la vida».

Y él a ella: «El día en que te descubrí fue el último de un largo destierro».

Ella: «Si algún día encuentras en mí algo que te desagrade, hazme la caridad de ocultarme tu hallazgo. Eres bueno, y si por cualquier motivo dejas de quererme o de estimarme, me engañarás, ¿verdad?, haciéndome creer que soy la misma para ti. Antes de dejar de amarme, dame la muerte mil veces».

Y después de escribir estas cosas, no se venía el mundo abajo. Al contrario, todo seguía lo mismo en la tierra y en el cielo. ¿Pero quién era él, quién? Horacio Díaz, hijo de español y de austríaca, del país que llaman *Italia irredenta*; nacido en el mar, navegando los padres desde Fiume[83] a la Argelia; criado en Orán hasta los cinco años, en

---

83 Galdós refers to the coast city of Fiume, nowadays Rijeka in Croatia. This north-

Savannah (Estados Unidos) hasta los nueve, en Shangai (China) hasta los doce; cuneado por las olas del mar, transportado de un mundo a otro, víctima inocente de la errante y siempre expatriada existencia de un padre cónsul. Con tantas idas y venidas, y el fatigoso pasear por el globo, y la influencia de aquellos endiablados climas, perdió a su madre a los doce años, y a su padre a los trece, yendo a parar después a poder de su abuelo paterno, con quien vivió quince años en Alicante, padeciendo bajo su férreo despotismo más que los infelices galeotes que movían a fuerza de remos las pesadas naves antiguas.[84]

Para más noticias, óiganse las que atropelladamente vomitó la boca de Saturna, más bien secreteadas que dichas:

—Señorita... ¡qué cosas! Voy a buscarle, pues quedamos en ello, al número 5 de la calle esa de más abajo... y apechugo tan terne con la dichosa escalerita. Me había dicho que a lo último, a lo último, y yo, mientras veía escalones por delante, para arriba siempre. ¡Qué risa! Casa nueva; dentro, un patio de cuartos domingueros, pisos y más pisos, y al fin... Es aquello como un palomar, vecinito de los pararrayos, y con vistas a las mismas nubes. Yo creí que no llegaba. Por fin, echando los pulmones, allí me tiene usted. Figúrese un cuarto muy grande, con un ventanón por donde se cuela toda la luz del cielo, las paredes de colorado, y en ellas cuadros, bastidores de lienzo, cabezas sin cuerpo, cuerpos descabezados, talles de mujer con pechos inclusive, hombres peludos, brazos sin persona, y fisonomías sin orejas, todo con el mismísimo color de nuestra carne. Créame, tanta cosa desnuda le da a una vergüenza... Divanes, sillas que parecen antiguas, figuras de yeso, con los ojos sin niña, manos y pies descalzos... de yeso también... Un caballete grande, otro más chico, y sobre las sillas o clavadas en la pared, pinturas cortas, enteras o partidas, vamos a decir, sin acabar, algunas con su cielito azul, tan al vivo como el cielo de verdad, y después un pedazo de árbol, un pretil... tiestos; en otra, naranjas y unos

---

ern part of Italy belonged to Austria during the nineteenth century. In 1877, a political movement tried to liberate that region that was given the name 'Italia irredenta' (not rescued).

84 On the notion of emancipation in relation to the two lovers, Sadi Lakhdari has argued that 'La problemática esencial de *Tristana* no es tanto la de la emancipación femenina como la de la independencia de cada amante dentro de la pareja y respecto a su familia. Ninguno de los dos amantes consigue emanciparse de la tutela familiar, ni logra tampoco establecer relaciones equilibradas en las que se aliarán el amor y la ternura' (2002: 42).

melocotones... pero muy ricos... En fin, para no cansar, telas preciosas y una vestidura de ferretería, de las que se ponían los guerreros de antes. ¡Qué risa! Y él allí, con la carta ya escrita. Como soy tan curiosa, quise saber si vivía en aquel aposento tan ventilado, y me dijo que no y que sí, pues... Duerme en casa de una tía suya, allá por Monteleón; pero todo el día se lo pasa acá, y come en uno de los merenderos de junto al Depósito.

—Es pintor; ya lo sé —dijo Tristana, sofocada de puro dichosa—. Eso que has visto es su estudio, boba. ¡Ay, qué bonito será!

Además de cartearse a diario con verdadero ensañamiento, se veían todas las tardes. Tristana salía con Saturna, y él las aguardaba un poco más acá de Cuatro Caminos. La criada los dejaba partir solos, con bastante pachorra y discreción bastante para esperarlos todo el tiempo que emplearan ellos en divagar por las verdes márgenes de la acequia del Oeste o por los cerros áridos de Amaniel, costeando el canal del Lozoya. Él iba de capa, ella de velito y abrigo corto, de bracete, olvidados del mundo y de sus fatigas y vanidades, viviendo el uno para el otro y ambos para un yo doble, soñando paso a paso, o sentaditos en extático grupo. De lo presente hablaban mucho; pero la autobiografía se infiltraba sin saber cómo en sus charlas dulces y confiadas, todas amor, idealismo y arrullo, con alguna queja mimosa o petición formulada de pico a pico por el egoísmo insaciable, que exige promesas de querer más, más, y a su vez ofrece increíbles aumentos de amor, sin ver el límite de las cosas humanas.

En las referencias biográficas era más hablador Horacio que la niña de don Lope. Esta, con muchísimas ganas de lucir su sinceridad, sentíase amordazada por el temor a ciertos puntos negros. Él, en cambio, ardía en deseos de contar su vida, la más desgraciada y penosa juventud que cabe imaginar, y por lo mismo que ya era feliz, gozaba en revolver aquel fondo de tristeza y martirio. Al perder a sus padres fue recogido por su abuelo paterno, bajo cuyo poder tiránico padeció y gimió los años que medían entre la adolescencia y la edad viril. ¡Juventud!, casi casi no sabía él lo que esto significaba. Goces inocentes, travesuras, la frívola inquietud con que el niño ensaya los actos del hombre, todo esto era letra muerta para él. No ha existido fiera que a su abuelo pudiese compararse, ni cárcel más horrenda que aquella pestífera y sucia droguería en que encerrado le tuvo como unos quince años, contrariando con terquedad indocta su innata afición a la pintura, poniéndole los grillos odiosos del cálculo aritmético, y metiéndole en el magín, a guisa de tapones para contener las ideas, mil trabajos antipáticos de cuentas, facturas y demonios coronados. Hombre de temple semejante al de los más crueles tiranos de la antigüedad o del moderno imperio turco, su abuelo había sido y era el terror de toda la familia. A disgustos mató a su mujer, y los hijos varones se expatriaron por no sufrirle. Dos de las hijas se dejaron robar, y las otras se casaron de mala manera por perder de vista la casa paterna.

Pues, señor, aquel tigre cogió al pobre Horacio a los trece años, y como medida preventiva le ataba las piernas a las patas de la mesa-escritorio, para que no saliese a la tienda ni se apartara del trabajo fastidioso que le imponía. Y como le sorprendiera dibujando monigotes con la pluma, los coscorrones no tenían fin. A todo trance anhelaba despertar en su nietecillo la afición al comercio, pues todo aquello de la pintura y el arte y los pinceles, no eran más, a su juicio, que una manera muy tonta de morirse de hambre. Compañero de Horacio en estos trabajos y martirios era un dependiente de la casa, viejo, *más calvo que una vejiga de manteca*,[85] flaco y de color de ocre, el cual, a la calladita, por no atreverse a contrariar al amo, de quien era como un perro fiel, dispensaba cariñosa protección al pequeñuelo, tapándole las faltas y buscando pretextos para llevarle consigo a recados y comisiones, a fin de que estirase las piernas y esparciese el ánimo. El chico era dócil, y de muy endebles recursos contra el despotismo. Resignábase a sufrir hasta lo indecible antes que poner a su tirano en el disparadero, y el demonio del hombre se disparaba por la cosa más insignificante. Sometiose la víctima, y ya no le amarraron los pies a la mesa y pudo moverse con cierta libertad en aquel tugurio antipático, pestilente y obscuro, donde había que encender el mechero de gas a las cuatro de la tarde. Adaptábase poco a poco a tan horrible molde, renunciando a ser niño, envejeciéndose a los quince años, remedando involuntariamente la actitud sufrida y los gestos mecánicos de Hermógenes,[86] el amarillo y calvo dependiente, que, por carecer de

---

85 A typical colloquial saying: 'balder than a bladder of lard'.
86 Mercury-born, at one time Paul's fellow labourer in Asia Minor, who, however, afterwards abandoned him, along with one Phygellus, probably on account of the perils by which they were beset.

personalidad, hasta de edad carecía. No era joven ni tampoco viejo.

En aquella espantosa vida, *pasándose* de cuerpo y alma, como las uvas puestas al sol, conservaba Horacio el fuego interior, la pasión artística, y cuando su abuelo le permitió algunas horas de libertad los domingos y le concedió el fuero de persona humana, dándole un real para sus esparcimientos, ¿qué hacía el chico? Procurarse papel y lápices y dibujar cuanto veía. Suplicio grande fue para él que habiendo en la tienda tanta pintura en tubos, pinceles, paletas y todo el material de aquel arte que adoraba, no le fuera permitido utilizarlo. Esperaba y esperaba siempre mejores tiempos, viendo rodar los monótonos días, iguales siempre a sí mismos, como iguales son los granos de arena de una clepsidra. Sostúvole la fe en su destino, y gracias a ella soportaba tan miserable y ruin existencia.

El feroz abuelo era también avaro, de la escuela del licenciado Cabra,[87] y daba de comer a su nieto y a Hermógenes lo preciso absolutamente para vivir, sin refinamientos de cocina, que, a su parecer, sólo servían para ensuciar el estómago. No le permitía juntarse con otros chicos, pues las compañías, aunque no sean enteramente malas, sólo sirven hoy para perderse: están los muchachos tan comidos de vicios como los hombres. ¡Mujeres!... Este ramo del vivir era el que en mayores cuidados al tirano ponía, y de seguro, si llega a sorprender a su nieto en alguna debilidad de amor, aunque de las más inocentes, le rompe el espinazo. No consentía, en suma, que el chico tuviese voluntad, pues la voluntad de los demás le estorbaba a él como sus propios achaques físicos, y al sorprender en alguien síntomas de carácter, padecía como si le doliesen las muelas. Quería que Horacio fuera droguista, que cobrase afición al *género*, a la contabilidad escrupulosa, a la rectitud comercial, al manejo de la tienda; deseaba hacer de él un hombre y enriquecerle; se encargaría de casarle oportunamente, esto es, de proporcionarle una madre para los hijos que debía tener; de labrarle un hogar modesto y ordenado, de reglamentar su existencia hasta la vejez, y la existencia de sus sucesores. Para llegar a este fin, que don Felipe Díaz conceptuaba tan noble como el fin sin fin de salvar el alma, lo primerito era que Horacio se curase de aquella estúpida chiquillada de querer representar los objetos por medio de una pasta que se aplica sobre tabla

---

87 Character from the picaresque novel *El Buscón* (1626), written by Francisco de Quevedo. In the novel he is a miser who starves his pupils to death.

o tela. ¡Vaya una tontería! ¡Querer reproducir la Naturaleza, cuando tenemos ahí la Naturaleza misma delante de los ojos! ¿A quién se le ocurre tal disparate? ¿Qué es un cuadro? Una mentira, como las comedias, una función muda, y por muy bien pintado que un cielo esté, nunca se puede comparar con el cielo mismo. Los artistas eran, según él, unos majaderos, locos y falsificadores de las cosas, y su única utilidad consistía en el gasto que hacían en las tiendas comprando los enseres del oficio. Eran, además, viles usurpadores de la facultad divina, e insultaban a Dios queriendo remedarle, creando fantasmas o figuraciones de cosas, que sólo la acción divina puede y sabe crear, y por tal crimen, el lugar más calentito de los Infiernos debía ser para ellos. Igualmente despreciaba don Felipe a los cómicos y a los poetas; como que se preciaba de no haber leído jamás un verso, ni visto una función de teatro; y hacía gala también de no haber viajado nunca, ni en ferrocarril, ni en diligencia, ni en carromato; de no haberse ausentado de su tienda más que para ir a misa o para evacuar algún asunto urgente.

Pues bien, todo su empeño era reacuñar a su nieto con este durísimo troquel, y cuando el chico creció y fue hombre, crecieron en el viejo las ganas de estampar en él sus hábitos y sus rancias manías. Porque debe decirse que le amaba, sí, ¿a qué negarlo?, le había tomado cariño, un cariño extravagante, como todos sus afectos y su manera de ser. La voluntad de Horacio, en tanto, fuera de la siempre viva vocación de la pintura, había llegado a ponerse lacia por la falta de uso. Últimamente, a escondidas del abuelo, en un cuartucho alto de la casa, que este le permitió disfrutar, pintaba, y hay algún indicio de que lo sospechaba el feroz viejo y hacía la vista gorda. Fue la primera debilidad de su vida, precursora quizá de acontecimientos graves. Algún cataclismo tenía que sobrevenir, y así fue, en efecto; una mañana, hallándose don Felipe en su escritorio revisando unas facturas inglesas de clorato de potasa y de sulfato de zinc, inclinó la cabeza sobre el papel y quedó muerto sin exhalar un ay. El día antes había cumplido noventa años.

IX

Todo esto, y otras cosas que irán saliendo, se lo contaba Horacio a su damita, y esta lo escuchaba con deleite, confirmándose en la creencia de que el hombre que le había deparado el Cielo era una excepción entre todos los mortales, y su vida lo más peregrino y anómalo que en clase de vidas de jóvenes se pudiera encontrar; como que casi parecía vida de un santo digna de un huequecito en el martirologio.

—Cogiome aquel suceso —prosiguió Díaz— a los veintiocho años, con hábitos de viejo y de niño, pues por un lado la terrible disciplina de mi abuelo había conservado en mí una inocencia y desconocimiento del mundo impropios de mi edad, y por otro poseía virtudes propiamente seniles, inapetencias de lo que apenas conocía, un cansancio, un tedio que me hicieron tener por hombre entumecido y anquilosado para siempre... Pues, señor, debo decirte que mi abuelo dejó un bonito caudal, amasado cuarto a cuarto en aquella tienda asquerosa y mal oliente. A mí me tocaba una quinta parte; diéronme una casa muy linda en Villajoyosa, dos finquitas rústicas y la participación correspondiente en la droguería, que continúa con la razón social de *Sobrinos de Felipe Díaz*. Al verme libre, tardé en reponerme del estupor que mi independencia me produjo; me sentía tan tímido, que al querer dar algunos pasos por el mundo, me caía, hija de mi alma, me caía, por no haber ejercitado en mucho tiempo las piernas.

»Mi vocación artística, ya desatada de aquel freno maldito, me salvó, hízome hombre. Sin cuidarme de intervenir en los asuntos de la testamentaría, levanté el vuelo, y del primer tirón me planté en Italia, mi ilusión, mi sueño. Yo había llegado a pensar que Italia no existía, que tanta belleza era mentira, engaño de la mente. Corrí allá, y... ¡qué había de suceder! Era yo como un seminarista sin vocación a quien sueltan por esos mundos después de quince años de forzosa virtud. Ya comprenderás... el contacto de la vida despertó en mí deseos locos de cobrar todo lo atrasado, de vivir en meses los años que el tiempo me debía, estafándomelos de una manera indigna, con la complicidad de aquel viejo maniático. ¿No me entiendes?... Pues en Venecia me entregué a la disipación, superando con mi conducta a mis propios instintos, pues no era el niño-viejo tan vicioso como aparentaba serlo por desquite, por venganza de su sosería y ridiculez pasadas. Llegue a creer que si no extremaba el libertinaje no era bastante hombre, y me recreaba mirándome en aquel espejo, inmundo si se quiere, pero en el cual me veía mucho más airoso de lo que fui en la trastienda de mi abuelo... Naturalmente, me cansé; claro. En Florencia y Roma, el arte me curó de aquel afán diabólico, y como mis pruebas estaban hechas, y ya no me atormentaba la idea de *doctorarme de hombre*, dediqueme al estudio; copiaba, atacando con brío el natural; pero mientras más aprendía, mayor suplicio me causaba la deficiencia de mi educación artística. En el color íbamos bien: lo manejaba fácilmente; pero en el dibujo, cada día más torpe. ¡Cuánto he padecido, y qué vigilias, qué afanes día y noche, buscando la línea, luchando con ella y concluyendo por declararme vencido, para volver en seguida a la espantosa batalla, con brío, con furor...!

»¡Qué rabia!... Pero no podía ser de otra manera. Como de niño no cultivé el dibujo, costábame Dios y ayuda encajar un contorno... Te diré que en mis tiempos de esclavitud, al trazar números sin fin en el escritorio de don Felipe, me entretenía en darles la intención de formas humanas. A los sietes les imprimía cierto aire jaquetón, como si rasguease un escorzo de hombre; con los ochos apuntaba un contorno de seno de mujer, y qué sé yo... los treses me servían para indicar el perfil de mi abuelo, semejante al pico de una tortuga... Pero este ejercicio pueril no bastaba. Faltábame el hábito de ver seriamente la línea y de reproducirla. Trabajé, sudé, renegué... y por fin, algo aprendí. Un año pasé en Roma entregado en cuerpo y alma al estudio formal, y aunque tuve también allí mis borracheritas del género de las de Venecia, fueron más reposadas, y ya no era yo el zangolotino que llega tarde al festín de la vida, y se come precipitadamente con atrasado apetito los platos servidos ya, para ponerse al nivel de los que a su debido tiempo empezaron.

»De Roma me volví a Alicante, donde mis tíos arreglaron la herencia, asignándome la parte que quisieron, sin ninguna desavenencia ni regateo por mi parte, y di mi último adiós a la droguería, transformada y modernizada, para venirme acá, donde tengo una tía que no me la merezco, más buena que los ángeles, viuda sin hijos, y que me quiere como a tal, y me cuida y me agasaja. También ella fue víctima del que tiranizó a toda la familia. Como que sólo le pasaba una peseta diaria, y en todas sus cartas le decía que ahorrase... Apenas llegué a Madrid tomé el estudio y me consagré con alma y vida al trabajo. Tengo ambición, deseo el aplauso, la gloria, un nombre. Ser cero, no valer más que el grano que, con otros iguales, forma la multitud, me entristece. Mientras no me convenzan de lo contrario, creeré que me ha caído dentro una parte, quizá no grande, pero parte al fin, de la esencia divina que Dios ha esparcido sobre el montón, caiga donde cayere.

»Te diré algo más. Meses antes de descubrirte padecí en este Madrid ¡unas melancolías...! Encontrábame otra vez con mis treinta años echados a perros, pues aunque conocía un poco la vida y los placeres de la mocedad, y saboreaba también el goce estético, faltábame el amor, el sentimiento de nuestra fusión en otro ser. Entregueme a filosofías abstrusas, y en la soledad de mi estudio, bregando con la forma humana, pensaba que el amor no existe más que en la aspiración de obtenerlo. Volví a mis tristezas amargas de adolescente; en sueños veía siluetas, vaguedades tentadoras que me hacían señas, labios que me siseaban. Comprendía entonces las cosas más sutiles; las psicologías más enrevesadas parecíanme tan claras como las cuatro reglas de la Aritmética... Te vi al fin; me saliste al encuentro. Te pregunté si eras tú... no sé qué te dije. Estaba tan turbado, que debiste de encontrarme ridículo. Pero Dios quiso que supieras ver lo grave y serio al través de lo tonto. Nuestro romanticismo, nuestra exaltación, no nos parecieron absurdos. Nos sorprendimos con hambre atrasada, el hambre espiritual, noble y pura que mueve el mundo, y por la cual existimos, y existirán miles de generaciones después de nosotros. Te reconocí mía y me declaraste tuyo. Esto es vivir; lo demás, ¿qué es?

Dijo, y Tristana, atontada por aquel espiritualismo, que era como bocanadas de incienso que su amante arrojaba sobre ella con un descomunal *botafumeiro*,[88] no supo responderle. Sentía que dentro del pecho le pataleaba la emoción, como un ser vivo más grande que el seno que lo contiene, y se desahogaba con risas frenéticas, o con repentinos y ardientes chorretazos de lágrimas. Ni era posible decir

---

[88] The Botafumeiro is a famous thurible found in the Cathedral of Santiago de Compostela (in the past similar devices were used in large churches in Galicia, but nowadays they are sometimes used in Tui Cathedral). Incense is burned in this swinging metal container, or 'incensory'. The name 'Botafumeiro' means 'smoke expeller' in Galician.

si aquello era en ambos felicidad o una pena lacerante, porque uno y otro se sentían como heridos por un aguijón que les llegaba al alma, y atormentados por el deseo de un más allá. Tristana, particularmente, era insaciable en el continuo exigir de su pasión. Salía de repente por el registro de una queja amarguísima, lamentándose de que Horacio no la quería bastante, que debía quererla más, mucho más; y él concedía sin esfuerzo el más, siempre más, exigiendo a su vez lo mismo.

Contemplaban al caer de la tarde el grandioso horizonte de la Sierra, de un vivo tono de turquesa, con desiguales toques y transparencias, como si el azul purísimo se derramase sobre cristales de hielo. Las curvas del suelo desnudo, perdiéndose y arrastrándose como líneas que quieren remedar un manso oleaje, les repetían aquel *más, siempre más*, ansia inextinguible de sus corazones sedientos. Algunas tardes, paseando junto el canalillo del Oeste, ondulada tira de oasis que ciñe los áridos contornos del terruño madrileño, se recreaban en la placidez bucólica de aquel vallecito en miniatura. Cantos de gallo, ladridos de perro, casitas de labor; el remolino de las hojas caídas, que el manso viento barría suavemente, amontonándolas junto a los troncos; el asno, que pacía con grave mesura; el ligero temblor de las más altas ramas de los árboles, que se iban quedando desnudos, todo les causaba embeleso y maravilla, y se comunicaban las impresiones, dándoselas y quitándoselas como si fuera una sola impresión que corría de labio a labio y saltaba de ojos a ojos.

Regresaban siempre a hora fija, para que ella no tuviese bronca en su casa, y sin cuidarse de Saturna, que los esperaba, iban del brazo por el camino de Aceiteros, al anochecer más silencioso y solitario que la Mala de Francia.[89] Al lado de Occidente veían el cielo inflamado, rastro espléndido de la puesta del sol. Sobre aquella faja se destacaban, como crestería negra de afiladas puntas, los cipreses del cementerio de San Ildefonso, cortados por tristes pórticos a la griega, que a media luz parecen más elegantes de lo que son. Pocas habitaciones hay por allí, y poca o ninguna gente encontraban a tal hora. Casi siempre veían uno o dos bueyes desuncidos, echados, de esos que por el tamaño parecen elefantes, hermosos animales de raza de Ávila, comúnmente negros, con una cornamenta que pone miedo en el ánimo más valeroso; bestias inofensivas a fuerza de cansancio, y que, cuando las sueltan del yugo, no

89 Refers to the name of the road to France. Today Bravo Murillo Street in Madrid.

se cuidan más que de reposar, mirando con menosprecio al transeúnte. Tristana se acercaba a ellos hasta poner sus manos en las astas retorcidas, y se hubiera alegrado de tener algo que echarles de comer.

—Desde que te quiero —a su amigo decía—, no tengo miedo a nada, ni a los toros ni a los ladrones. Me siento valiente hasta el heroísmo, y ni la serpiente boa ni el león de la selva me harían pestañear.

Cerca ya del antiguo Depósito de Aguas veían los armatostes del tiovivo, rodeados de tenebrosa soledad. Los caballitos de madera, con las patas estiradas en actitud de correr, parecían encantados. Los balancines, la montaña rusa, destacaban en medio de la noche sus formas extravagantes. Como no había nadie por allí, Tristana y Horacio solían apoderarse durante breves momentos de todos los juguetes grandes con que se divierte el niño-pueblo... Ellos también eran niños. No lejos de aquel lugar veían la sombra del Depósito viejo, rodeado de espesas masas de árboles, y hacia la carretera brillaban luces, las del tranvía o coches que pasaban, las de algún merendero en que todavía sonaba rumor pendencioso de parroquianos retrasados. Entre aquellos edificios de humilde arquitectura, rodeados de banquillos paticojos y de rústicas mesas, esperábales Saturna, y allí era la separación, algunas noches tan dolorosa y patética como si Horacio se marchara para el fin del mundo o Tristana se despidiera para meterse monja. Al fin, al fin, después de mucho tira y afloja, conseguían despegarse, y cada mitad se iba por su lado. Aún se miraban de lejos, adivinándose, más que viéndose, entre las sombras de la noche.[90]

---

[90] On the aesthetics present in this chapter, Akiko Tsuchiya has commented that 'La incursión de *Tristana* (la novela) en el espacio fuero de "lo real" se hace evidente no sólo en la transgresión social de la protagonista, sino también en su desafío a las normas de la estética realista. Según Farris Anderson, la ausencia del centro y la naturaleza elíptica que caracterizan la estética de *Tristana*, la vinculan mucho más estrechamente con las formas novelísticas del siglo XX que con las del XIX. Lo cierto es que, en contraste con sus *Novelas Contemporáneas* anteriores, esta obra se caracteriza por la falta de una contextualización social y política específica; la acción de la novela ni siquiera parece transcurrir dentro de una cronología histórica' (2005: 56).

X

Tristana, según su expresión, no temía, después de enamorada, ni al toro corpulento, ni a la serpiente boa, ni al fiero león del Atlas; pero tenía miedo de don Lope, viéndole ya cual monstruo que se dejaba tamañitas a cuantas fieras y animales dañinos existen en la creación. Analizando su miedo, la señorita de Reluz creía encontrarlo de tal calidad, que podía, en un momento dado, convertirse en valor temerario y ciego. La desavenencia entre cautiva y tirano se acentuaba de día en día. Don Lope llegó al colmo de la impertinencia, y aunque ella le ocultaba, de acuerdo con Saturna, las saliditas vespertinas, cuando el anciano galán le decía con semblante fosco «tú sales, Tristana, sé que sales; te lo conozco en la cara», si al principio lo negaba la niña, luego asentía con su desdeñoso silencio. Un día se atrevió a responderle:

—Bueno, pues salgo, ¿y qué? ¿He de estar encerrada toda mi vida?.

Don Lope desahogaba su enojo con amenazas y juramentos, y luego, entre airado y burlón, le decía:

—Porque nada tendrá de particular que, si sales, te acose algún mequetrefe, de estos *bacillus virgula*[91] del amor que andan por ahí, único fruto de esta generación raquítica, y que tú, a fuerza de oír sandeces, te marees y le hagas caso. Mira, niñita, mira que no te lo perdono. Si me faltas, que sea con un hombre digno de mí. ¿Y dónde está ese hombre, digno rival de lo presente? En ninguna parte, ¡vive Dios! Cree que no ha nacido... ni nacerá. Así y todo, tú misma reconocerás que no se me desbanca a mí tan fácilmente... Ven acá: basta de moñitos. ¡Si creerás que no te quiero ya! ¡Cómo me echarías de menos si te fueras de mí! No encontrarías más que tipos de una insipidez abrumadora... Vaya, hagamos las paces. Perdóname si dudé de ti. No, no, tú no me engañas. Eres una mujer superior, que conoce el mérito y...

Con estas cosas, no menos que con sus arranques de mal genio, don Lope llegó a inspirar a su cautiva un aborrecimiento sordo y profundo, que a veces se disfrazaba de menosprecio, a veces de repugnancia. Horriblemente hastiada de su compañía, contaba los minutos esperando el momento en que solía echarse a la calle. Causábale espanto la idea de que cayese enfermo, porque entonces no saldría, ¡Dios bendito!, y

---

91 The bacteria that causes cholera.

¿qué sería de ella presa, sin poder...? No, no, esto era imposible. Habría paseíto, aunque don Lope enfermase o se muriera. Por las noches, casi siempre fingía Tristana dolor de cabeza para retirarse pronto de la vista y de las odiosas caricias del don Juan caduco.

Y lo raro es —decía la niña, a solas con su pasión y su conciencia— que si este hombre comprendiera que no puedo quererle, si borrase la palabra amor de nuestras relaciones, y estableciera entre los dos... otro parentesco, yo le querría, sí, señor, le querría, no sé cómo, como se quiere a un buen amigo, porque él no es malo, fuera de la perversidad monomaníaca de la persecución de mujeres. Hasta le perdonaría yo el mal que me ha hecho, mi deshonra, se lo perdonaría de todo corazón, sí, sí, con tal que me dejase en paz... Dios mío, inspírale que me deje en paz, y yo le perdonaré, y hasta le tendré cariño, y seré como las hijas demasiado humildes que parecen criadas, o como las sirvientas leales, que ven un padre en el amo que les da de comer.

Felizmente para Tristana, no sólo mejoró la salud de Garrido, desvaneciéndose con esto los temores de que se quedara en casa por las tardes, sino que debió de tener algún alivio en sus ahogos pecuniarios, porque cesaron sus murrias impertinentes, y se le vio en el temple sosegado en que vivir solía. Saturna, perro viejo y machucho, comunicó a la señorita sus observaciones sobre este particular.

—Bien se ve que el amo está en fondos, porque ya no se le ocurre que yo pueda ensuciarme por un cuarto de escarola, ni se olvida del respeto que, como caballero, debe a las que llevamos una falda, aunque sea remendadita. Lo malo es que cuando cobra los atrasos se los gasta en una semana, y luego... adiós caballería, y otra vez ordinario, cominero y metomentodo.

Al propio tiempo, volvió don Lope a poner en el cuidado de su persona un prolijo esmero señoril, acicalándose como en sus mejores tiempos. Ambas mujeres dieron gracias a Dios por esta feliz restauración de costumbres, y aprovechando las ausencias metódicas del tirano, entregose la niña con toda libertad al inefable goce de sus paseítos con el hombre que amaba.

El cual, por variar el escenario y la decoración, llevaba un coche las más de las tardes, y metiéndose los dos en él, se daban el gustazo de alejarse de Madrid casi hasta perderlo de vista. Testigos de su dicha fueron el cerro de Chamartín, las dos torres, que parecen pagodas, del colegio de los jesuitas, y el pinar misterioso; hoy el camino de Fuencarral, mañana las sombrías espesuras del Pardo, con su suelo de hojas metálicas erizadas de picos, las fresnedas que bordean el Manzanares, las desnudas eminencias de Amaniel y las hondas cañadas del Abroñigal. Dejando el coche, paseaban a pie largo trecho por los linderos de las tierras labradas, y aspiraban con el aire las delicias de la soledad y plácida quietud, recreándose en cuanto veían, pues todo les resultaba bonito, fresco y nuevo, sin reparar que el encanto de las cosas era una proyección de sí mismos. Retrayendo los ojos hacia la causa de tanta hermosura, que en ellos residía, entregábanse al inocente juego de su discretismo, que a los no enamorados habría parecido empalagoso. Sutilizaban los porqués de su cariño, querían explicar lo inexplicable, descifrar el profundo misterio, y al fin paraban en lo de siempre, en exigirse y prometerse más amor, en desafiar la eternidad, dándose garantías de fe inalterable en vidas sucesivas, en los cercos nebulosos de la inmortalidad, allá donde habita la perfección y se sacuden las almas el polvo de los mundos en que penaron.

Mirando a lo inmediato y positivo, Horacio la incitaba a subir con él al estudio, demostrándole la comodidad y reserva que aquel local les ofrecía para pasar juntos la tarde. ¡Flojitas ganas tenía ella de ver el estudio! Pero tan grande como su deseo era su temor de encariñarse demasiado con el nido, y sentirse en él tan bien, que no pudiera abandonarlo. Barruntaba lo que en la vivienda de su ídolo, vecina de los pararrayos, según Saturna, podría pasarle; es decir, no lo barruntaba, lo veía tan claro que más no podía ser. Y le asaltaba el recelo amarguísimo de ser menos amada después de lo que allí sucediera, como se pierde el interés del jeroglífico después de descifrado; recelaba también que el caudal de su propio cariño disminuyera prodigándose en el grado supremo.

Como el amor había encendido nuevos focos de luz en su inteligencia, llenándole de ideas el cerebro, dándole asimismo una gran sutileza de expresión para traducir al lenguaje los más hondos misterios del alma, pudo exponer a su amante aquellos recelos con frase tan delicada y tropos tan exquisitos, que decía cuanto en lo humano cabe, sin decir nada que al pudor pudiera ofender. Él la comprendía, y como en todo iban acordes, devolvíale con espiritual ternura los propios sentimientos. Con todo, no cejaba en su afán de llevarla al estudio.

—¿Y si nos pesa después? —decía ella—. Temo la felicidad, pues cuando me siento dichosa, paréceme que el mal me acecha. Créete que en vez de apurar la felicidad, nos vendría bien ahora algún contratiempo, una miajita[92] de desgracia. El amor es sacrificio, y para la abnegación y el dolor debemos estar preparados siempre. Imponme un sacrificio grande, una obligación penosa, y verás con qué gusto me lanzo a cumplirla. Suframos un poquitín, seamos buenos...

—No, lo que es a buenos no hay quien nos gane —decía Horacio con gracejo—. Nos pasamos ya de angelicales, alma mía. Y eso de imponernos sufrimientos es música, porque bastantes trae la vida sin que nadie los busque. Yo también soy pesimista; por eso, cuando veo el bien en puerta, lo llamo y no lo dejo marcharse, no sea que después, cuando lo necesite, se empeñe en no venir el muy pícaro...

Surgía en ambos, con estas y otras cosas, un entusiasmo ardiente; a las palabras sucedían las ternezas, hasta que un arranque de dignidad y cordura les ponía de perfecto acuerdo para enfrenar su inquietud y revestirse de formalidad, engañosa si se quiere, pero que por el momento los salvaba. Decían cosas graves, pertinentes a la moral; encomiaban las ventajas de la virtud y lo hermoso que es quererse con exquisita y celestial pureza. Como que así es más fino y sutil el amor, y se graba más en el alma. Con estas dulces imposturas iban ganando tiempo, y alimentaban su pasión, hoy con anhelos, mañana con suplicios de Tántalo,[93] exaltándola con lo mismo que parecía destinado a contenerla, humanizándola con lo que divinizarla debiera, ensanchando por la margen del espíritu, así como por la de la materia, el cauce por donde aquel raudal de vida corría.

---

92 From 'miguita': little breadcrumb.
93 Tantalus was a Greek mythological figure, most famous for his eternal punishment in Tartarus. He was made to stand in a pool of water beneath a fruit tree with low branches, with the fruit ever eluding his grasp and the water always receding before he could take a drink.

XI

Por sus pasos contados vinieron las confidencias difíciles, abriéronse las páginas biográficas que más se resisten a la revelación, porque afectan a la conciencia y al amor propio. Es ley de amor el inquirir, y lo es también el revelar. La confesión procede del amor, y por él son más dolorosas las apreturas de la conciencia. Tristana deseaba confiar a Horacio los hechos tristes de su vida, y no se conceptuaba dichosa hasta no efectuarlo. Entreveía o más bien adivinaba el artista un misterio grave en la existencia de su amada, y si al principio, por refinada delicadeza, no quiso echar la sonda, llegó día en que los recelos del hombre y la curiosidad del enamorado pudieron más que sus finos miramientos. Al conocer a Tristana, creyola Horacio, como algunas gentes de Chamberí, hija de don Lope. Pero Saturna, al llevarle la segunda carta, le dijo: «La señorita es casada, y ese don Lope, que usted cree papá, es su propio marido inclusive». Estupefacción del joven artista; pero el asombro no impidió la credulidad... Así quedaron las cosas, y por bastantes días persistió en Horacio la costumbre de ver en su conquista la legítima esposa del respetable y gallardo caballero, que parecía figura escapada del *Cuadro de las Lanzas*.[94] Siempre que ante ella le nombraba, decía: «Tu marido acá, tu marido allá...» y ella no se daba maldita prisa en destruir el error. Pero un día, al fin, palabra tras palabra, pregunta sobre pregunta, sintiendo invencible repugnancia de la mentira, y hallándose con fuerzas para cerrar contra ella, Tristana, ahogada de vergüenza y de dolor, se determinó a poner las cosas en su lugar.

—Te estoy engañando, y no debo ni quiero engañarte. La verdad se me sale a la boca, y no puedo contenerla más. No estoy casada con mi marido...[95] digo, con mi papá... digo, con ese hombre... Un día y otro pensaba decírtelo; pero no me salía, hijo, no me salía... Ignoraba, ignoro aún, si lo sientes o te alegras, si valgo más o valgo menos a tus ojos... Soy una mujer deshonrada, pero soy libre. ¿Qué prefieres?... ¿que

---

94 *La rendición de Breda* (*The Surrender of Breda*, also known as *El cuadro de las lanzas* or *Las lanzas*) is a painting by the Spanish Golden Age painter Diego Velázquez. It was completed during the years 1634–35, inspired by Velázquez's visit to Italy with Ambrogio Spinola, the Genoese general who conquered Breda on 5 June 5 1625.

95 On the notion of marriage, see in the bibliography Dorca, T. (2005).

sea una casada infiel o una soltera que ha perdido su honor? De todas maneras creo que, al decírtelo, me lleno de oprobio... y no sé... no sé...[96]

No pudo concluir, y rompiendo en lágrimas amargas, ocultó el rostro en el pecho de su amigo. Largo rato duró aquel espasmo de sensibilidad. Ninguno de los dos decía nada. Por fin, saltó ella con la preguntita de cajón:

—¿Me quieres más o me quieres menos?

—Te quiero lo mismo... no; más, más, siempre más.

No se hizo de rogar la niña para referir *a grandes rasgos* el cómo y cuándo de su deshonra. Lágrimas sin fin derramó aquella tarde; pero nada omitió su sinceridad, su noble afán de confesión, como medio seguro de purificarse.

—Recogiome cuando me quedé huérfana. Él fue, justo es decirlo, muy generoso con mis padres. Yo le respetaba y le quería; no sospechaba lo que me iba a pasar. La sorpresa no me permitió resistir. Era yo entonces un poco más tonta que ahora, y ese hombre maldito me dominaba, haciendo de mí lo que quería. Antes, mucho antes de conocerte, abominaba yo de mi flaqueza de ánimo; cuánto más ahora que te conozco. ¡Lo que he llorado, Dios mío!... ¡las lágrimas que me ha costado el verme como me veo...! Y cuando te quise, dábanme ganas de matarme, porque no podía ofrecerte lo que tú te mereces... ¿Qué piensas? ¿Me quieres menos o me quieres más? Dime que más, siempre más. En rigor de verdad, debo parecerte ya menos culpable, porque no soy adúltera; no engaño sino a quien no tiene derecho a tiranizarme. Mi infidelidad no es tal infidelidad, ¿qué te parece?, sino castigo de su infamia; y este agravio que de mí recibe se lo tiene merecido.

No pudo menos Horacio de manifestarse más celoso al saber la ilegitimidad de los lazos que unían a Tristana con don Lope.

—No, si no le quiero —dijo ella con énfasis—, ni le he querido nunca. Para expresarlo todo de una vez, añadiré que desde que te conocí empecé a sentir hacia él un terrible desvío... Después... ¡Ay

[96] On the use of dialogues in Galdós' narrative, Charles David Ley has noted: 'En 1889 publicó Galdós la primera de sus "novelas dialogadas", según él las llamaba. Galdós quería hacer teatro de lectura. Cita como ejemplo de este género *La Celestina*, que califica como "la más grande y bella de las novelas habladas". Llega a opinar que ciertas obras de Shakespeare no son para representarlas, por lo menos en el teatro de nuestro siglo sino que "pertenecen al teatro ideal, leído sin ejecución"' (1990: 705).

Jesús, me pasan cosas tan raras...! A veces paréceme que le aborrezco, que siento hacia él un odio tan grande como el mal que me hizo; a veces... todo te lo confieso, todo... siento hacia él cierto cariño, como de hija, y me parece que si él me tratara como debe, como un padre, yo le querría... Porque no es malo, no vayas a creer que es muy malo, muy malo... No; allí hay de todo: es una combinación monstruosa de cualidades buenas y de defectos horribles; tiene dos conciencias: una muy pura y noble para ciertas cosas, otra que es como un lodazal, y las usa según los casos; se las pone como si fueran camisas. La conciencia negra y sucia la emplea para todo cuanto al amor se refiere. ¡Ah, no creas! Ha sido muy afortunado en amores. Sus conquistas son tantas que no se pueden contar. ¡Si tú supieras...! Aristocracia, clase media, pueblo... en todas partes dejó memoria triste, como don Juan Tenorio. En palacios y cabañas se coló, y no respetó nada el muy trasto, ni la virtud, ni la paz doméstica, ni la santísima religión. Hasta con monjas y beatas ha tenido amores el maldito, y sus éxitos parecen obra del Demonio. Sus víctimas no tienen número: maridos y padres burlados; esposas que se han ido al Infierno, o se irán cuando mueran; hijos... que no se sabe de quién son hijos. En fin, es hombre muy dañino, porque además tira las armas con gran arte, y a más de cuatro les ha mandado al otro mundo. En su juventud tuvo arrogante figura, y hasta hace poco tiempo todavía daba un chasco. Ya comprenderás que sus conquistas han ido desmereciendo en importancia según le iban pesando los añitos. A mí me ha tocado ser la última. Pertenezco a su decadencia...

Oyó Díaz estas cosas con indignación primero, con asombro después, y lo único que se le ocurrió decir a su amada fue que debía romper cuanto antes aquellas nefandas relaciones, a lo que contestó la niña muy acongojada que era esto más fácil de decir que de practicar, pues el muy ladino, cuando advertía en ella síntomas de hastío y pruritos de separación, se las echaba de padre, mostrándose tiránicamente cariñoso. Con todo, fuerza es dar un gran tirón para arrancarse de tan ignominiosa y antipática vida. Horacio la incitó a proceder con firmeza, y a medida que se agigantaba en su mente la figura de don Lope, más viva era su resolución de burlar al burlador y de arrancarle su víctima, la postrera quizás, y sin duda la más preciosa.

Volvió Tristana a su casa en un estado moral y mental lastimoso, disparada de los nervios, febril y dispuesta a consumar cualquier desatino. Tocábale aquella noche aborrecer a su tirano, y cuando le vio llegar, risueño y con humor de bromas, entróle tal rabia, que de buena gana le habría tirado a la cabeza el plato de la sopa. Durante la comida, don Lope estuvo decidor, y echaba chafalditas a Saturna, diciéndole, entre otras cosas:

—Ya, ya sé que tienes un novio ahí en Tetuán, ese que llaman *Juan y Medio* por lo largo que es, el herrador... ya sabes. Me lo ha dicho Pepe, el del tranvía. Por eso, a la caída de la tarde, andas desatinada por esos caminos, buscando los rincones obscuros, y no falta una sombra larga y escueta que se confunda con la tuya.

—Yo no tengo nada con *Juan y Medio*, señor... Que me pretenda él... no sé; podrá ser. Me hacen la rueda otros que valen más... hasta señoritos. Pues qué se cree, ¿que sólo él tiene quien le quiera?

Seguía Saturna la broma, mientras Tristana se requemaba interiormente, y lo poco que comió se le volvía veneno. A don Lope no le faltaba apetito aquella noche, y daba cuenta pausadamente de los garbanzos del cocido, como el más pánfilo burgués; del modesto principio, más de carnero que de vaca, y de las uvas del postre, todo acompañado con tragos del vino de la taberna próxima, malísimo, que el buen señor bebía con verdadera resignación, haciendo muecas cada vez que a la boca se lo llevaba. Terminada la comida, retiróse a su cuarto y encendió un puro, llamando a Tristana para que le hiciese compañía; y estirándose en la butaca, le dijo estas palabras, que hicieron temblar a la joven:

—No es sólo Saturna la que tiene un idilio nocturno por ahí. Tú también lo tienes. No, si nadie me ha dicho nada... Pero te lo conozco; hace días que te lo leo... en la cara, en la voz.

Tristana palideció. Su blancura de nácar tomó azuladas tintas a la luz del velón con pantalla que alumbraba el gabinete. Parecía una muerta hermosísima, y se destacaba sobre el sofá con el violento escorzo de una figura japonesa, de esas cuya estabilidad no se comprende, y que parecen cadáveres risueños pegados a un árbol, a una nube, a incomprensibles fajas decorativas. Puso fin en su cara exangüe una sonrisilla forzada, y sobrecogida contestó:

—Te equivocas... yo no tengo...

Don Lope se le imponía de tal modo, y la fascinaba con tan misteriosa autoridad, que ante él, aun con tantas razones para rebelarse, no sabía tener ni un respiro de voluntad.

XII

—Lo sé —añadió el don Juan en decadencia, quitándose las botas y poniéndose las zapatillas que Tristana, para disimular la estupefacción en que había quedado, le trajo de la alcoba cercana—. Yo soy muy lince en estas cosas, y no ha nacido todavía la persona que me engañe y se burle de mí. Tristana, tú has encontrado por ahí un idilio; te lo conozco en tus inquietudes de estos días, en tu manera de mirar, en el cerco de tus ojos, en mil detalles que a mí no se me escapan. Soy perro viejo, y sé que toda joven de tu edad, si se echa diariamente a la calle, tropieza con su idilio. Ello será de una manera o de otra. A veces se encuentra lo bueno, a veces lo detestable. Ignoro cómo es tu hallazgo; pero no me lo niegues, por tu vida.

Tristana volvió a negar con ademanes y con palabras; pero tan mal, tan mal, que más le valiera callarse. Los penetrantes ojos de don Lope, clavados en ella, la sobrecogían, la dominaban, causándole terror y una dificultad extraordinaria para mentir. Con gran esfuerzo quiso vencer la fascinación de aquella mirada, y repitió sus denegaciones.

—Bueno, defiéndete como puedas —prosiguió el caballero—, pero yo sigo en mis trece. Soy viejo sastre y conozco el paño. Te aviso con tiempo, Tristana, para que adviertas tu error y retrocedas, porque a mí no me gustan idilios callejeros, que pienso serán hasta ahora chiquilladas y juegos inocentes. Porque si fueran otra cosa...

Echó al decir esto una mirada tan viva y amenazante sobre la pobre joven, que Tristana se retiró un poco, como si en vez de ser una mirada fuera una mano la que sobre su rostro venía.

—Mucho cuidado, niña —dijo el caballero, dando una feroz mordida al cigarro de estanco (por no poder gastar otros) que fumaba—. Y si tú, por ligereza o aturdimiento, me pones en berlina[97] y das alas a cualquier mequetrefe para que me tome a mí por un... No, no dudo que entrarás en razón. A mí, óyelo bien, nadie en el mundo hasta la hora presente me ha puesto en ridículo. Todavía no soy tan viejo para soportar ciertos oprobios, muchacha... Con que no te digo más. En último caso, yo me revisto de autoridad para apartarte de un

---

97 'poner en berlina': to embarrass somebody.

extravío, y si otra cosa no te gusta, me declaro padre, porque como padre tendré que tratarte si es preciso. Tu mamá te confió a mí para que te amparase, y te amparé, y decidido estoy a protegerte contra toda clase de asechanzas y a defender tu honor...

Al oír esto, la señorita de Reluz no pudo contenerse, y sintiendo que le azotaba el alma una racha de ira, venida quién sabe de dónde, como soplo de huracán, se irguió y le dijo:

—¿Qué hablas ahí de honor? Yo no lo tengo: me lo has quitado tú, me has perdido.

Rompió a llorar tan sin consuelo, que don Lope varió bruscamente de tono y de expresión. Llegose a ella, soltando el cigarro sobre un velador, y estrechándole las manos se las besó y en la cabeza la besó también con no afectada ternura.

—Hija mía, me anonadas juzgándome de una manera tan ejecutiva. Verdad que... Sí, tienes razón... Pero bien sabes que no puedo mirarte como a una de tantas, a quienes... No, no es eso. Tristana, sé indulgente conmigo; tú no eres una víctima; yo no puedo abandonarte, no te abandonaré nunca, y mientras este triste viejo tenga un pedazo de pan, será para ti.

—¡Hipócrita, falso, embustero! —exclamó la esclava, sintiéndose fuerte.

—Bueno, hija, desahógate, dime cuantas picardías quieras (*volviendo a tomar su cigarro*); pero déjame hacer contigo lo que no he hecho con mujer alguna, mirarte como un ser querido... esto es bastante nuevo en mí... como un ser de mi propia sangre... ¿Que no lo crees?

—No, no lo creo.

—Pues ya te irás enterando. Por de pronto, he descubierto que andas en malos pasos. No me lo niegues, por Dios. Dime que es tontería, frivolidad, cosa sin importancia; pero no me lo niegues. Pues ¡si yo quisiera vigilarte...! Pero no, no, el espionaje me parece indigno de ti y de mí. No hago más que darte un toquecito de atención, decirte que te veo, que te adivino, que al fin y a la postre nada podrás ocultarme, porque si me pongo a ello, hasta los pensamientos extraeré de tu magín para verlos y examinarlos; hasta tus impresiones más escondidas te sacaré cuando menos lo pienses. Chiquilla, cuidado, vuelve en ti. No se hablará más de ello si me prometes ser buena y fiel; pero si me engañas, si vendes mi dignidad por un puñado de ternuras que te ofrezca cualquier mocoso insípido... no te asombres de que yo me defienda. Nadie me ha puesto la ceniza en la frente todavía.

—Todo es infundado, todo cavilación tuya —dijo Tristana por decir algo—, yo no he pensado en...

—Allá veremos —replicó el tirano volviendo a flecharla con su mirada escrutadora—. Con lo hablado basta. Eres libre para salir y entrar cuando gustes; pero te advierto que a mí no se me puede engañar... Te miro como esposa y como hija, según me convenga. Invoco la memoria de tus padres...

—¡Mis padres! —exclamó la niña reanimándose—. ¡Si resucitaran y vieran lo que has hecho con su hija...!

—Sabe Dios si sola en el mundo, o en otras manos que las mías, tu suerte habría sido peor —replicó don Lope, defendiéndose como pudo—. Lo bueno, lo perfecto, ¿dónde está? Gracias que Dios nos conceda lo menos malo y el bien relativo. Yo no pretendo que me veneres como a un santo; te digo que veas en mí al hombre que te quiere con cuantas clases de cariño pueden existir, al hombre que a todo trance te apartará del mal, y...

—Lo que veo —interrumpió Tristana— es un egoísmo brutal, monstruoso, un egoísmo que...

—El tonillo que tomas —dijo Garrido con acritud—, y la energía con que me contestas me confirman en lo mismo, chicuela sin seso. Idilio tenemos, sí. Hay algo fuera de casa que te inspira aborrecimiento de lo de dentro, y al propio tiempo te sugiere ideas de libertad, de emancipación. Abajo la caretita. Pues no te suelto, no. Te estimo demasiado para entregarte a los azares de lo desconocido y a las aventuras peligrosas. Eres una inocentona sin juicio. Yo puedo haber sido para ti un mal padre. Pues mira, ahora se me antoja ser padre bueno.

Y adoptando la actitud de nobleza y dignidad que tan bien cuadraba a su figura, y que con tanto arte usaba cuando le convenía, poniéndosela y haciéndola crujir, cual armadura de templado acero, le dijo estas graves palabras:

—Hija mía, yo no te prohibiré que salgas de casa, porque esa prohibición es indigna de mí y contraria a mis hábitos. No quiero hacer el celoso de comedia, ni el tirano doméstico, cuya ridiculez conozco mejor que nadie. Pero si no te prohíbo que salgas, te digo con toda formalidad que no me agrada verte salir. Eres materialmente libre, y las limitaciones que deba tener tu libertad tú misma eres quien debe señalarlas, mirando a mi decoro y al cariño que te tengo.

¡Lástima que no hablara en verso para ser perfecta imagen del *padre noble* de antigua comedia! Pero la prosa y las zapatillas, que por la decadencia en que vivían no eran de lo más elegante, destruían en parte aquel efecto. Causaron impresión a la joven las palabras del estropeado galán, y se retiró para llorar a solas, allá en la cocina, sobre el pecho amigo y leal de Saturna; pero no había transcurrido media hora cuando don Lope tiró de la campanilla para llamarla. En la manera de tocar conocía la señorita que la llamaba a ella y no a la criada, y acudió cediendo a una costumbre puramente mecánica. No, no pedía ni la flor de malva, ni las bayetas calientes: lo que pedía era la compañía dulce de la esclava, para entretener su insomnio de libertino averiado, a quien los años atormentan como espectros acusadores.

Encontrole paseándose por el cuarto, con un gabán viejo sobre los hombros, porque su pobreza no le permitía ya el uso de un batín nuevo y elegante; la cabeza descubierta, pues antes que ella entrara se quitó el gorro con que solía cubrirla por las noches. Estaba guapo, sin duda, con varonil y avellanada hermosura de *Cuadro de las Lanzas*.

—Te he llamado, hija mía —le dijo, echándose en una butaca y sentando a la esclava sobre sus rodillas—, porque no quería acostarme sin charlar algo más. Sé que no he de dormir si me acuesto dejándote disgustada... Con que vamos a ver... cuéntame tu idilio...

—No tengo ninguna historia que contar —replicó Tristana, rechazando sus caricias con buen modo, como haciéndose la distraída.

—Bueno, pues yo lo descubriré. No, no te riño. ¡Si aun portándote mal conmigo tengo mucho que agradecerte! Me has querido en mi vejez, me has dado tu juventud, tu candor; cogí flores en la edad en que no me correspondía tocar más que abrojos. Reconozco que he sido malo para ti y que no debí arrancarte del tallo. Pero no lo puedo remediar; no me puedo convencer de que soy viejo, porque Dios parece que me pone en el alma un sentimiento de eterna juventud... ¿Qué dices a esto? ¿Qué piensas? ¿Te burlas?... Ríete todo lo que quieras; pero no te alejes de mí. Yo sé que no puedo dorar tu cárcel (*con amargura vivísima*), porque soy pobre. Es la pobreza también una forma de vejez; pero a esta me resigno menos que a la otra. El ser pobre me anonada, no por mí, sino por ti, porque me gustaría rodearte de las comodidades, de las galas que te corresponden. Mereces vivir como una princesa, y te tengo aquí como una probrecita hospiciana... No puedo vestirte como quisiera. Gracias que tú estás bien de cualquier modo, y en esta estrechez, en nuestra miseria mal disimulada, siempre, siempre eres y serás perla.

Con gestos más que con palabras, dio a entender Tristana que le importaba un bledo la pobreza.

—¡Ah!... no, estas cosas se dicen, pero rara vez se sienten. Nos resignamos porque no hay más remedio; pero la pobreza es cosa muy mala, hija, y todos, más o menos sinceramente, renegamos de ella. Cree que mi mayor suplicio es no poder dorarte la jaulita. ¡Y qué bien te la doraría yo! Porque lo entiendo, cree que lo entiendo. Fui rico; al menos tenía para vivir solo holgadamente, y hasta con lujo. Tú no te acordarás, porque eras entonces muy niña, de mi cuarto de soltero en la calle de Luzón. Josefina te llevó alguna vez, y tú tenías miedo a las armaduras que adornaban mi sala. ¡Cuántas veces te cogí en brazos, y te paseé por toda la casa, mostrándote mis pinturas, mis pieles de león y de tigre, mis panoplias, los retratos de damas hermosas... y tú sin acabar de perder el miedo! Era un presentimiento, ¿verdad? ¡Quién nos había de decir entonces que andando los años...! Yo, que todo lo preveo, tratándose de amores posibles, no preví esto, no se me ocurría. ¡Ay, cuánto he decaído desde entonces! De escalón en escalón he ido bajando, hasta llegar a esta miseria vergonzosa. Primero tuve que privarme de mis caballos, de mi coche... dejé el cuarto de la calle de Luzón cuando resultaba demasiado costoso para mí. Tomé otro, y luego, cada pocos años, he ido buscándolos más baratos, hasta tener que refugiarme en este arrabal excéntrico y vulgarote. A cada etapa, a cada escalón, iba perdiendo algo de las cosas buenas y cómodas que me rodeaban. Ya me privaba de mi bodega, bien repuesta de exquisitos vinos; ya de mis tapices flamencos y españoles; después, de mis cuadros; luego, de mis armas preciosísimas, y, por fin, ya no me quedan más que cuatro trastos indecentes... Pero no debo quejarme del rigor de Dios, porque me quedas tú, que vales más que cuantas joyas he perdido.

Afectada por las nobles expresiones del caballero en decadencia, Tristana no supo cómo contestarlas, pues no quería ser esquiva con él, por no parecer ingrata, ni tampoco amable, temerosa de las consecuencias. No se determinó a pronunciar una sola palabra tierna que indicase flaqueza de ánimo, porque no ignoraba el partido que el muy taimado sacaría al instante de tal situación. Por el pensamiento de Garrido cruzó una idea que no quiso expresar. Le amordazaba la delicadeza, en la cual era tan extremado, que ni una sola vez, cuando hablaba de su penuria, sacó a relucir sus sacrificios en pro de la familia de Tristana. Aquella noche sintió cierta comezón de ajustar cuentas de gratitud; pero la frase expiró en sus labios, y sólo con el pensamiento le dijo: «No olvides que casi toda mi fortuna la devoraron tus padres. ¿Y esto no se pesa y se mide también? ¿Ha de ser todo culpa en mí? ¿No se te ocurre que algo hay que echar en el otro platillo? ¿Es esa manera justa de pesar, niña, y de juzgar?».

—Por fin —dijo en alta voz, después de una pausa, en la cual juzgó y pesó la frialdad de su cautiva—, quedamos en que no tienes maldita gana de contarme tu idilio. Eres tonta. Sin hablar, me lo estás contando con la repugnancia que tienes de mí y que no puedes disimular. Entendido, hija, entendido. (*Poniéndola en pie y levantándose él también*). No estoy acostumbrado a inspirar asco, francamente, ni soy hombre que gusta de echar tantos memoriales para obtener lo que le corresponde. No me estimo en tan poco. ¿Qué pensabas? ¿Que te iba a pedir de rodillas...? Guarda tus encantos juveniles para algún otro monigote de estos de ahora, sí, de estos que no podemos llamar hombres sin acortar la palabra o estirar la persona. Vete a tu cuartito y medita sobre lo que hemos hablado. Bien podría suceder que tu idilio me resultara indiferente... mirándolo yo como un medio fácil de que aprendieras, por demostración experimental, lo que va de hombre a hombre... Pero bien podría suceder también que se me indigestara, y que sin atufarme mucho, porque el caso no lo merece, como quien aplasta hormigas, te enseñara yo...

Indignose tanto la niña de aquella amenaza, y hubo de encontrarla tan insolente, que sintió resurgir de su pecho el odio que en ocasiones su tirano le inspiraba. Y como las tumultuosas apariciones de aquel sentimiento le quitaban por ensalmo la cobardía, se sintió fuerte ante él, y le soltó redonda una valiente respuesta:

—Pues mejor: no temo nada. Mátame cuando quieras.

Y don Lope, al verla salir en tan decidida y arrogante actitud, se llevó las manos a la cabeza y se dijo: «No me teme ya. Ciertos son los toros».

En tanto, Tristana corrió a la cocina en busca de Saturna, y entre cuchicheos y lágrimas dio sus órdenes, que, palabra más o menos, eran así:

—Mañana, cuando vayas por la cartita, le dices que no traiga coche, que no salga, que me espere en el estudio, pues allá voy aunque me muera... Oye, adviértele que despida el modelo, si lo tiene mañana, y que no reciba a nadie... que esté solo, vamos... Si este hombre me mata, máteme con razón.

XIII

Y desde aquel día ya no pasearon más.[98]

Pasearon, sí, en el breve campo del estudio, desde el polo de lo ideal al de las realidades; recorrieron toda la esfera, desde lo humano a lo divino, sin poder determinar fácilmente la divisoria entre uno y otro, pues lo humano les parecía del Cielo y lo divino revestíase a sus ojos de carne mortal. Cuando su alegre embriaguez permitió a Tristana enterarse del medio en que pasaba tan dulces horas, una nueva aspiración se reveló a su espíritu, el arte, hasta entonces simplemente soñado por ella, ahora visto de cerca y comprendido. Encendieron su fantasía y embelesaron sus ojos las formas humanas o inanimadas que, traducidas de la Naturaleza, llenaban el estudio de su amante; y aunque antes de aquella ocasión había visto cuadros, nunca vio a tan corta distancia el natural del procedimiento. Y tocaba con su dedito la fresca pasta, creyendo apreciar mejor así los secretos de la obra pintada y sorprenderla en su misteriosa gestación. Después de ver trabajar a Díaz, se prendó más de aquel arte delicioso, que le parecía fácil en su procedimiento, y entráronle ganas de probar también su aptitud. Púsole él en la izquierda mano la paleta, el pincel en la derecha, y la incitó a copiar un trozo. Al principio, ¡ay!, entre risotadas y contorsiones, sólo pudo cubrir la tela de informes manchas; pero al segundo día, ¡caramba!, ya consiguió mezclar hábilmente dos o tres colores y ponerlos en su sitio y aun fundirlos con cierta destreza. ¡Qué risa! ¡Si resultaría que también ella era pintora! No le faltaban, no, disposiciones, porque la mano perdía de hora en hora su torpeza, y si la mano no la ayudaba, la mente iba muy altanera por delante, sabiendo *cómo se hacía*, aunque hacerlo no pudiera. Desalentada ante las dificultades del procedimiento, se impacientaba, y Horacio reía, diciéndole:

—Pues ¿qué crees tú?, ¿que esto es cosa de juego?

---

98 Montserrat Amores and Agustín Sánchez noted that: 'Horacio y Tristana han entrado en una fase más íntima de su relación, idea que Galdós sugiere con una frase que recuerda a un verso del *Infierno* (V, 138). Y es que, en la obra de Dante, la adúltera Francesca da Rimini indica que se convirtió en amante de su cuñado, que solía leer con ella, por medio de la frase "el resto del día no volvimos a leer"' (2008: 88).

Quejábase amargamente de no haber tenido a su lado, en tanto tiempo, personas que supieran ver en ella una aptitud para algo, aplicándola al estudio de un arte cualquiera.

—Ahora me parece a mí que si de niña me hubiesen enseñado el dibujo, hoy sabría yo pintar, y podría ganarme la vida y ser independiente con mi honrado trabajo. Pero mi pobre mamá no pensó más que en darme la educación insustancial de las niñas que aprenden para llevar un buen yerno a casa, a saber: un poco de piano, el indispensable barniz de francés, y qué sé yo... tonterías. ¡Si aun me hubiesen enseñado idiomas, para que, al quedarme sola y pobre, pudiera ser profesora de lenguas...! Luego, este hombre maldito me ha educado para la ociosidad y para su propio recreo, a la turca verdaderamente, hijo... Así es que me encuentro inútil de toda inutilidad. Ya ves, la pintura me encanta; siento vocación, facilidad. ¿Será inmodestia? No, dime que no; dame bombo, anímame... Pues si con voluntad, paciencia y una aplicación continua se vencieran las dificultades, yo las vencería, y sería pintora, y estudiaríamos juntos, y mis cuadros... ¡muérete de envidia!, dejarían tamañitos a los tuyos... ¡Ah, no, eso no; tú eres el rey de los pintores! No, no te enfades; lo eres, porque yo te lo digo. ¡Tengo un instinto...! Yo no sabré hacer las cosas, pero las sé juzgar.

Estos alientos de artista, estos arranques de mujer superior, encantaban al buen Díaz, el cual, a poco de aquellos íntimos tratos, empezó a notar que la enamorada joven se iba creciendo a los ojos de él y le empequeñecía. En verdad que esto le causaba sorpresa, y casi casi empezaba a contrariarle, porque había soñado en Tristana la mujer subordinada al hombre en inteligencia y en voluntad, la esposa que vive de la savia moral e intelectual del esposo, y que con los ojos y con el corazón de él ve y siente. Pero resultaba que la niña discurría por cuenta propia, lanzándose a los espacios libres del pensamiento, y demostraba las aspiraciones más audaces.

—Mira, hijo de mi alma —le decía en aquellas divagaciones deliciosas que les columpiaban desde los transportes del amor a los problemas más graves de la vida—, yo te quiero con toda mi alma; segura estoy de no poder vivir sin ti. Toda mujer aspira a casarse con el hombre que ama; yo, no. Según las reglas de la sociedad, estoy ya imposibilitada de casarme. No podría hacerlo, ni aun contigo, con la frente bien alzada, pues por muy bueno que conmigo fueras, siempre tendría ante ti cierto resquemor de haberte dado menos de lo que mereces, y temería que tarde o temprano, en un momento de mal humor o de cansancio, me dijeras que habías tenido que cerrar los ojos para ser mi marido... No, no. ¿Será esto orgullo, o qué será? Yo te quiero y te querré siempre; pero deseo ser libre. Por eso ambiciono un medio de vivir; cosa difícil, ¿verdad? Saturna me pone en solfa, y dice que no hay más que tres carreras para las mujeres: el matrimonio, el teatro y... Ninguna de las tres me hace gracia. Buscaremos otra. Pero yo pregunto: ¿es locura poseer un arte, cultivarlo y vivir de él? ¿Tan poco entiendo del mundo que tengo por posible lo imposible? Explícamelo tú, que sabes más que yo.

Y Horacio, apuradísimo, después de muchos rodeos, concluía por hacer suya la afirmación de Saturna.

—Pero tú —agregaba—, eres una mujer excepcional, y esa regla no va contigo. Tú, encontrarás la fórmula, tú resolverás quizá el problema endiablado de la mujer libre...[99]

—Y honrada, se entiende, porque también te digo que no creo faltar a la honradez queriéndote, ya vivamos o no juntos... Vas a decirme que he perdido toda idea de moralidad.

—No, por Dios. Yo creo...

—Soy muy mala yo. ¿No lo habías conocido? Confiésame que te has asustado un poquitín al oírme lo último que te he dicho. Hace tiempo, mucho tiempo, que sueño con esta libertad honrada; y desde que te quiero, como se me ha despertado la inteligencia, y me veo sorprendida por rachas de saber que me entran en el magín, lo mismo que el viento por una puerta mal cerrada, veo muy claro eso de la honradez libre. Pienso en esto a todas horas, pensando en ti, y

---

[99] Farris Anderson has discussed the reception of the novel and the rights of women: 'It would appear that *Tristana* has frequently been defined by what it is not, rather than by what it is. A tone of "disappointment", to use Roberto Sánchez's term, rather a spirit of analysis, has characterized much of the criticism written on Tristan. This viewpoint is understandable. In comparison to other of the *Novelas Contemporáneas*, *Tristana* is vague in its chronology and sparse in details of social and political history. Setting is not always well defined. The novel has few characters, and the main one, whose name vaguely affiliates her with a remote time, is a confused young woman who never succeeds in defining herself as a human personality. In less conspicuous ways, her two male companions are also studies in unrealized projects. In the light of the lush detail of Galdós' earlier novels, and of *Misericordia*, *Tristana* may indeed appear incomplete and defective' (1985: 61).

no ceso de echar pestes contra los que no supieron enseñarme un arte, siquiera un oficio, porque si me hubieran puesto a ribetear zapatos, a estas horas sería yo una buena oficiala, y quizás maestra. Pero aún soy joven. ¿No te parece a ti que soy joven? Veo que pones carita burlona. Eso quiere decir que soy joven para el amor, pero que tengo los huesos duros para aprender un arte. Pues mira, me rejuveneceré; me quitaré años; volveré a la infancia, y mi aplicación suplirá el tiempo perdido. Una voluntad firme lo vence todo, ¿no lo crees tú así?

Subyugado por tanta firmeza, Horacio se mostraba más amante cada día, reforzando el amor con la admiración. Al contacto de la fantasía exuberante de ella, despertáronse en él poderosas energías de la mente; el ciclo de sus ideas se agrandó, y comunicándose de uno a otro el poderoso estímulo de sentir fuerte y pensar hondo, llegaron a un altísimo grado de tempestuosa embriaguez de los sentidos, con relámpagos de atrevidas utopías eróticas y sociales. Filosofaban con peregrino desenfado entre delirantes ternuras, y, vencidos del cansancio, divagaban lánguidamente hasta perder el aliento. Callaban las bocas, y los espíritus seguían aleteando por el espacio.

En tanto, nada digno de referirse ocurría en las relaciones de Tristana con su señor, el cual había tomado una actitud observadora y expectante, mostrándose con ella muy atento, mas no cariñoso. Veíala entrar tarde algunas noches, y atentamente la observaba; mas no la reprendía, adivinando que, al menor choque, la esclava sabría mostrar intenciones de no serlo. Algunas noches charlaron de diversos asuntos, esquivando don Lope, con fría táctica, el tratar del idilio; y tal viveza de espíritu mostraba la niña, de tal modo se transfiguraba su nacarado rostro de dama japonesa al reflejar en sus negros ojos la inteligencia soberana, que don Lope, refrenando sus ganas de comérsela a besos, se llenaba de melancolía, diciendo para su sayo: «*Le ha salido* talento... Sin duda ama».

No pocas veces la sorprendió en el comedor, a horas desusadas, bajo el foco luminoso de la lámpara colgante, dibujando el contorno de alguna figura en grabado o copiando cualquier objeto de los que en la estancia había.

—Bien, bien —le dijo a la tercera o cuarta vez que la encontró en semejante afán—. Adelantas, hija, adelantas. De anteanoche acá noto una gran diferencia.

Y encerrándose en su alcoba con sus melancolías, el pobre galán decadente exclamaba, dando un puñetazo sobre la mesa:

—Otro dato. El tal es pintor.

Pero no quería meterse en averiguaciones directas, por creerlas ofensivas a su decoro e impropias de su nunca profanada caballerosidad. Una tarde, no obstante, en la plataforma del tranvía, charlando con uno de los cobradores, que era su amigo, le preguntó:

—Pepe, ¿hay por aquí algún estudio de pintor?

Precisamente en aquel instante pasaban frente a la calle transversal, formada por edificios nuevos de pobretería, destacándose entre ellos una casona de ladrillo al descubierto, grande y de provecho, rematada en una especie de estufa, como taller de fotógrafo o de artista.

—Allí —dijo el cobrador— tenemos al señor de Díaz, retratista al óleo...

—¡Ah!, sí, le conozco —replicó don Lope—. Ese que...

—Ese que va y viene por mañana y tarde. No duerme aquí. ¡Guapo chico!

—Sí, ya sé... Moreno, chiquitín.

—No, es alto.

—Alto, sí; pero un poco cargado de espaldas.

—No, garboso.

—Justo, con melenas...

—Si lleva el pelo al rape.

—Se lo habrá cortado ahora. Parece de esos italianos que tocan el arpa.

—No sé si toca el arpa. Pero es muy aplicado a los pinceles. A un compañero nuestro le llevó de modelo para apóstol... Crea usted que le sacó hablando.

—Pues yo pensé que pintaba paisajes.

—También... y caballerías... Flores retrata que parecen vivas; frutas bien maduras, y codornices muertas. De todo propiamente. Y las mujeres en cueros que tiene en el estudio le ponen a uno encandilado.

—¿También niñas desnudas?

—O a medio vestir, con una tela que tapa y no tapa. Suba y véalo todo, don Lope. Es buen chico ese don Horacio, y le recibirá bien.

—Yo estoy curado de espanto, Pepe. No sé admirar esas hembras pintadas. Me han gustado siempre más las vivas. Vaya... con Dios.

XIV

Justo es decir que la serie borrascosa de turcas de amor cogidas por el espiritual artista en aquella temporada le desviaron de su noble profesión. Pintaba poco, y siempre sin modelo: empezó a sentir los remordimientos del trabajador, esa pena que causan los trozos sin concluir pidiendo hechura y encaje; mas entre el arte y el amor prefería este, por ser cosa nueva en él, que despertaba las emociones más dulces de su alma; un mundo recién descubierto, florido, exuberante, riquísimo, del cual había que tomar posesión, afianzando sólidamente en él la planta de geógrafo y de conquistador. El arte ya podía esperar; ya volvería cuando las locas ansias se calmasen; y se calmarían, tomando el amor un carácter pacífico, más de colonización reposada que de furibunda conquista. Creía sinceramente el bueno de Horacio que aquel era el amor de toda su vida, que ninguna otra mujer podría agradarle ya, ni sustituir en su corazón a la exaltada y donosa Tristana; y se complacía en suponer que el tiempo iría templando en ella la fiebre de ideación, pues para esposa o querida perpetua tal flujo de pensar temerario le parecía excesivo. Esperaba que su constante cariño y la acción del tiempo rebajarían un poco la talla imaginativa y razonante de su ídolo, haciéndola más mujer, más domestica, más corriente y útil.

Esto pensaba, mas no lo decía. Una noche que juntos charlaban, mirando la puesta del sol y saboreando la dulcísima melancolía de una tarde brumosa, se asustó Díaz de oírla expresarse en estos términos:

—Es muy particular lo que me pasa: aprendo fácilmente las cosas difíciles; me apropio las ideas y las reglas de un arte... hasta de una ciencia, si me apuras; pero no puedo enterarme de las menudencias prácticas de la vida. Siempre que compro algo, me engañan; no sé apreciar el valor de las cosas; no tengo ninguna idea de gobierno, ni de orden, y si Saturna no se entendiera con todo en mi casa, aquello sería una leonera. Es indudable que cada cual sirve para una cosa; yo podré servir para muchas, pero para esa está visto que no valgo. Me parezco a los hombres en que ignoro lo que cuesta una arroba[100] de patatas y un quintal[101] de carbón. Me lo ha dicho Saturna mil veces, y por un oído me entra y por otro me sale. ¿Habré nacido para gran señora? Puede que sí. Como quiera que sea, me conviene aplicarme, aprender todo eso, y, sin perjuicio de poseer un arte, he de saber criar gallinas y remendar la ropa. En casa trabajo mucho, pero sin iniciativa. Soy pincha de Saturna, la ayudo, barro, limpio y fregoteo, eso sí; pero ¡desdichada casa si yo mandara en ella! Necesito aprenderlo, ¿verdad? El maldito don Lope ni aun eso se ha cuidado de enseñarme. Nunca he sido para él más que una circasiana[102] comprada para su recreo, y se ha contentado con verme bonita, limpia y amable.

Respondiole el pintor que no se apurara por adquirir el saber doméstico, pues fácilmente se lo enseñaría la práctica.

—Eres una niña —agregó—, con muchísimo talento y grandes disposiciones. Te falta sólo el pormenor, el conocimiento menudo que dan la independencia y la necesidad.

—Un recelo tengo —dijo Tristana, echándole al cuello los brazos—: que dejes de quererme por no saber yo lo que se puede comprar con un duro... porque temas que te convierta la casa en una escuela de danzantes. La verdad es que si pinto como tú o descubro otra profesión en que pueda lucir y trabajar con fe, ¿cómo nos vamos a arreglar, hijo de mi vida? Es cosa que espanta.

Expresó su confusión de una manera tan graciosa, que Horacio no pudo menos de soltar la risa.

—No te apures, hija. Ya veremos. Me pondré yo las faldas. ¡Qué remedio hay!

—No, no —dijo Tristana, alzando un dedito y marcando con él las expresiones de un modo muy salado— Si encuentro mi manera de vivir, viviré sola. ¡Viva la independencia!... sin perjuicio de amarte y de ser siempre tuya. Yo me entiendo: tengo acá mis ideítas. Nada de matrimonio, para no andar a la greña por aquello de quién tiene las faldas y quién no. Creo que has de quererme menos si me haces tu esclava; creo que te querré poco si te meto en un puño. Libertad honrada es mi

---

100 A weight of around 25 pounds.
101 hundredweight.
102 Circassia is a region and historical country in the North Caucasus and along the northeast shore of the Black Sea. Circassian women were legendary for their beauty. In the nineteenth century, they were still sold as slaves.

tema... o si quieres, mi dogma. Ya sé que es difícil, muy difícil, porque la *sociedaz*, como dice Saturna... No acabo de entenderlo... Pero yo me lanzo al ensayo... ¿Que fracaso? Bueno. Y si no fracaso, hijito, si me salgo con la mía, ¿qué dirás tú? ¡Ay!, has de verme en mi casita, sola, queriéndote mucho, eso sí, y trabajando, trabajando en mi arte para ganarme el pan; tú en la tuya, juntos a ratos, separados muchas horas, porque... ya ves, eso de estar siempre juntos, siempre juntos, noche y día, es así, un poco...

—¡Qué graciosa eres y re-cuantísimo te quiero! No paso por estar separado de ti parte del día. Seremos dos en uno, los hermanos siameses; y si quieres hacer el marimacho, anda con Dios... Pero ahora se me ocurre una grave dificultad. ¿Te la digo?

—Sí, hombre, dila.

—No, no quiero. Es pronto.

—¿Cómo pronto? Dímela, o te arranco una oreja.

—Pues yo... ¿Te acuerdas de lo que hablábamos anoche?

—Chi.[103]

—Que no te acuerdas.

—Que sí, bobillo. ¡Tengo yo una memoria...! Me dijiste que para completar la ilusión de tu vida deseabas...

—Dilo.

—No, dilo tú.

—Deseaba tener un chiquillín.

—¡Ay! No, no; le querría yo tanto, que me moriría de pena si me le quitaba Dios. Porque se mueren todos (*con exaltación*). ¿No ves pasar continuamente los carros fúnebres con las cajitas blancas? ¡Me da una tristeza!... Ni sé para qué permite Dios que vengan al mundo, si tan pronto se los ha de llevar... No, no; niño nacido es niño muerto... y el nuestro se moriría también. Más vale que no lo tengamos. Di que no.

—Digo que sí. Déjalo, tonta. ¿Y por qué se ha de morir? Supón que vive... y aquí entra el problema. Puesto que hemos de vivir separados, cada uno en su casa, independiente yo, libre y honrada tú, cada cual en su hogar honradísimo y librísimo... digo, libérrimo, ¿en cuál de los hogares vivirá el angelito?

Tristana se quedó absorta, mirando las rayas del entarimado. No se esperaba la temida proposición, y al pronto no encontró manera de

103 'Sí': yes.

resolverla. De súbito, congestionado su pensamiento con un mundo de ideas que en tropel la asaltaron, echose a reír, bien segura de poseer la verdad, y la expresó en esta forma:

—Toma, pues conmigo, conmigo... ¿Qué duda puede haber? Si es mío, mío, ¿con quién ha de estar?

—Pero como será mío también, como será de los dos...

—Sí... pero... te diré... tuyo, porque... vamos, no lo quiero decir... Tuyo, sí; pero es más mío que tuyo. Nadie puede dudar que es mío, porque la Naturaleza, de mí propia lo arranca. Lo de tuyo es indudable; pero... no consta tanto, para el mundo, se entiende... ¡Ay!, no me hagas hablar así ni dar estas explicaciones.

—Al contrario, mejor es explicarlo todo. Nos encontramos en tal situación, que yo pueda decir: mío, mío.

—Más fuerte lo podré decir yo: mío, mío y eternamente mío.

—Y mío también.

—Convengo; pero...

—No hay pero que valga.

—No me entiendes. Claro que es tuyo... Pero me pertenece más a mí.

—No, por igual.

—Calla, hombre; por igual, nunca. Bien lo comprendes: podría haber otros casos en que... Hablo en general.

—No hablamos sino en particular.

—Pues en particular te digo que es mío y que no lo suelto, ¡ea!

—Es que... veríamos...

—No hay veríamos que valga.

—Mío, mío.

—Tuyo, sí; pero... fíjate bien... quiero decir que eso de tuyo no es tan claro, en la generalidad de los casos. Luego, la Naturaleza me da más derechos que a ti... Y se llamará como yo, con mi apellido nada más. ¿Para qué tanto ringorrango?

—Tristana, ¿qué dices? (*incomodándose*).

—Pero qué, ¿te enojas? Hijo, si tú tienes la culpa. ¿Para qué me...? No, por Dios, no te enfades. Me vuelvo atrás, me desdigo...

La nubecilla pasó, y pronto fue todo claridad y luz en el cielo de aquellas dichas, ligeramente empañado. Pero Díaz quedó un poco triste. Con sus dulces carantoñas quiso Tristana disipar aquella fugaz aprensión, y más mona y hechicera que nunca, le dijo:

—¡Vaya, que reñir por una cosa tan remota, por lo que quizá no suceda! Perdóname. No puedo remediarlo. Me salen ideas como me podrían salir granos en la cara. Yo, ¿qué culpa tengo? Cuando menos se piensa, pienso cosas que no debe una pensar... Pero no hagas caso. Otra vez, coges un palito y me pegas. Considera esto como una enfermedad nerviosa o cerebral, que se corrige con unturas de vara de fresno. ¡Qué tontería, afanarnos por lo que no existe, por lo que no sabemos si existirá, teniendo un presente tan fácil, tan bonito, para gozar de él!

XV

Bonito, realmente bonito a no poder más era el presente, y Horacio se extasiaba en él, como si transportado se viera a un rincón de la eterna gloria. Mas era hombre de carácter grave, educado en la soledad meditabunda, y por costumbre medía y pesaba todas las cosas previendo el desarrollo posible de los sucesos. No era de estos que fácilmente se embriagan con las alegrías sin ver el reverso de ellas. Su claro entendimiento le permitía analizarse con observación segura, examinando bien su ser inmutable al través de los delirios o tempestades que en él se iban sucediendo. Lo primero que encontró en aquel análisis fue la seducción irresistible que la damita japonesa sobre él ejercía, fenómeno que en él era como una dulce enfermedad, de que no quería en ningún modo curarse. Consideraba imposible vivir sin sus gracias, sin sus monerías inenarrables, sin las mil formas fascinadoras que la divinidad tomaba en ella al humanizarse. Encantábale su modestia cuando humilde se mostraba, y su orgullo cuando se embravecía. Sus entusiasmos locos y sus desalientos o tristezas le enamoraban del mismo modo. Jovial, era deliciosa la niña; enojada, también. Reunía un sin fin de dotes y cualidades, graves las unas, frívolas y mundanas las otras; a veces su inteligencia juzgaba de todo con claro sentido, a veces con desvarío seductor. Sabía ser dulce y amarga, blanda y fresca como el agua, ardiente como el fuego, vaga y rumorosa como el aire. Inventaba travesuras donosas, vistiéndose con los trajes de los modelos, e improvisando monólogos o comedias en que ella sola hacía dos o tres personajes; pronunciaba discursos saladísimos; remedaba a su viejo don Lope; y, en suma, tales talentos y donaires iba sacando, que el buen Díaz, enamorado como un salvaje, pensaba que su amiguita compendiaba y resumía todos los dones concedidos a la naturaleza mortal.

Pues en el ramo, si así puede llamarse, de la ternura, era la señorita de Reluz igualmente prodigiosa. Sabía expresar su cariño en términos siempre nuevos; ser dulce sin empalagar, candorosa sin insulsez, atrevidilla sin asomos de corrupción, con la sinceridad siempre por delante, como la primera y más visible de sus infinitas gracias. Y Horacio, viendo además en ella algo que sintomatizaba el precioso mérito de la constancia, creía que la pasión duraría en ambos tanto como la vida, y aún más; porque, como creyente sincero, no daba por extinguidos sus ideales en la obscuridad del morir.

El arte era el que salía perdiendo con estas pasiones eternas y estos crecientes ardores. Por la mañana se entretenía pintando flores o animales muertos. Llevábanle el almuerzo del merendero del Riojano, y comía con voracidad, abandonando los restos en cualquier mesilla del estudio. Este ofrecía un desorden encantador, y la portera, que intentaba arreglarlo todas las mañanas, aumentaba la confusión y el desarreglo. Sobre el ancho diván veíanse libros revueltos, una manta morellana;[104] en el suelo, las cajas de color, tiestos, perdices muertas; sobre las corvas sillas, tablas a medio pintar, más libros, carpetas de estampas; en el cuartito anexo destinado a lavatorio y a guardar trastos, más tablitas, el jarro del agua con ramas de arbustos puestas a refrescar, una bata de Tristana colgada de la percha, y lindos trajes esparcidos por doquiera; un alquicel árabe, un ropón japonés, antifaces, quirotecas, chupas y casacas bordadas, pelucas, babuchas de odalisca y delantales de campesina romana. Máscaras griegas de cartón, y telas de casullas decoraban las paredes, entre retratos y fotografías mil de caballos, barcos, perros y toros.

Después de almorzar esperó Díaz una media hora, y como su amada no pareciera, se impacientó, y para entretenerse se puso a leer a Leopardi.[105] Sabía con perfección castiza el italiano, que le enseñó su madre, y aunque en el largo espacio de la tiranía del abuelo se le olvidaron algunos giros, la raíz de aquel conocimiento vivió siempre en él, y en Venecia, Roma y Nápoles se adestró de tal modo, que fácilmente pasaba por italiano en cualquier parte, aun en la misma Italia. Dante[106] era su única pasión literaria. Repetía, sin olvidar un solo verso, cantos enteros del *Infierno* y *Purgatorio*. Dicho se está que, casi

---

104 The Morella blanket is unique in its design, its horizontal stripes, and combination of colours. During the nineteenth and early twentieth centuries, the population of Morella (Castellón) lived exclusively from textile production and derivatives such as dyeing.
105 Giacomo Leopardi (1798–1837) was an Italian poet, philosopher, essayist, and philologist. Although he lived in a secluded town in the ultra-conservative Papal States, he came in contact with the main thinkers of the Enlightenment, and, by his own literary evolution, created a remarkable and renowned poetic work, related to the Romantic era.
106 Durante Alighieri, called simply Dante (1265–1321), was a major Italian poet of the Middle Ages. His *Divine Comedy* was originally called *Comedia* and later called *Divina* by Boccaccio.

sin proponérselo, dio a su amiguita lecciones del *bel parlare*.[107] Con su asimilación prodigiosa, Tristana dominó en breves días la pronunciación, y leyendo a ratos como por juego, y oyéndole leer a él, a las dos semanas recitaba con admirable entonación de actriz consumada el pasaje de Francesca,[108] el de Ugolino y otros.

Pues, a lo que iba: engañaba Horacio el tiempo leyendo al melancólico poeta de Recanati,[109] y se detenía meditabundo ante aquel profundo pensamiento: *e discoprendo, solo il nulla s'accresce*[110] cuando sintió los pasitos que anhelaba oír; y ya no se acordó de Leopardi ni se cuidó de que *il nulla* creciera o menguara *discoprendo*.

¡Gracias a Dios! Tristana entró con aquella agilidad infantil que no cedía ni al cansancio de la interminable escalera, y se fue derecha a él para abrazarle, cual si hubiera pasado un año sin verle.

—¡Rico, facha, cielo, pintamonas, qué largo el tiempo de ayer a hoy! Me moría de ganas de verte... ¿Te has acordado de mí? ¿A que no has soñado conmigo como yo contigo? Soñé que... no te lo cuento. Quiero hacerte rabiar.

—Eres más mala que un tabardillo. Dame esos morros, dámelos o te estrangulo ahora mismo.

—¡Sátrapa, corso, gitano! (*cayendo fatigada en el diván*). No me engatusas con tu *parlare honesto*...[111] ¡Eh!, *sella el labio... Denantes que del sol la crencha rubia*...[112] ¡Jesús mío, cuantísimo disparate! No hagas

---

107 Note the irony of the expression *bel parlare*, which reminds the reader of the term *bel canto* that is used to refer to the opera.
108 Montserrat Amores and Agustín Sánchez have noted that: 'A Francesca da Rimini la citará a menudo Tristana, castellanizando su nombre por medio de formas como *Paca da Rímini* y *Paquita de Rímini*. La historia del personaje se relata en el *Infierno*: Francesca fue infiel a su marido con su cuñado Paolo, al que besó por vez primera mientras leía con él la historia de Lanzarote. Al saberse engañado, el marido de Francesca mató a los amantes, que acabaron en el infierno. Junto a Francesca, Galdós cita al conde Ugolino della Gherardesca, quien, según Dante, fue encerrado en una torre por motivos políticos para que muriera de hambre junto a sus hijos' (2008: 103).
109 The narrator refers to Leopardi, who was born in Recanati.
110 'Y, descubriendo, sólo la nada se acrecienta': 'and, discovering, just nothing grows' is a verse from the poem 'A Angelo Mai' written by Leopardi. Here, the poet asserts that any attempt to gain knowledge is condemned to fail.
111 Here we find a reference to *Inferno* (II, 113) where Beatrice, Dante's love, says to Virgil that she trusts his honest and wise speech (*parlare onesto*).
112 Verses from the ode 'La victoria de Bailén' (1850) written by Emilio Olloqui. 'Crencha' means hair parting.

caso; estoy loca; tú tienes la culpa. ¡Ay, tengo que contarte muchas cosas, *carino*!¹¹³ ¡Qué hermoso es el italiano y qué dulce, que grato al alma es decir *mio diletto*!¹¹⁴ Quiero que me lo enseñes bien y seré profesora. Pero vamos a nuestro asunto. Ante todo, respóndeme: *¿la jazemos?*¹¹⁵

Bien demostraba esta mezcla de lenguaje chocarrero y de palabras italianas, con otras rarezas de estilo que irán saliendo, que se hallaban en posesión de ese vocabulario de los amantes, compuesto de mil formas de lenguaje sugeridas por cualquier anécdota picaresca, por este o el otro chascarrillo, por la lectura de un pasaje grave o de algún verso célebre. Con tales accidentes se enriquece el diccionario familiar de los que viven en comunidad absoluta de ideas y sentimientos. De un cuento que ella oyó a Saturna salió aquello de ¿la jazemos?, manera festiva de expresar sus proyectos de fuga; y de otro cuentecillo chusco que Horacio sabía, salió el que Tristana no le llamase nunca por su nombre, sino con el de *señó Juan*, que era un gitano muy bruto y de muy malas pulgas. Sacando la voz más bronca que podía, cogíale Tristana de una oreja, diciéndole: —*Señó Juan, ¿me quieres?*

Rara vez la llamaba él por su nombre. Ya era *Beatrice*, ya *Francesca*, o más bien la *Paca de Rímini*; a veces *Chispa*, o *señá Restituta*. Estos motes y los terminachos grotescos o expresiones líricas, que eran el saborete de su apasionada conversación, variaban cada pocos días, según las anécdotas que iban saliendo.

—*La jaremos* cuando tú dispongas, querida Restituta —replicó Díaz—. ¡Si no deseo otra cosa...! ¿Crees tú que puede un hombre estar de *amor extático*¹¹⁶ tanto tiempo?... Vámonos: *para ti la jaca torda, la que, cual dices tú, los campos borda...*¹¹⁷

—Al extranjero, al extranjero (*palmoteando*). Yo quiero que tú y yo seamos extranjeros en alguna parte, y que salgamos del bracete sin que nadie nos conozca.

---

113 'dear'.
114 'my love'.
115 Note the ironical jump from Dante and the Italian to regional and colloquial Spanish. It is a joke between Tristana and Horacio – 'jazemos' is the literal transcription of the vulgar Andalusian pronunciation of the word 'hacemos'.
116 Reference to 'extático de amor' present in the poem 'La partida' written by Juan Meléndez Valdés in the eighteenth century.
117 Verses from *Don Álvaro o la fuerza del sino* (1835), a romantic drama written by the Duque de Rivas. In that passage, Don Álvaro offers his lover a horse to run away from her father's house (I, 7, 273–275).

—Sí, mi vida. *¡Quién te verá a ti...!*
—Entre los franceses (*cantando*) y entre los ingleses... Pues te diré. Ya no puedo resistir más a *mi tirano de Siracusa*.[118] ¿Sabes? Saturna no le llama sino don *Lepe*,[119] y así le llamaré yo también. Ha tomado una actitud patética. Apenas me habla, de lo que me alegro mucho. Se hace el interesante, esperando que yo me enternezca. Anoche, verás, estuvo muy amable conmigo, y me contó algunas de sus aventuras. Piensa sin duda el muy pillo que con tales ejemplos se engrandece a mis ojos; pero se equivoca. No puedo verle. Hay días en que me toca mirarle con lástima; días en que me toca aborrecerle, y anoche le aborrecí, porque en la narración de sus trapisondas, que son tremendas, tremendísimas, veía yo un plan depravado para encenderme la imaginación. Es lo más zorro que hay en el mundo. A mí me dieron ganitas de decirle que no me interesa más aventura que la de mi *señó Juan* de mi alma, a quien adoro con todas mis *potencias irracionales*, como decía el otro.[120]

—Pues te digo la verdad: me gustaría oírle contar a don Lope sus historias galantes.

—Como bonitas, cree que lo son. ¡Lo de la marquesa del Cabañal es de lo más chusco...! El marido mismo, más celoso que Otelo,[121] le llevaba... Pero si me parece que te lo he contado. ¿Pues y cuando robó del convento de San Pablo en Toledo a la monjita?... El mismo año mató en duelo al general que se decía esposo de la mujer más virtuosa de España, y la tal se escapo con don Lope a Barcelona. Allí tuvo este siete aventuras en un mes, todas muy novelescas. Debía de ser atrevido el hombre, muy bien plantado, y muy bravo para todo.

—Restituta, no te entusiasmes con tu Tenorio arrumbado.

—Yo no me entusiasmo más que con este pintamonas. ¡Qué mal gusto tengo! Miren esos ojos... ¡ay qué feos y qué sin gracia! ¿Pues y

---

118 The Sicilian city of Syracuse was famous in ancient times for its tyrants.
119 Note the humorous distortion of the name. Playing with the names of characters is a common feature in Galdós' works.
120 She refers to the Aristotelian notion of 'irrational potencies'. Tristana attempts to explain that she loves with all the strength of her soul.
121 *The Tragedy of Othello, the Moor of Venice* is a tragedy by William Shakespeare, believed to have been written in approximately 1603, and based on the short story *Un Capitano Moro* (*A Moorish Captain*) by Cinthio, a disciple of Boccaccio, first published in 1565. The work revolves around four central characters: Othello, a Moorish general in the Venetian army; his beloved wife, Desdemona; his loyal lieutenant, Cassio; and his trusted but unfaithful ensign, Iago.

esa boca?, da asco mirarla; y ese aire tan desgarbado... uf, no sé cómo te miro. No; si ya me repugnas, quítate de ahí.

—¡Y tú qué horrible!... Con esos dientazos de jabalí y esa nariz de remolacha, y ese cuerpo de botijo. ¡Ay, tus dedos son tenazas!

—Tenazas, sí, tenazas de *jierro*,[122] para arrancarte tira a tira toda tu piel de burro, ¿Por qué eres así? *Gran Dio, morir si giovine*![123]

—Mona, más mona que los Santos Padres, y más hechicera que el Concilio de Trento y que don Alfonso el Sabio...[124] oye una cosa que se me ocurre. ¿Si ahora se abriera esa puerta y apareciera tu don Lope...?

—¡Ay! Tú no conoces a don *Lepe*. Don *Lepe* no viene aquí, ni por nada del mundo hace él el celoso de comedia. Creería que su caballerosidad se llenaba de oprobio. Fuera de la seducción de mujeres más o menos virtuosas, es todo dignidad.

—¿Y si entrara yo una noche en tu casa y él me sorprendiera allí?

—Entonces, puede que, como medida preventiva, te partiera en dos pedazos, o convirtiera tu cráneo en hucha para guardar todas las balitas de su revólver. Con tanta caballerosidad, sabe ser muy bruto cuando le tocan el punto delicado. Por eso más vale que no vayas. Yo no sé cómo ha sabido esto; pero ello es que lo sabe. De todo se entera el maldito, con su sagacidad de perro viejo y su experiencia de maestro en picardías. Ayer me dijo con retintín: «¿Con que pintorcitos tenemos?». Yo no le contesté. Ya no le hago caso. El mejor día entra en casa, y el pájaro voló... *Ahi Pisa, vituperio delle genti*.[125] ¿A dónde nos vamos, hijo de mi alma? ¿A *dó* me conducirás? (*cantando*). *La cidarem la mano*...[126] Sé que no hay congruencia en nada de lo que digo. Las ideas se me atropellan aquí disputándose cuál sale primero, como cuando se agolpa el gentío a la puerta de una iglesia y se estrujan y se... Quiéreme, quiéreme mucho, que todo lo demás es música. A veces

---

122 'hierro': iron.
123 'Gran Dios, morir tan joven': famous sentence from the third act of the opera *La Traviata* (1843) by Giuseppe Verdi.
124 Horacio ironically compares the virtues of Tristana with the 'Santos Padres', Council of Trent (1562–63) which defended Catholicism against Lutheran reform, and with King Alfonso X, called the Wise, who was author of a very important medieval text called *Cantigas de Santa María*.
125 '¡Ay Pisa, vergüenza de las gentes!' (*Inferno*, XXXIII, 79).
126 'Allí nos daremos la mano'. Verse from *Don Giovanni* (I, 9), opera composed by Mozart and libretto by Lorenzo da Ponte based on the play by Tirso de Molina, *El burlador de Sevilla y convidado de piedra*, first published in Spain around 1630.

se me ocurren ideas tristes; por ejemplo, que seré muy desgraciada, que todos mis sueños de felicidad se convertirán en humo. Por eso me aferro más a la idea de conquistar mi independencia y de arreglármelas con mi ingenio como pueda. Si es verdad que tengo algún pesquis, ¿por qué no he de utilizarlo dignamente, como otras explotan la belleza o la gracia?

—Tu deseo no puede ser más noble —díjole Horacio meditabundo—. Pero no te afanes, no te aferres tanto a esa aspiración, que podría resultar impracticable. Entrégate a mí sin reserva. ¡Ser mi compañera de toda la vida; ayudarme y sostenerme con tu cariño!... ¿te parece que hay un oficio mejor ni arte más hermoso? Hacer feliz a un hombre que te hará feliz, ¿qué más?

—¡Qué más! (*mirando al suelo*). *Diverse lingue, orribile favelle... parole di dolore, accenti d'ira...*[127] Ya, ya; la congruencia es la que no parece... *Señó Juan*, ¿me quieres mucho? Bueno; has dicho: «¿qué más?». Nada, nada. Me conformo con que no haya más. Te advierto que soy una calamidad como mujer casera. No doy pie con bola, y te ocasionaré mil desazones. Y fuera de casa, en todo menester de compras o negocios menudos de mujer, también soy de oro. ¡Con decirte que no conozco ninguna calle ni sé andar sola sin perderme! El otro día no supe ir de la Puerta del Sol a la calle de Peligros, y recalé allá por la plaza de la Cebada. No tengo el menor sentido topográfico. El mismo día, al comprar unas horquillas en el Bazar,[128] di un duro y no me cuidé de recoger la vuelta. Cuando me acordé, ya estaba en el tranvía... por cierto que, me equivoqué y me metí en el del barrio. De todo esto y de algo más que observo en mí, deduzco... ¿En qué piensas? ¿Verdad que nunca querrás a nadie más que a tu *Paquita de Rímini*?... Pues sigo diciéndote... No, no te lo digo.

—Dime lo que pensabas (*incomodándose*). He de quitarte esa pícara costumbre de decir las cosas a medias...

—Pégame, hombre, pega... rómpeme una costilla. ¡Tienes un geniazo!... *ni del dorado techo... se admira, fabricado... del sabio moro,*

---

127 'Diversas lenguas, horribles disputas,/ palabras de dolor, acentos de ira'. Dante's words when he enters the *Inferno* (III, 25–26).
128 *El Gran Bazar de la Unión* (known also as *Bazar de la Unión*) was a famous shop in nineteenth-century Madrid located close to the Puerta del Sol at number one Calle Mayor.

en jaspes sustentado.[129] Tampoco esto tiene congruencia.

—Maldita. ¿Qué ha de tener?

—Pues *direte, Inés, la cosa...*[130] Oye. (*Abrazándole*). Lo que he pensado de mí, estudiándome mucho, porque yo me estudio, ¿sabes?, es que sirvo, que podré servir para las cosas grandes; pero que decididamente no sirvo para las pequeñas.

Lo que Horacio le contestó perdiose en la oleada de ternezas que vino después, llenando de vagos rumores la plácida soledad del estudio.

---

129 Verses from 'Oda a la vida retirada' written by fray Luis de León (1527–91).
130 Third verse from the poem 'Cena jocosa' by Baltasar de Alcázar.

XVI

Como contrapeso moral y físico de la enormísima exaltación de las tardes, Horacio, al retirarse de noche a su casa, se derrumbaba en el seno tenebroso de una melancolía sin ideas, o con ideas vagas, toda languidez y zozobra indefinibles. ¿Qué tenía? No le era fácil contestarse.[131] Desde los tiempos de su lento martirio en poder del abuelo, solía padecer fuertes ataques periódicos de *spleen* que se le renovaban en todas las circunstancias anormales de su vida. Y no era que en aquellas horas de recogimiento se hastiara de Tristana, o tuviese dejos amargos de las dulzuras del día, no; la visión de ella le acosaba; el recuerdo fresquísimo de sus donaires ponía en continuo estremecimiento su naturaleza, y antes que buscar un término a tan abrasadoras emociones, deseaba repetirlas, temeroso de que algún día pudieran faltarle. Al propio tiempo que consideraba su destino inseparable del de aquella singular mujer, un terror sordo le rebullía en el fondo del alma, y por más que procuraba, haciendo trabajar furiosamente a la imaginación, figurarse el porvenir al lado de Tristana, no podía conseguirlo. Las aspiraciones de su ídolo a cosas grandes causábanle asombro; pero al querer seguirla por los caminos que ella con tenacidad graciosa señalaba, la hechicera figura se le perdía en un término nebuloso.

No causaron inquietud a doña Trinidad (que así se llamaba la señora con quien Horacio vivía) las murrias de su sobrino, hasta que pasado algún tiempo advirtió en él un aplanamiento sospechoso. Entrábale como un sopor, conservando los ojos abiertos, y no había medio de sacarle del cuerpo una palabra. Veíasele inmóvil en un sillón del comedor, sin prestar la menor atención a la tertulia de dos o tres

---

131 On the use of different narrative perspectives, Francisco Caudet has noted: 'La perspectiva, un elemento esencial de la escritura realista ... tiene como contrapartida dialéctica el acercamiento a lo real a través de la parcelación y la fragmentación. De lo cual deriva el sistema de variaciones temáticas y compositivas, sistema que en Galdós, Flaubert, Stendhal, Zola —y antes que todos ellos, Cervantes—, se manifestó de manera repetitiva y con registros diversos. Ese sistema está a su vez estrechamente ligado al concepto de totalidad o macroestructura que anima, y justifica, el proyecto literario de las *Novelas Contemporáneas* de Galdós, o por citar solamente dos ejemplos de entre los autores antes citados: *La comedia humana* de Balzac y los *Rougon-Macquart* de Zola' (2004: 45).

personas que amenizaban las tristes noches de doña Trini. Era esta de dulcísimo carácter, achacosa, aunque no muy vieja, y derrumbada por los pesares que habían gravitado sobre ella, pues no tuvo tranquilidad hasta que se quedó sin padre y sin marido. Bendecía la soledad, y debía mucha gratitud a la muerte.

De su vida de afanes quedole una debilidad nerviosa, relajación de los músculos de los párpados. No abría los ojos sino a medias, y esto con dificultad en ciertos días, o cuando reinaban determinados aires, llegando a veces al sensible extremo de tener que levantarse el párpado con los dedos si quería ver bien a una persona. Por añadidura, estaba muy delicadita del pecho, y en cuanto entraba el invierno se ponía fatal, ahogada de tos, con horribles frialdades en pies y manos, y todo se le volvía imaginar defensas contra el frío, en la casa como en su persona. Adoraba a su sobrino, y por nada del mundo se separaría de él. Una noche, después de comer, y antes que llegaran los tertulios, doña Trini se sentó, hecha un ovillo, frente a la butaca en que Horacio fumaba, y le dijo:

—Si no fuera por ti, yo no aguantaría las crudezas de este frío maldito que me está matando. ¡Y pensar que con irme a tu casa de Villajoyosa resucitaría! Pero ¿cómo me voy y te dejo aquí solo? Imposible, imposible.

Replicole el sobrino que bien podría irse y dejarle, pues nadie se lo comería.

—¡Quién sabe, quién sabe si te comerán...! Tú andas también delicadillo. No me voy, no me separo de ti por nada de este mundo.

Desde aquella noche empezó una lucha tenaz entre los deseos de emigración de la señora y la pasividad sedentaria del señorito. Anhelaba doña Trini largarse; él también quería que se fuera, porque el clima de Madrid la minaba rápidamente. Habría tenido gusto en acompañarla; pero ¿cómo, ¡santo Dios!, si no veía forma humana de romper su amorosa cadena, ni siquiera de aflojarla?

—Iré a llevarla a usted —dijo a su tía, buscando una transacción—, y me volveré en seguida.

—No, no.

—Iré después a buscarla a usted a la entrada de la primavera.

—Tampoco.

La tenacidad de doña Trini no se fundaba sólo en su horror al invierno, que aquel año vino con espada en mano. Nada sabía concretamente de los devaneos de Horacio; pero sospechaba que algo anormal y peligroso ocurría en la vida del joven y con feliz instinto estimó conveniente llevárselo de Madrid. Alzando la cabeza para mirarle bien, pues aquella noche funcionaban muy mal los párpados, y abrir no podía más que un tercio de ojos, le dijo:

—Pues me parece que en Villajoyosa pintarías como aquí, y aun mejor. En todas partes hay Naturaleza y natural... Y, sobre todo, tontín, allí te librarás de tanto quebradero de cabeza y de las angustias que estás pasando. Te lo dice quien bien te quiere, quien sabe algo de este mundo traicionero. No hay cosa peor que apegarse a un vicio de querer... Despréndete de un tirón. Pon tierra por medio.

Dicho esto, doña Trini dejó caer el párpado, como tronera que se cierra después de salir el tiro. Horacio nada contestó; pero las ideas de su tía quedaron en su mente como semillas dispuestas a germinar. Repitió sus sabias exhortaciones a la siguiente noche la simpática viuda, y a los dos días ya no le pareció al pintor muy disparatada la idea de partir, ni vio, como antes, en la separación de su amada, un suceso tan grave como la rotura del planeta en pedazos mil. De improviso sintió que del fondo de su naturaleza salía un prurito, una reclamación de descanso. Su existencia toda pedía tregua, uno de esos paréntesis que la guerra y el amor suelen solicitar con necesidad imprescindible para poder seguir peleando y viviendo.

La primera vez que comunicó a Tristana los deseos de doña Trini, aquella puso el grito en el Cielo. Él también se indignó; protestaron ambos contra el importuno viaje, y... *antes morir que consentir tiranos.*[132] Mas otro día, tratando de lo mismo, Tristana pareció conformarse. Sentía lástima de la pobre viuda. ¡Era tan natural que no quisiera ir sola...! Horacio afirmó que doña Trini no resistiría en Madrid los rigores del invierno, ni se determinaba a separarse de su sobrino. Mostrose la de Reluz más compasiva, y por fin... ¿Sería que también a ella le pedían el cuerpo y el alma tregua, paréntesis, solución de continuidad?[133] Ni uno ni otro cedían en su amoroso anhelo; pero

---

132 As noted by several critics, Galdós is paraphrasing the verses '¡Antes la muerte/ que consentir jamás ningún tirano' written by Manuel José Quintana, an early nineteenth-century liberal poet.
133 'solución de continuidad': interruption.

la separación no les asustaba; al contrario, querían probar el desconocido encanto de alejarse, sabiendo que era por tiempo breve; probar el sabor de la ausencia, con sus inquietudes, el esperar y recibir cartas,[134] el desearse recíprocamente, y el contar lo que faltaba para tenerse de nuevo.

En resumidas cuentas, que Horacio tomó las de Villadiego. Tierna fue la despedida: se equivocaron, creyéndose con serenidad bastante para soportarla, y al fin se hallaban como condenados al patíbulo. Horacio, la verdad, no se sintió muy pesaroso por el camino, respiraba con desahogo, como jornalero en sábado por la tarde, después de una semana de destajo; saboreaba el descanso moral, el placer pálido de no sentir emociones fuertes. El primer día de Villajoyosa, ninguna novedad ocurrió. Tan conforme el hombre y muy bien hallado con su destierro. Pero al segundo día, aquel mar tranquilo de su espíritu empezó a moverse y picarse con leve ondulación, y luego fue el crecer, el encresparse. A los cuatro días el hombre no podía vivir de soledad, de tristeza, de privación. Todo le aburría: la casa, doña Trini, la parentela. Pidió auxilio al arte, y el arte no le proporcionó más que desaliento y rabia. El paisaje hermosísimo, el mar azul, las pintorescas rocas, los silvestres pinos, todo le ponía cara fosca. La primera carta le consoló en su soledad; no podían faltar en ella ausencias dulcísimas ni aquello tan sobado de *nessun maggior dolore*...[135] ni los términos del vocabulario formado en las continuas charlas de amor. Habían convenido en escribirse dos cartitas por semana, y resultaba carta *todos los días diariamente*, según decía Tristana. Si las de él ardían, las de ella quemaban. Véase la clase:

«He pasado un día cruel y una noche de todos los perros de la jauría de Satanás. ¿Por qué te fuiste?... Hoy estoy más tranquila; oí misa, recé mucho. He comprendido que no debo quejarme, que hay que poner frenos al egoísmo. Demasiado bien me ha dado Dios, y no debo ser exigente. Merezco que me riñas y me pegues, y aun que me quieras un poco menos (¡no por Dios!), cuando me aflijo por una ausencia breve y necesaria... Me mandas que esté tranquila, y lo estoy. *Tu duca,*

---

134 On the use of letters in nineteenth-century novels, see in the bibliography Mcdermott, P. (2005).
135 'Nessun maggior dolore/ che ricordarsi del tempo felice/nella miseria' (V, 121–123). Francesca da Rimini, in the *Inferno*, explains that nothing is more bitter than to remember past happiness during difficult times.

tu maestro, tu signore.[136] Sé que mi *señó Juan* volverá pronto, que ha de quererme siempre, y Paquita de Rímini espera confiada y se resigna con su *soleá*».

De él a ella:

«Hijita, ¡qué días paso! Hoy quise pintar un burro, y me salió... algo así como un pellejo de vino con orejas. Estoy de remate; no veo el color, no veo la línea, más que a mi Restituta, que me encandila los ojos con sus monerías. Día y noche me persigue la imagen de mi *monstrua* serrana, con todo el pesquis del Espíritu Santo y toda la sal del *botiquín*.

(*Nota del colector*: Llamaban botiquín al mar, por aquel cuento andaluz del médico de a bordo, que todo lo curaba con agua salada).

»... Mi tía no está bien. No puedo abandonarla. Si tal barbaridad hiciera, tú misma no me la perdonarías. Mi aburrimiento es una horrible tortura que se le quedó en el tintero a nuestro amigo Alighieri...

»He vuelto a leer tu carta del jueves, la de las pajaritas, la de los éxtasis... *inteligenti pauca*.[137] Cuando Dios te echó al mundo, llevose las manos a la cabeza augusta, arrepentido y pesaroso de haber gastado en ti todo el ingenio que tenía dispuesto para fabricar cien generaciones. Haz el favor de no decirme que tú no vales, que eres un cero. ¡Ceritos a mí! Pues yo te digo, aunque la modestia te salga a la cara como una aurora boreal, yo te digo, ¡oh *Restituta*!, que todos los bienes del mundo son una *perra chica* comparados con lo que tú vales; y que todas las glorias humanas, soñadas por la ambición y perseguidas por la fortuna, son un *zapato viejo* comparadas con la gloria de ser tu dueño... No me cambio por nadie... No, no, digo mal: quisiera ser Bismarck[138] para crear un imperio, y hacerte a ti emperatriz. Chiquilla, yo seré tu vasallo humilde; pisotéame, escúpeme, y manda que me azoten».

De ella a él:

«... Ni en broma me digas que puede mi *señó Juan* dejar de quererme. No conoces tú bien a tu *Panchita de Rímini*, que no se

---

136 'Tu duca, tu segnore e tu maestro' ('tú serás mi guía, mi señor y mi maestro') Dante's words to the poet Virgil in the *Inferno* (II, 40).
137 Latin saying which means a word to the wise is sufficient.
138 Otto von Bismarck, a conservative Prussian statesman who dominated German and European affairs from the 1860s until 1890. In the 1860s, he engineered a series of wars that unified the German states (excluding Austria) into a powerful German Empire under Prussian leadership.

asusta de la muerte, y se siente con valor para *suicidarse a sí misma* con la mayor sal del mundo. Yo me mato como quien se bebe un vaso de agua. ¡Qué gusto, qué dulcísimo estímulo de curiosidad! ¡Enterarse de todo lo que hay por allá, y verle la cara al *pusuntra*!...[139] ¡Curarse radicalmente de aquella dudita fastidiosa de ser o no ser, como dijo *Chispearís*...![140] En fin, que no me vuelvas a decir eso de quererme un poquito menos, porque mira tú... ¡si vieras qué bonita colección de revólveres tiene mi don *Lepe*! Y te advierto que los sé manejar, y que si me atufo, ¡pim!, me voy a dormir la siesta con el Espíritu Santo...».

¡Y cuando el tren traía y llevaba todo este cargamento de sentimentalismo, no se inflamaban los ejes del coche-correo ni se disparaba la locomotora, como corcel en cuyos ijares aplicaran espuelas calentadas al rojo! Tantos ardores permanecían latentes en el papelito en que estaban escritos.

---

139 'plus ultra': thereafter.
140 She refers to Shakespeare and the famous monologue in *Hamlet* which starts with the words 'To be or not to be' (III, 1, 56).

XVII

Tan voluble y extremosa era en sus impresiones la señorita de Reluz, que fácilmente pasaba del júbilo desenfrenado y epiléptico a una desesperación lúgubre. He aquí la muestra:

«*Caro bene, mio diletto*,[141] ¿es verdad que me quieres tanto y que en tanto me estimas? Pues a mí me da por dudar que sea verdad tanta belleza.[142] Dime: ¿existes tú, o no eres más que un fantasma vano, obra de la fiebre, de esta ilusión de lo hermoso y de lo grande que me trastorna? Hazme el favor de echar para acá una carta *fuera de abono*,[143] o un telegrama que diga: *Existo. Firmado, señó Juan*... Soy tan feliz, que a veces paréceme que vivo suspendida en el aire, que mis pies no tocan la tierra, que huelo la eternidad y respiro el airecillo que sopla más allá del sol. No duermo. ¡Ni qué falta me hace dormir!... más quiero pasarme toda la noche pensando que te gusto, y contando los minutos que faltan para ver tu jeta preciosa. No son tan felices como yo los justos que están en éxtasis a la *verita* de la Santísima Trinidad;[144] no lo son, no pueden serlo... Sólo un recelo chiquito y fastidioso, como el grano de tierra que en un ojo se nos mete y nos hace sufrir tanto, me estorba para la felicidad absoluta. Y es la sospecha de que todavía no me quieres bastante, que no has llegado al supremo límite del querer, ¿qué digo límite, si no lo hay?, al principio del último cielo,[145] pues yo no puedo hartarme de pedir más, más, siempre más; y no quiero, no quiero sino cosas infinitas, entérate... todo infinito, infinitísimo, o nada... ¿Cuántos abrazos crees que te voy a dar cuando llegues? Ve contando. Pues tantos como segundos tarde una hormiga en dar la vuelta al globo terráqueo. No; más, muchos más. Tantos como segundos tarde la hormiga en partir en dos, con sus patas, la esferita

---

141 In Italian, 'Dear one, my beloved'.
142 Tristana aludes to the following verses of a famous sonnet by Bartolomé Leonardo de Argensola (1562–1631): 'Porque ese cielo azul que todos vemos,/ ni es cielo ni es azul. ¡Lástima grande/ que no sea verdad tanta belleza!'.
143 An unexpected letter.
144 According to Christian beliefs, just men will stand next to God for all eternity. God incarnates the three persons of the Holy Trinity.
145 According to the precepts of cosmology, the sky was configured by several concentric crystal spheres each of which had a star. Beyond the tenth sphere there was 'the last sky' the place where God lived with the blessed.

terrestre, dándole vueltas siempre por una misma línea... Con que saca esa cuenta, tonto».

Y otro día:

«No sé lo que me pasa, no vivo en mí, no puedo vivir de ansiedad, de temor. Desde ayer no hago más que imaginar desgracias, suponer cosas tristes: o que tú te mueres, y viene a contármelo don Lope con cara de regocijo, o que me muero yo y me meten en aquella caja horrible, y me echan tierra encima. No, no, no quiero morirme, no me da la gana. No deseo saber lo de allá, no me interesa. Que me resuciten, que me vuelvan mi vidita querida. Me espanta mi propia calavera. Que me devuelvan mi carne fresca y bonita, con todos los besos que tú me has dado en ella. No quiero ser sólo huesos fríos y después polvo. No, esto es un engaño. Ni me gusta que mi espíritu ande pidiendo hospitalidad de estrella en estrella, ni que San Pedro,[146] calvo y con cara de malas pulgas, me dé con la puerta en los hocicos... Pues aunque supiera que había de entrar allí, no me hablen de muerte; venga mi vidita mortal, y la tierra en que padecí y gocé, en que está mi pícaro *señó Juan*. No quiero yo alas ni alones, ni andar entre ángeles sosos que tocan el arpa. Déjenme a mí de arpas y acordeones, y de fulgores celestes. Venga mi vida mortal, y salud y amor, y todo lo que deseo.

»El problema de mi vida me anonada más cuanto más pienso en él. Quiero ser algo en el mundo, cultivar un arte, vivir de mí misma. El desaliento me abruma. ¿Será verdad, Dios mío, que pretendo un imposible? Quiero tener una profesión, y no sirvo para nada, ni sé nada de cosa alguna. Esto es horrendo.

»Aspiro a no depender de nadie, ni del hombre que adoro. No quiero ser su manceba, tipo innoble, la hembra que mantienen algunos individuos para que les divierta, como un perro de caza; ni tampoco que el hombre de mis ilusiones se me convierta en marido. No veo la felicidad en el matrimonio. Quiero, para expresarlo a mi manera, estar casada conmigo misma, y ser mi propia cabeza de familia. No sabré amar por obligación; sólo en la libertad comprendo mi fe constante y mi adhesión sin límites. Protesto, me da la gana de protestar contra los hombres, que se han cogido todo el mundo por suyo, y no nos han dejado a nosotras más que las veredas estrechitas por donde ellos no saben andar...

146 The guardian of heaven.

»Estoy cargante, ¿verdad? No hagas caso de mí. ¡Qué locuras! No sé lo que pienso ni lo que escribo; mi cabeza es un nidal de disparates. ¡Pobre de mí! Compadéceme; hazme burla... Manda que me pongan la camisa de fuerza y que me encierren en una jaula. Hoy no puedo escribirte ninguna broma, no está la masa para rosquillas. No sé más que llorar, y este papel te lleva un *botiquín* de lágrimas. Dime tú: ¿por qué he nacido? ¿Por qué no me quedé allá, en el regazo de la señora nada, tan hermosa, tan tranquila, tan dormilona, tan...? No sé acabar».

En tanto que estas ráfagas tempestuosas cruzaban el largo espacio entre la villa mediterránea y Madrid,[147] en el espíritu de Horacio se iniciaba una crisis, obra de la inexorable ley de adaptación, que hubo de encontrar adecuadas condiciones locales para cumplirse. La suavidad del clima le embelesaba, y los encantos del paisaje se abrieron paso al fin, si así puede decirse, por entre las brumas que envolvían su alma. El Arte se confabuló con la Naturaleza para conquistarle, y habiendo pintado un día, después de mil tentativas infructuosas, una marina soberbia, quedó para siempre prendado del mar azul, de las playas luminosas y del risueño contorno de tierra. Los términos próximos y lejanos, el pintoresco anfiteatro de la villa, los almendros, los tipos de labradores y mareantes le inspiraban deseos vivísimos de transportarlo todo al lienzo; entrole la fiebre del trabajo, y por fin, el tiempo, antes tan estirado y enojoso, hízosele breve y fugaz; de tal modo que, al mes de residir en Villajoyosa, las tardes se comían las mañanas y las noches se merendaban las tardes, sin que el artista se acordara de merendar ni de comer.

Fuera de esto, empezó a sentir las querencias del propietario, esas atracciones vagas que sujetan al suelo la planta, y el espíritu a las pequeñeces domésticas. Suya era la hermosa casa en que vivía con doña Trini; un mes tardó en hacerse cargo de su comodidad y de su encantadora situación. La huerta poblada de añosos frutales, algunos de especies rarísimas, todos en buena conservación, suya era también,

---

147 On the role of the city in the novel, Farris Anderson highlights that 'One feature that distinguishes *Tristana* from the more popular of the *Novelas Contemporáneas* is the virtual invisibility of Madrid. If *Tristana* is a novel of the missing center, it is also a novel of the missing city. In contrast to the teeming, aggressive city of *Fortunata y Jacinta*, *Miau*, and *Misericordia*, the Madrid of *Tristana* is pale and distant' (1985: 63–64).

y el fresal espeso, la esparraguera y los plantíos de lozanas hortalizas; suya la acequia que atravesaba caudalosa la huerta y terrenos colindantes. No lejos de la casa podía mirar asimismo con ojos de propietario un grupo de palmeras gallardas, de bíblica hermosura, y un olivar de austero color, con ejemplares viejos, retorcidos y verrugosos como los de Getsemaní. Cuando no pintaba, echábase a pasear de largo, en compañía de gentes sencillas del pueblo, y sus ojos no se cansaban de contemplar la extensión cerúlea, el siempre admirable *botiquín*, que a cada instante cambiaba de tono, como inmenso ser vivo, dotado de infinita impresionabilidad. Las velas latinas que lo moteaban, blancas a veces, a veces resplandecientes como tejuelos de oro bruñido, añadían toques picantes a la majestad del grandioso elemento, que algunas tardes parecía lechoso y dormilón, otras rizado y transparente, dejando ver, en sus márgenes quietas, cristalinos bancos de esmeralda.

Lo que observaba Horacio, dicho se está que al punto era comunicado a Tristana.

Del mismo a la misma:

«¡Ay niña mía, no sabes cuán hermoso es esto! Pero ¿cómo has de comprenderlo tú, si yo mismo he vivido hasta hace poco ciego a tanta belleza y poesía? Admiro y amo este rincón del planeta, pensando que algún día hemos de amarlo y admirarlo juntos. Pero ¡si estás conmigo aquí, si en mí te llevo, y no dudo que tus ojos ven dentro de los míos lo que los míos ven!... ¡Ay, *Restitutilla*, cuánto te gustaría mi casa, nuestra casa, si en ella te vieras! No me satisface, no, tenerte aquí en espíritu. ¡En espíritu! Retóricas, hija, que llenan los labios y dejan vacío el corazón. Ven, y verás. Resuélvete a dejar a ese viejo absurdo, y casémonos ante este altar incomparable, o ante cualquier otro altarito que el mundo nos designe, y que aceptaremos para estar bien con él... ¿No sabes? Me he franqueado con mi ilustre tía. Imposible guardar más tiempo el secreto. Pásmate, chiquilla; no puso mala cara. Pero aunque la pusiera... ¿y qué? Le he dicho que te tengo ley, que no puedo vivir sin ti, y ha soltado la risa. ¡Vaya que tomar a broma una cosa tan seria! Pero más vale así... Dime que te alegra lo que te cuento hoy, y que al leerme te entran ganas de echar a correr para acá. Dime que has hecho el hatillo y me lanzo a buscarte. No sé lo que pensará mi tía de una resolución tan *súpita*.[148] Que piense lo que quiera. Dime que te

---

148 'súbita': sudden.

gustará esta vida obscura y deliciosa; que amarás esta paz campestre; que aquí te curarás de las locas efervescencias que turban tu espíritu, y que anhelas ser una feliz y robusta villana, ricachona en medio de la sencillez y la abundancia, teniendo por maridillo al más chiflado de los artistas, al más espiritual habitante de esta tierra de luz, fecundidad y poesía.

»*Nota bene*. Tengo un palomar que da la hora, con treinta o más pares. Me levanto al alba, y mi primera ocupación es abrirles la puerta. Salen mis amiguitas adoradas, y para saludar al nuevo día, dan unas cuantas vueltas por el aire, trazando espirales graciosas; después vienen a comer a mi mano, o en derredor de mí, hablándome con sus arrullos un lenguaje que siento no poder transmitirte. Convendría que tú lo oyeras y te enteraras por ti misma».

XVIII

De Tristana a Horacio:

«¡Qué entusiasmadito y qué tonto está el *señó Juan*! ¡Y cómo con las glorias de este terruño se le van las memorias de este páramo en que yo vivo! Hasta te olvidas de nuestro vocabulario, y ya no soy la *Frasquita de Rímini*. Bueno, bueno. Bien quisiera entusiasmarme con tu *rustiquidad* (ya sabes que yo invento palabras), *que del oro y del cetro pone olvido*.[149] Hago lo que me mandas, y te obedezco... hasta donde pueda. *Bello país debe ser*...[150] ¡Yo de villana, criando gallinitas, poniéndome cada día más gorda, hecha un animal, y con un dije que llaman *maridillo* colgado de la punta de la nariz! ¡Qué guapota estaré, y tú qué salado, con tus tomates tempranos y tus naranjas tardías, saliendo a coger langostinos, y pintando burros con zaragüelles, o personas racionales con albarda... digo, al revés. Oigo desde aquí las palomitas, y entiendo sus arrullos. Pregúntales por qué tengo yo esta ambición loca que no me deja vivir; por qué aspiro a lo imposible, y aspiraré siempre, hasta que el imposible mismo se me plante enfrente y me diga: «Pero ¿no me ve usted, so...?». Pregúntales por qué sueño despierta con mi propio ser transportado a otro mundo, en el cual me veo libre y honrada, queriéndote más que las señoritas de mis ojos, y... Basta, basta, *per pietá*.[151] Estoy borracha hoy. Me he bebido tus cartas de los días anteriores y las encuentro horriblemente cargadas de *amílico*. ¡Mistificador!

»Noticia fresca. Don Lope, el gran don Lope, *ante quien muda se postró la tierra*,[152] anda malucho. El reuma se está encargando de vengar el sin número de maridillos que burló, y a las vírgenes honestas o esposas frágiles que inmoló en el ara nefanda de su liviandad. ¡Vaya una figurilla!... Pues esto no quita que yo le tenga lástima al pobre

---

149 Again a quote from 'Oda a la vida retirada'. The pleasures of the countryside replace the vanity of courtesan life.
150 'Bello país debe ser' is the first verse of a poem written by Francisco Camprodón (1816–70): '¡Bello país debe ser/ el de América, papá!/ ¿Te gustaría ir allá?/ ¡Tendría mucho placer!'.
151 In Italian, 'please'.
152 Tristana compares don Lope to the Roman emperor Trajan. This sentence is a verse from a famous poem written by Rodrigo Caro (1573–1647) entitled 'A las ruinas de Itálica'.

don Juan caído, porque fuera de su poquísima vergüenza en el ramo de mujeres, es bueno y caballeroso. Ahora que renquea y no sirve para nada, ha dado en la flor de entenderme, de estimar en algo este afán mío de aprender una profesión. ¡Pobre don *Lepe*! Antes se reía de mí; ahora me aplaude, y se arranca los pelos que le quedan, rabioso por no haber comprendido antes lo razonable de mi anhelo.

»Pues verás: haciendo un gran esfuerzo, me ha puesto profesor de inglés, digo, profesora, aunque más bien la creerías del género masculino o del neutro; una señora alta, huesuda, andariega, con feísima cara de rosas y leche, y un sombrero que parece una jaula de pájaros. Llámase doña Malvina,[153] y estuvo en la capilla evangélica, ejerciendo de *sacerdota protestanta*, hasta que le cortaron los víveres, y se dedicó a dar lecciones... Pues espérate ahora y sabrás lo más gordo: dice mi maestra que tengo unas disposiciones terribles, y se pasma de ver que apenas me ha enseñado las cosas, ya yo me las sé. Asegura que en seis meses sabré tanto inglés como *Chaskaperas* o el propio *Lord Mascaole*.[154] Y al paso que me enseña inglés, me hace recordar el franchute, y luego le meteremos el diente al alemán. *Give me a kiss*, pedazo de bruto. Parece mentira que seas tan *iznorante*, que no entiendas esto.

»Bonito es el inglés, casi tan bonito como tú, que eres una fresca rosa de mayo... si las rosas de mayo fueran negras como mis zapatos. Pues digo que estoy metida en unos afanes espantosos. Estudio a todas horas y devoro los temas. Perdona mi inmodestia; pero no puedo contenerme: soy un prodigio. Me admiro de encontrarme que sé las cosas cuando intento saberlas. Y a propósito, *señó Juan* naranjero y con zaragüelles, sácame de esta duda: «*¿Has comprado la pluma de acero del hijo de la jardinera de tu vecino?*». Tonto, no; lo que has comprado es *la palmatoria de marfil de la suegra del...* sultán de Marruecos.[155]

---

153 In Montserrat Amores and Agustín Sánchez's edition: 'El personaje de doña Malvina aparece en otras novelas de Galdós, como *Fortunata y Jacinta*. Casada con un pastor protestante, aprovechó la libertad de culto decretada por la constitución de 1869 para fundar en Chamberí un "establecimiento evangélico" junto a su marido. Sin embargo, con la restauración de la monarquía en 1871, España volvió a ser un estado confesional y católico, lo que dejó a doña Malvina en la difícil situación que describe Tristana' (2008: 126).
154 A distortion of the famous English writer and politician, Lord Macaulay (1800–59).
155 According to Montserrat Amores and Agustín Sánchez: 'Tristana está aprendiendo inglés con el sistema creado por el alemán Heinrich G. Ollendorf (1803–

»Te muerdo una oreja. Expresiones a las palomitas. *To be or not to be... All the world a stage*».[156]

De *señó Juan* a *señá Restituta*:

«Cielín mío, miquina, no te hagas tan sabia. Me asustas. De mí sé decirte que en esta *rustiquidad* (admitida la nueva palabra) casi me dan ganas de olvidar lo poquito que sé. ¡Viva la naturaleza! ¡Abajo la ciencia! Quisiera acompañarte en tu aborrecimiento de la vida obscura: *ma non posso*. Mis naranjos están cargados de azahares, para que lo sepas, ¡rabia, rabiña!, y de frutas de oro. Da gozo verlos. Tengo unas gallinas que cada vez que ponen huevo, preguntan al cielo, cacareando, qué razón hay para que no vengas tú a comértelos. Son tan grandes que parecen tener dentro un elefantito. Las palomas dicen que no quieren nada con ingleses, ni aun con los que son émulos del gran *Sáspirr*.[157] Por lo demás, comprenden y practican la libertad honrada o la honradez libre. Se me olvidó decirte que tengo tres cabras con cada ubre como el bombo grande de la lotería. No me compares esta leche con la que venden en la cabrería de tu casa, con aquellos *lácteos vírgineos candores*[158] que tanto asco nos daban. Las cabritas te esperan, inglesilla de tres al cuarto, para ofrecerte sus *senos turgentes*. Dime otra cosa... ¿Has comido turrón estas Navidades? Yo tengo aquí almendra y avellana bastantes para empacharte a ti y a toda tu casta. Ven y te enseñaré cómo se hace el de Jijona, lo de Alicante y el sabrosísimo de yema, menos dulce que tu alma gitana. ¿Te gusta a ti el cabrito asado? Dígolo porque si probaras lo de mi tierra te chuparías el dedo; no, el *deíto* ese de San Juan te lo chuparía yo. Ya ves que me acuerdo del vocabulario. Hoy está revuelto el *botiquín*, porque el Poniente le hace muchas cosquillas, poniéndole nervioso...

»Si no te enfadas ni me llamas prosaico, te diré que como por siete.

1865), que estuvo muy de moda a fines del siglo XIX. El método Ollendorf consistía en memorizar una serie de preguntas y respuestas sin conexión lógica alguna, a través de las cuales los alumnos asimilaban las estructuras sintácticas del idioma estudiado. Un buen ejemplo de esas frases absurdas son las que cita Tristana' (2008: 126).
156 Tristana links two Shakespeare's quotes: 'To be or not to be' from *Hamlet* and 'All the world is a stage' from *As you like it*.
157 Shakespeare.
158 Reference to Saint Bernard and the pure milk he drank when he was a child. Amores and Sánchez located the verse in a poem written under a painting of Saint Bernard which is in the 'Iglesia del Sacramento' in Madrid.

Me gustan extraordinariamente las sopas de ajo tostaditas, el bacalao y el arroz *en sus múltiples aspectos,* los pavipollos y los salmonetes con piñones. Bebo sin tasa del riquísimo *licor de Engadi,*[159] digo, de Aspe, y me estoy poniendo gordo y guapo inclusive, para que te enamores de mí cuando me veas y te extasíes delante de mis encantos o *appas,*[160] como dicen los franceses y nosotros. ¡Ay, qué *appases* los míos! Pues ¿y tú? Haz el favor de no encanijarte con tanto estudio. Temo que la *señá* Malvina te contagie de su fealdad seca y hombruna. No te me vuelvas muy filósofa, no te encarames a las estrellas, porque a mí me están pesando mucho las carnazas y no puedo subir a cogerte, como cogería un limón de mis limoneros... Pero ¿no te da envidia de mi manera de vivir? ¿A qué esperas? Si no la *jazemos* ahora, ¿cuándo, *per Baco?* Vente, vente. Ya estoy arreglando tu habitación, que será *manífica,* digno estuche de tal joya. Dime que sí, y parto, parto (no el de los montes),[161] quiero decir que corro a traerte. *Oh donna di virtú!*[162] Aunque te vuelvas más marisabidilla que Minerva, y me hables en griego para mayor claridad; aunque te sepas de memoria las Falsas Decretales[163] y la Tabla de logaritmos, te adoraré con toda la fuerza de mi supina barbarie».

De la señorita de Reluz:

«¡Qué pena, qué ansiedad, qué miedo! No pienso más que cosas malas. No hago más que bendecir este fuerte constipado que me sirve de pretexto para poder limpiarme los ojos a cada instante. El llanto me consuela. Si me preguntas por qué lloro, no sabré responderte. ¡Ah!, sí, sí, ya sé: lloro porque no te veo, porque no sé cuándo te veré. Esta ausencia me mata. Tengo celos del mar azul, los barquitos, las naranjas, las palomas, y pienso que todas esas cosas tan bonitas serán Galeotos[164] de la infidelidad de mi *señó Juan*... Donde hay tanto bueno, ¿no ha de

---

159 Biblical city in Palestine famous for its plains and vineyards.
160 'appas': a reference to voluptuous bosoms.
161 The character is playing on the double meaning of 'parto'. 'Parto' as giving birth and 'parto' as leaving a place.
162 'virtuous woman'. Dante called Beatrice this in *Inferno* II, 76.
163 Series of letters attributed to the first Popes.
164 Galehaut induced Guinevere to commit adultery with Lancelot. *Sire des Lointaines Isles* (Lord of the Distant Isles) appears for the first time in Arthurian literature in the early thirteenth-century prose *Lancelot,* the central work in the series of anonymous French prose romances collectively called the *Lancelot-Grail* or *Arthurian Vulgate Cycle.*

haber también buenas mozas? Porque con todo mi *marisabidillismo* (ve apuntando las palabras que invento), yo me mato si tú me abandonas. Eres responsable de la tragedia que puede ocurrir, y...

»Acabo de recibir tu carta. ¡Cuánto me consuela! Me he reído de veras. Ya se me pasaron los esplines; ya no lloro; ya soy feliz, tan feliz que no *sabo* expresarlo. Pero no me engatusas, no, con tus limoneros y tus acequias de *undosa corriente*. Yo libre y honrada, te acepto así, aldeanote y criador de pollos. Tú como eres, yo como *ero*. Eso de que dos que se aman han de volverse iguales y han de pensar lo mismo no me cabe a mí en la cabeza. ¡El uno para el otro! ¡Dos en uno! ¡Qué bobadas inventa el egoísmo! ¿A qué esa confusión de los caracteres? Sea cada cual como Dios le ha hecho, y siendo distintos, se amarán más. Déjame suelta, no me amarres, no borres mi... ¿lo digo? Estas palabras tan sabias se me atragantan; pero, en fin, la soltaré... mi *doisingracia*.[165]

»A propósito. Mi maestra dice que pronto sabré más que ella. La pronunciación es el caballo de batalla; pero ya me soltaré, no te apures, que esta lengüecita mía hace todo lo que quiero. Y ahora, allá van los golpes de incensario[166] que me echo a mí misma. ¡Qué modesta es la nena! Pues, señor, sabrás que domino la gramática, que me bebo el diccionario, que mi memoria es prodigiosa, lo mismo que mi entendimiento (no, si no lo digo yo; lo dice la *señá Malvina*). Esta no se anda en bromas, y sostiene que conmigo hay que empezar por el fin. De manos a boca nos hemos *ponido* a leer a *don Guillermo*,[167] al inmenso poeta, *el que más ha creado después de Dios*, como dijo Séneca... no, no, Alejandro Dumas.[168] Doña Malvina se sabe de memoria el Glosario, y conoce al dedillo el texto de todos los dramas y comedias. Me dio a escoger, y elegí el *Macbeth*, porque aquella señora de Macbeth me ha sido siempre muy simpática. Es mi amiga... En fin, que le metimos el diente a la tragedia. Las brujitas me han *dicido* que seré reina... y yo me lo creo. Pero en fin, ello es que estamos traduciendo. ¡Ay hijo, aquella exclamación de la *señá* Macbeth, cuando grita al cielo con toda su alma

---

165 'idiosincracia': idiosyncrasy.
166 Eulogies.
167 She refers to William Shakespeare. Francisco Caudet noted that: 'Shakespeare y Walter Scott, que junto con Cervantes eran los autores por los que siempre sintió la mayor y más profunda admiración' (Caudet, 2004: 11–12).
168 The quote does not belong to Seneca or Dumas. She invents it trying to show off.

unsex me here,[169] me hace estremecer y despierta no sé qué terribles emociones en lo más profundo de mi naturaleza! Como no perteneces a las *clases ilustradas*, no entenderás lo que aquello quiere decir, ni yo te lo explico, porque sería como echar margaritas a...[170] No, eres mi cielo, mi infierno, mi polo *maznético*, y hacia ti marca siempre tu brújula, tu chacha querida, tu... *Lady Restitute*».

Jueves 14

«¡Ay! No te había dicho nada. El gran don Lope, *terror de las familias*, está conmigo como un merengue. El reuma sigue mortificándole, pero siempre tiene para mí palabras de cariño y dulzura. Ahora le da por llamarme su hija, por recrear su espíritu (así lo dice) llamándose mi papá, y por figurarse que lo es. *E se non piangi, de che pianger suoli?*[171] Se arrepiente de no haberme comprendido, de no haber cultivado mi inteligencia. Maldice su abandono... Pero aún es tiempo; aún podremos ganar el terreno perdido. Porque yo tenga una profesión que me permita ser honradamente libre, venderá él la camisa, si necesario fuese. Ha empezado por traerme un carro de libros, pues en casa jamás los hubo. Son de la biblioteca de su amigo el marqués de Cicero.[172] Excuso decirte que he caído sobre ellos como lobo hambriento, y a este quieto, a este no quiero, heme dado unos atracones que ya, ya... ¡Dios mío, cuánto *sabo*! En ocho días he tragado más páginas que lentejas dan por mil duros. Si vieras mi cerebrito por dentro, te asustarías. Allí andan las ideas a bofetada limpia unas con otras... Me sobran muchas, y no sé con *cuálas* quedarme... Y lo mismo

---

169 Tristana is conscious of the many limitations imposed on her sex at the turn of the century in Spain. Elvira Lindo wrote that 'Es tan poderosa la maestría de Galdós, tan fino el encaje que logra disfrazar con un lenguaje siempre decoroso aquello que es, por encima de otras tantas cosas, una brutal novela erótica. El erotismo de las tres Tristanas que recorren la historia me saltó de pronto a la vista: la vulnerable condición de la joven huérfana que se ve amparada y seducida por la palabrería del viejo conquistador; la que luego lo desdeña y lo desprecia físicamente cuando encuentra al hombre joven con el que hacer el amo, y aquella Tristana mística, que se ve obligada, en un triste tercer acto, a regresar al anciano al ser amputada su belleza por la adversidad' (2009: 6).

170 Sentence of biblical origin (Matthew, 7, 6) 'echar margaritas a los puercos' which means to throw daisies to pigs, to offer delicacies to those who cannot appreciate them. In English: 'cast pearls before swine' (King James bible).

171 Ugolino says in *Inferno*, XXXIII, 42: 'And if you do not weep, what would you weep for?'.

172 A character from the Galdosian fictional world that can be found in *Lo prohibido* and *Realidad*.

le hinco el diente a un tomo de Historia que a un tratado de Filosofía. ¿A que no sabes tú lo que son las mónadas del señor de Leibniz?[173] Tonto, ¿crees que digo *monadas*? Para monadas, las tuyas, dirás, y con razón. Pues si tropiezo con un libro de Medicina, no creas que le hago *fu*.[174] Yo con todo apenco. Quiero saber, saber, saber. Por cierto que... No, no te lo digo. Otro día será. Es muy tarde: he velado por escribirte: la *pálida antorcha* se extingue, bien mío. Oigo el canto del gallo, *nuncio del nuevo día*, y ya el plácido beleño[175] por mis venas se derrama... Vamos, palurdo, confiesa que te ha hecho gracia lo del beleño... En fin, que estoy rendida y me voy al almo lecho... sí, señor, no me vuelvo atrás: almo, almo».

---

[173] Gottfried W. Leibniz (1646–1716). Leibniz's best-known contribution to metaphysics is his theory of monads, as expossited in *Monadologie*. According to Leibniz, monads are elementary particles with blurred perceptions of one another. Monads can also be compared to the corpuscles of the mechanical philosophy of René Descartes and others. Monads are the ultimate elements of the universe.
[174] To escape from something.
[175] Drug used by the main characters in Romantic dramas.

XIX

De la misma al mismo:

«Monigote, ¿en qué consiste que cuanto más sé, y ya sé mucho, más te idolatro?... Ahora que estoy malita y triste, pienso más en ti... Curiosón, todo lo quieres saber. Lo que tengo no es nada, nada; pero me molesta. No hablemos de eso... Hay en mi cabeza un barullo tal, que no sé si esto es cabeza o el manicomio donde están encerrados los grillos que han perdido la razón grillesca... ¡Un aturdimiento, un pensar y pensar siempre cosas mil, millones más bien, de cosas bonitas y feas, grandes y chicas! Lo más raro de cuanto me pasa es que se me ha borrado tu imagen: no veo claro tu lindo rostro; lo veo así como envuelto en una niebla, y no puedo precisar las facciones, ni hacerme cargo de la expresión, de la mirada. ¡Qué rabia!... A veces me parece que la neblina se despeja... abro mucho los ojitos de la imaginación, y me digo: «Ahora, ahora le voy a ver». Pero resulta que veo menos, que te obscureces más, que te borras completamente, y abur[176] mi *señó Juan*. Te me vuelves espíritu puro, un ser intangible, un... no sé cómo decirlo. Cuando considero la pobreza de palabras, me dan ganas de inventar muchas, a fin de que todo pueda decirse. ¿Serás tú *mi-mito*?[177]

»Pienso que todo eso que me dices de que estás hecho un ganso es por burlarte de mí. No, niño, eres un gran artista, y tienes en la mollera la divina luz; tú darás que hacer a la fama y asombrarás al mundo con tu genio maravilloso. Quiero que se diga que Velázquez y Rafael eran unos pinta-puertas comparados contigo. Lo tienen que decir. Tú me engañas: echándotelas de patán y de huevero y de *naranjista*, trabajas en silencio y me preparas la gran sorpresa. ¡No son malos huevos los que tú empollas! Estás preparando con estudios parciales el gran cuadro que era tu ilusión y la mía, el *Embarque de los moriscos expulsados*, para el cual apuntaste ya algunas figuras. Hazlo, por Dios, trabaja en eso. ¡Asunto histórico profundamente humano y patético! No vaciles, y déjate de gallinas y vulgaridades estúpidas. ¡Es arte! ¡La gloria, *señó Juanico*! Es la única rival de quien no tengo celos. Súbete a los cuernos de la luna, pues bien puedes hacerlo. Si hay otros que

---

176 'goodbye' in Basque.
177 Double meaning: 'mimito' (caress) and 'mi mito' (my myth).

regarán las hortalizas mejor que tú, ¿por qué no intentas lo que nadie como tú hará? ¿No debe cada cual estar en lo suyo? Pues lo tuyo es eso: el divino arte, en que tan poco te falta para ser maestro. He dicho».

Lunes

«¿Te lo digo? No, no te lo digo. Te vas a asustar, creyendo que es más de lo que es. No, permíteme que no te diga nada. Ya estoy viendo los morros que me pones por este sistema mío de apuntar y no hacer fuego, diciendo las cosas con misterio y callándolas sin dejar de decirlas. Pues entérate, aguza el oído y escucha. ¡Ay, ay, ay! ¿No oyes cómo se queja tu *Beatricita*? ¿Crees que se queja de amor, que se arrulla como tus palomas? No; quéjase de dolor físico. ¿Pensarás que estoy tísica pasada, como la *Dama de las camelias*?[178] No, hijo mío. Es que don Lope me ha pegado su reuma. Hombre, no te asustes; don Lope no puede pegarme nada, porque... ya sabes... No hay caso. Pero se dan contagios intencionales. Quiero decir que mi tirano se ha vengado de mis desdenes comunicándome por arte gitanesco o de mal de ojo la endiablada enfermedad que padece. Hace dos días, al levantarme de la cama, sentí un dolor tan agudo, pero tan agudo, hijo... No quiero decirte dónde: ya sabes que una señorita, inglesa por añadidura, *miss Restitute*, no puede nombrar decorosamente, delante de un hombre, otras partes del cuerpo que la cara y las manos. Pero, en fin, grandísimo poca vergüenza, yo tengo confianza contigo y quiero decírtelo claro: me duele una pierna. ¡Ay, ay, ay! ¿Sabes dónde? Junto a la rodilla, *do*[179] existe aquel lunar... ¡Vamos, que si esto no es confianza...! ¿No te parece cruel lo que hace Dios conmigo? ¡Que a ese perdulario le cargue de achaques en su vejez, como castigo de una juventud de crímenes contra la moral, muy santo y muy bueno; pero que a mí, jovenzuela que empiezo a pecar, que apenas... y esto con circunstancias atenuantes; que a mí me aflija, a las primeras de cambio, con tan fiero castigo...! Ello será todo lo justo que se quiera, pero no lo entiendo. Verdad que somos unos papanatas. ¡No faltaba más sino que entendiéramos los

178 *The Lady of the Camellias* is a novel by Alexandre Dumas, *fils*, first published in 1848, and subsequently adapted for the stage. *The Lady of the Camellias* premiered at the Théâtre du Vaudeville in Paris, France on 2 February 1852. The play was an instant success, and Giuseppe Verdi immediately set about putting the story to music. His work became the 1853 opera *La Traviata*, with the female protagonist, Marguerite Gautier, renamed Violetta Valéry.
179 Archaism ('donde').

designios, etcétera...! En fin, que los decretos del Altísimo me traen muy apenada. ¿Qué será esto? ¿No se me quitará pronto? Me desespero a ratos, y creo que no es Dios, que no es el Altísimo, sino el *Bajísimo*, quien me ha traído este alifafe. El Demonio es mala persona, y quiere vengarse de mí por lo que le hice rabiar. Poco antes de conocerte, mi desesperación anduvo en tratos con él; pero te conocí y le mandé a freír espárragos. Me salvaste de caer en sus uñas. El maldito juró vengarse, y ya lo ves. ¡Ay, ay, ay! Tu *Restituta*, tu *Curra de Rímini* está cojita. No creas que es broma: no puedo andar... Me causa terror la idea de que, si estuvieras aquí, no podría yo ir a tu estudio. Aunque sí, iría, vaya si iría, arrastrándome. ¿Y tú me querrás cojitranca? ¿No te burlarás de mí? ¿No perderás la ilusión? Dime que no; dime que esta cojerilla es cosa pasajera. Vente para acá; quiero verte; me mortifica horriblemente esto de haber perdido la memoria de tu carátula. Me paso largos ratos de la noche figurándome cómo eres, sin poder conseguirlo. ¿Y qué hace la niña? Reconstruirte a su manera, crearte, con violencias de la imaginación. Ven pronto, y por el camino pídele a Dios, como yo se lo pido, que cuando llegues no cojee ya tu *fenómena*».

Martes

«¡Albricias, *señó Juan*, hombre rústico y pedestre, destripaterrones,[180] moro de los dátiles, albricias! Ya no me duele. Hoy no cojeo. ¡Qué alivio, qué alegrón! don Lope celebra mi mejoría; pero se me figura a mí que en su fuero interno (un foro de muchas esquinas) siente que la esclava no claudique, porque la cojera es como un grillete que la sujeta más a su malditísima persona... Tu carta me ha hecho reír mucho. Eso de no ver en mi enfermedad más que una luxación, por los brincos que doy para escalar *de la inmortalidad el alto asiento*, tiene mucha sal. Lo que me aflige es que persistas en ser tan rebrutísimo y en apegarte a esas cominerías ramplonas. ¡Que la vida es corta y hay que gozar de ella! ¡Que el arte y la gloria no valen dos ochavos! No decías eso cuando nos conocimos, grandísimo tuno. ¡Que en vez de brincar debo sentarme con muchísima pachorra en las losas calentitas de la vida doméstica! Hijo, si no puedo; si cada vez soy menos doméstica. Mientras más lecciones le da Saturna, más torpe es la niña. Si esto es una falta grave, ten lástima de mí.

180 'peasant'.

»¡Qué feliz soy! Primero: me dices tú que vendrás pronto. Segundo: ya no cojeo. Tercero... no, lo tercero no te lo digo. Vamos, para que no te devanes los sesos, allá va. Anoche estuve muy desvelada, y una idea mariposeaba en torno de mí, hasta que se me metió en la mollera y allí se quedó; y hecho su nido, ya me tienes con mi plaga de ideítas que me están atormentando y que te comunicaré incontinenti.[181] Sabrás que ya he resuelto el temido problema. La esfinge[182] de mi destino desplegó los marmóreos labios y me dijo que para ser libre y honrada, para gozar de independencia y vivir de mí misma, debo ser actriz. Y yo he dicho que sí; lo apruebo, me siento actriz. Hasta ahora dudé de poseer las facultades del arte escénico; pero ya estoy segura de poseerlas. Me lo dicen ellas mismas gritando dentro de mí. ¡Representar los afectos, las pasiones, fingir la vida! ¡Jesús, qué cosa más fácil! ¡Si yo sé sentir no sólo lo que siento, sino lo que sentiría en los varios casos de la vida que puedan ocurrir! Con esto, y buena voz, y una figura que... vamos, no es maleja, tengo todo lo que me basta.

»Ya, ya veo lo que me dices: que me faltará presencia de ánimo para soportar la mirada de un público, que me cortaré... Quítate, hombre, ¡qué he de turbarme yo! No tengo vergüenza, dicho sea en el mejor sentido. Te juro que en este instante me encuentro con alientos para representar los más difíciles dramas de pasión, las más delicadas comedias de gracia y coquetería. ¿Qué?, ¿te burlas? ¿No me crees? Pues a probarlo. Que me saquen a la escena y verás quién es tu Restituta. Nada, hombre, que ya te convencerás, ya te irás convenciendo. ¿A ti qué te parece? Ya me figuro que no te gustará, que tendrás celos del teatro. Eso de que un galán me abrace, eso de que a un actorcillo cualquiera tenga yo que hacerle mimos y decirle mil ternezas, te desagrada, ¿verdad? Ni tiene maldita gracia que veinte mil majaderos se prenden de mí, y me lleven ramos, y se crean autorizados para declararme la mar de pasiones volcánicas. No, no seas tonto. Yo te quiero más que a mi vida. Pero hazme el favor de concederme que el arte escénico es un arte noble, de los pocos que puede cultivar honradamente una mujer. Concédemelo, bruto, y también que esa profesión me dará independencia y que en ella sabré y podré quererte más, siempre más, sobre todo si te decides a ser grande hombre. Hazme

---

181 'instant notification'.
182 Here, Tristana confuses the Spinx of Greek mythology with the Oracle.

el favor de serlo, niño, y no te vea yo convertido en un terrateniente vulgar y obscuro. No me hables a mí de dulces tinieblas. Quiero luz, más luz, siempre más luz».[183]

Sábado

«¡Ay, ay, ay! Mi gozo en un pozo. Estarás en ascuas, sin carta mía desde el martes. Pero ¿no sabes lo que me pasa? Me muero de pena... ¡Coja otra vez, con dolores horribles! He pasado tres días crueles. La mejoría traidora del martes me engañó. El miércoles, después de una noche infernal, amanecí en un grito. Don Lope trajo al médico, un tal Miquis,[184] joven y agradable. ¡Qué vergüenza! No tuve más remedio que enseñarle mi pierna. Vio el lunarcito, ¡ay, ay, ay!, y me dijo no sé qué bromas para hacerme reír. Creo que su pronóstico no es muy tranquilizador, aunque don *Lepe* asegura lo contrario, sin duda para animarme. Dios mío, ¿cómo voy a ser actriz con esta cojera maldita? No puede ser, no puede ser. Estoy loca; no pienso más que horrores. Y todo ello, ¿qué es? Nada; alrededor del lunarcito, una dureza... y si me toco, veo las estrellas, lo mismo que si ando. Ese Miquis, que parta un rayo, me ha mandado no sé qué ungüentos, y una venda sin fin, que Saturna me arrolla con muchísimo cuidado. ¡Estoy bien, vive Dios! Tienes a tu *Beatrice* hecha una cataplasma. Debo de estar feísima, ¡y qué facha!... Te escribo en el sillón, del cual no puedo moverme. Saturna mantiene el tintero... ¿Y cómo te veo ahora, si vienes? No, no vengas hasta que esto se me quite. Yo le pido a Dios y a la Virgen que me curen pronto. No he sido tan mala que este castigo merezca. ¿Qué crimen he cometido? ¿Quererte? ¡Vaya un crimen! Como tengo esta maldita costumbre de buscar siempre el *perché delle cose*,[185] cavilo que Dios se ha equivocado con respecto a mí. ¡Jesús, qué blasfemia! No, ¡cuando Él lo hace...! Sufriremos; venga paciencia, aunque, francamente, esto de no poder ser actriz me vuelve loca y me hace tirar a un lado toda la paciencia que había podido reunir... Pero ¿y si me curo?... porque esto se curará, y no cojearé, o cojearé tan poquito que lo pueda disimular.

---

183 Goethe's last words: 'Mehr Licht'.
184 Character present in other Galdós novels: *La desheredada*, *El amigo Manso*, *Lo prohibido* and *Fortunata y Jacinta*.
185 In Italian: 'the reason of things'.

»Vamos, que si ahora no tienes lástima de mí, no sé para cuándo la guardas. Y si ahora no me quieres más, más, más, mereces que el *Bajísimo* te coja por su cuenta y te saque los ojos. ¡Soy tan desgraciada!... No sé si por la congoja que siento, o efecto de la enfermedad, ello es que todas las ideas se me han escapado, como si se echaran a volar. Volverán, ¿no crees tú que volverán? Y me pongo a pensar y digo: pero, Señor, todo lo que leí, todo lo que aprendí en tantos librotes, ¿dónde está? Debe de andar revoloteando en torno de mi cabeza, como revolotean los pajaritos alrededor del árbol antes de acostarse, y ya entrarán, ya entrará todo otra vez. Es que estoy muy triste, muy desalentada, y la idea de andar con muletas me abruma. No, yo no quiero ser coja. Antes...

»Malvina, por distraerme, me propone que la emprendamos con el alemán. La he mandado a paseo. No quiero alemán, no quiero lenguas, no quiero más que salud, aunque sea más tonta que un cerrojo. ¿Me querrás tú cojita? No, ¡si me curaré...! ¡Pues no faltaba más! Si no, sería una injusticia muy grande, una barbaridad de la Providencia, del Altísimo, del... no sé qué decir. Me vuelvo loca. Necesito llorar, pasarme todo el día llorando... pero estoy rabiosa, y con rabia no puedo llorar. Tengo odio a todo el género humano, menos a ti. Quisiera que ahorcaran a doña Malvina, que fusilaran a Saturna, que a don Lope le azotaran públicamente, paseándole en un burro, y después le quemaran vivo. Estoy atroz, no sé lo que pienso, no sé lo que digo...»

XX

Al caer de la tarde, en uno de los últimos días de Enero, entró en su casa don Lope Garrido melancólico y taciturno, como hombre sobre cuyo ánimo pesan gravísimas tristezas y cuidados.[186] En pocos meses, la vejez había ganado a su persona el terreno que supieron defender la presunción y el animoso espíritu de sus años maduros; inclinábase hacia la tierra; su noble semblante tomaba un color terroso y sombrío; las canas iban prosperando en su cabeza, y para completar la estampa del decaimiento, hasta en el vestir se marcaba cierta negligencia, más lastimosa que el *bajón* de la persona. Y las costumbres no se quedaban atrás en este cambiazo, porque don Lope apenas salía de noche, y el día se lo pasaba casi enteramente en casa. Bien se comprendía el motivo de tanto estrago, porque habrá que repetirlo, fuera de su absoluta ceguera moral en cosas de amor, el libertino inservible era hombre de buenos sentimientos y no podía ver padecer a las personas de su intimidad. Cierto que él había deshonrado a Tristana, matándola para la sociedad y el matrimonio, hollando su fresca juventud; pero lo cortés no quitaba lo valiente; la quería con entrañable afecto y se acongojaba de verla enferma y con pocas esperanzas de pronto remedio. Era cosa larga, ¡ay!, según dijo Miquis en la primera visita, sin asegurar que quedase bien, es decir, libre de cojera.

Entró, pues, don Lope, y soltando la capa en el recibimiento, se fue derechito al cuarto de su esclava. ¡Cuán desmejorada la pobrecita con la inacción, con la pena moral y física de su dolorosa enfermedad! Encajada y quieta en un sillón de resortes que su viejo le compró, y que se extendía para dormir cuando la necesidad de sueño la agobiaba; envuelta en un mantón de cuadros, las manos en cruz y la cabeza al aire, Tristana no era ya ni sombra de sí misma. Su palidez a nada puede

[186] Elvira Lindo reflected on Don Lope's character evolution in the following terms: 'La verdadera novela, la que ha llegado a mis manos en esta tercera ocasión, fue la que leyeron los ojos de Luis Buñuel, a tenor de lo que nos ofreció en su película. Entendió como nadie el deseo erótico desconsiderado, amenazante, acaparador, senil, egoísta, celoso, con el que Don Lope quiere poseer a la joven; la naturaleza contradictoria de ella, la inocente que se rinde ante los encantos de su viejo protector queriéndole primero, detestándole después y aceptándolo finalmente, y el amor sincero y honesto de Horacio, que se esfuma cuando la enfermedad arrebata a su amante parte de sus encantos' (2009: 7).

compararse; la pasta de papel de que su lindo rostro parecía formado era ya de una diafanidad y de una blancura increíbles; sus labios se habían vuelto morados; la tristeza y el continuo llorar rodeaban sus ojos de un cerco de transparencias opalinas.

—¿Qué tal, mona? —le dijo don Lope, acariciándole la barbilla y sentándose a su lado—. Mejor, ¿verdad? Me ha dicho Miquis que ahora vas bien, y que el mucho dolor es señal de mejoría. Claro, ya no tienes aquel dolor sordo, profundo, ¿verdad? Ahora te duele, te duele de firme; pero como una desolladura... eso es. Precisamente es lo que se quiere: que te duela. La hinchazón va cediendo. Ahora... niña (*sacando una cajita de farmacia*), vas a tomar esto. No sabe mal: dos pildoritas cada tres horas. En cuanto al medicamento externo, dice don Augusto que sigamos con lo mismo. Con que anímate, que dentro de un mes ya podrás brincar y hasta bailar unas malagueñas.

—¡Dentro de un mes! ¡Ay!, yo apuesto a que no. Dices eso por consolarme. Lo agradezco; pero, ¡ay!... Ya no brincaré más.

El tono de hondísima tristeza con que lo dijo enterneció a don Lope, hombre valiente y de mucho corazón para otras cosas, pero que no servía para nada delante de un enfermo. El dolor físico en persona de su intimidad le ponía corazón de niño.

—Ea, no hay que acobardarse. Yo tengo confianza; tenla tú también. ¿Quieres más libros para distraerte? ¿Quieres dibujar? Pide por esa boca. ¿Tráigote comedias para que vayas estudiando tus papeles? (*Tristana hacía signos negativos de cabeza*). Bueno, pues te traeré novelas bonitas o libros de Historia. Ya que has empezado a llenar tu cabeza de sabiduría, no te quedes a la mitad. A mí me da el corazón que has de ser una mujer extraordinaria. ¡Y yo tan bruto, que no comprendí desde el principio tus grandes facultades! No me lo perdonaré nunca.

—Todo perdonado —murmuró Tristana con señales de profundo aburrimiento.

—Y ahora, ¿comemos? ¿Tienes ganita? ¿Que no? Pues, hija, hay que hacer un esfuerzo. Ya que no otra cosa, el caldo y la copita de jerez. ¿Te chuparías una patita de gallina? ¿Que no? Pues no insisto... Ahora, si la egregia Saturna quiere darme algún alimento, se lo agradeceré. No tengo muchas ganas; pero me siento desfallecido y algo hay que echar al cuerpo miserable.

Fuese al comedor, y sin enterarse del contenido de los platos, pues sus pensamientos le abstraían completamente de todo lo externo, despachó sopa, un poco de carne y algo más. Con el último bocado entre los dientes volvió al lado de Tristana.

—¿Qué tal?... ¿Has tomado el caldito? Bien; me gusta que no hagas ascos a la comida. Ahora te daré tertulia hasta que te entre sueño. No salgo, por acompañarte... No, no te lo digo para que me lo agradezcas. Ya sé que en otros tiempos debí hacerlo y no lo hice. Es tarde, es tarde ya, y estos mimos resultan algo trasnochados. Pero no hablemos de eso; no me abochornes... Si te incomodo, me lo dices; si gustas de estar sola, me voy a mi cuarto.

—No, no. Estate aquí. Cuando me quedo sola pienso cosas malas.

—¿Cosas malas, vida mía? No desbarres. Tú no te has hecho cargo de lo mucho bueno y grande que te reserva tu destino. Un poquillo tarde he comprendido tu mérito; pero lo comprendo al fin. Reconozco que no soy digno ni del honor de darte mis consejos; pero te los doy, y tú los tomas o los dejas, según te acomode.

No era la primera vez que don Lope le hablaba en este tono; y la señorita de Reluz, dicha sea la verdad, le oía gozosa, porque el marrullero galán sabía herirla en lo más sensible de su ser, adulando sus gustos y estimulando su soñadora fantasía. Hay que advertir, además, que algunos días antes de la escena que se refiere, el tirano dio a su víctima pruebas de increíble tolerancia. Escribía ella sus cartas sin moverse del sillón, sobre una tabla que para el caso le había preparado convenientemente Saturna. Una mañana, hallándose la joven en lo más recio de su ocupación epistolar, entró inesperadamente don Lope, y como la viese esconder con precipitación papel y tintero, díjole con bondad risueña:

—No, no, mocosa, no te prives de escribir tus cartitas. Me voy para no estorbarte.

Pasmada oyó Tristana las gallardas expresiones que desmentían en un punto el carácter receloso y egoísta del viejo galán, y continuó escribiendo tan tranquila. En tanto, don *Lepe*, metido en su cuarto y a solas con su conciencia, se despachó a su gusto consigo mismo en esta forma: «No, no puedo hacerla más desgraciada de lo que es... ¡Me da mucha pena, pero mucha pena... pobrecilla! Que en esta última temporada, hallándose sola, aburrida, encontrara por ahí a un mequetrefe y que este me la trastornara con cuatro palabras amorosas... Vamos...

143

pase... No quiero hacer a ese danzante el honor de preocuparme de él... Bueno, bueno; que se aman, que se han hecho mil promesas estúpidas... Los jóvenes de hoy no saben enamorar; pero fácilmente le llenan la cabeza de viento a muchacha tan soñadora y exaltada como esta. De fijo que le ha ofrecido casarse, y ella se lo cree... Bien claro está que van y vienen cartitas... ¡Dios mío, las tonterías que se dirán!... Como si las leyera. Y matrimonio por arriba, matrimonio por abajo, el estribillo de siempre. Tanta imbecilidad me movería a risa si no se tratara de esta niña hechicera, mi último trofeo, y como el último, el más caro a mi corazón. ¡Vive Dios que si estúpidamente me la dejé quitar, ha de volver a mí; no para nada malo, bien lo sabe Dios, pues ya estoy mandado recoger, sino para tener el gusto de arrancársela al chisgarabís, quien quiera que sea, que me la birló, y probar que cuando el gran don Lope se atufa, nadie puede con él! La querré como hija, la defenderé contra todos, contra las formas y especies varias de amor, ya sea con matrimonio, ya sin él... Y ahora, ¡por vida de...!, ahora me da la gana de ser su padre, y de guardarla para mí solo, para mí solo, pues aún pienso vivir muchos años, y si no me cuadra retenerla como mujer, la retendré como hija querida; pero que nadie la toque, ¡vive Dios!, nadie la mire siquiera.»

El profundo egoísmo que estas ideas entrañaban fue expresado por el viejo galán con un resoplido de león, accidente muy suyo en los casos críticos de su vida. Fuese luego junto a Tristana, y con mansedumbre que parecía surgir de su ánimo sin ningún esfuerzo, le acarició las mejillas diciéndole:

—Pobre alma mía, cálmate. Ha llegado la hora de la suprema indulgencia. Necesitas un padre amoroso, y lo tendrás en mí... Sé que has claudicado moralmente, antes de cojear con tu piernecita... No, no te apures, no te riño... Mía es la culpa; sí, a mí, sólo a mí, debo echarme los tiempos por ese devaneo tuyo, resultado de mi abandono, del olvido... Eres joven, bonita. ¿Qué extraño es que cuantos monigotes te ven en la calle te galanteen? ¿Qué extraño que entre tantos haya saltado uno, menos malo que los demás, y que te haya caído en gracia... y que creas en sus promesas tontas y te lances con él a proyectillos de felicidad que pronto se te vuelven humo?... Ea, no hablemos más de eso. Te lo perdono... Absolución total. Ya ves... quiero ser tu padre, y empiezo por...

Trémula, recelosa de que tales declaraciones fueran astuto ardid para reducirla a confesar su secreto, y sintiendo más que nunca el misterioso despotismo que don Lope ejercía sobre ella, la cautiva negó, balbuciendo excusas; pero el tirano, con increíble condescendencia, redobló sus ternuras y mimos paternales en estos términos:

—Es inútil que niegues lo que declara tu turbación. No sé nada y lo sé todo. Ignoro y adivino. El corazón de la mujer no tiene secretos para mí. He visto mucho mundo. No te pregunto quién es el caballerito, ni me importa saberlo. Conozco la historia, que es de las más viejas, de las más adocenadas y vulgares del humano repertorio. El tal te habrá vuelto tarumba con esa ilusión cursi del matrimonio, buena para horteras y gente menuda.[187] Te habrá hablado del altarito, de las bendiciones y de la vida chabacana y obscura, con sopa boba, criaturitas, ovillito de algodón, brasero, camillita y demás imbecilidades. Y si tú te tragas semejante anzuelo, haz cuenta que te pierdes, que echas a rodar tu porvenir y le das una bofetada a tu destino...

—¡Mi destino! —exclamó Tristana, reanimándose; y sus ojos se llenaron de luz.

—Tu destino, sí. Has nacido para algo muy grande, que no podemos precisar aún. El matrimonio te zambulliría en la vulgaridad. Tú no puedes ni debes ser de nadie, sino de ti misma. Esa idea tuya de la honradez libre, consagrada a una profesión noble; esa idea que yo no supe apreciar antes y que al fin me ha conquistado, demuestra la profunda lógica de tu vocación, de tu ambición diré, si quieres. Ambicionas porque vales. Si tu voluntad se dilata, es porque tu entendimiento no cabe en ti... ¡Si esto no tiene vuelta de hoja, niña querida! (*Adoptando un tonillo zumbón*). ¡Vaya, que a una mujer de tu temple salirle con la monserga de las tijeras y el dedalito, de la echadura de huevos, del amor de la lumbre, y del contigo pan y cebolla![188] Mucho cuidado, hija mía, mucho cuidado con esas seducciones para costureras y señoritas de medio pelo... Porque te pondrás buena de la pierna y serás una actriz tan extraordinaria, que no haya otra en el mundo. Y si no te cuadra ser comedianta, serás otra cosa, lo que quieras, lo que se te antoje... Yo no lo sé... tú misma lo ignoras aún; no sabemos más sino que tienes alas. ¿Hacia dónde volarás?

187 'vulgar people'.
188 'through all the ups and downs'.

¡Ah!... si lo supiéramos, penetraríamos los misterios del destino, y eso no puede ser.[189]

---

[189] In relation to the ideas expressed here, Teresa Bordons has noted: 'En el caso que nos ocupa, el ámbito de lo doméstico, físicamente demarcado por las cuatro paredes del hogar, se corresponde con un espacio metafórico que determina el lugar de la mujer burguesa dentro de las relaciones sociales y que, a través del comportamiento de sus mujeres, delimita el lugar privilegiado de la propia burguesía. La religiosidad, la abnegación, la carencia de deseo sexual y el distanciamiento de las actividades intelectuales y políticas serían las virtudes por excelencia que definen el modelo de feminidad a través del cual se manifiesta la identidad del grupo en el poder frente a las clases subordinadas' (Bordons, 1993: 472).

XXI

«¡Ay Dios mío —decía Tristana para sí, cruzando las manos y mirando fijamente a su viejo—, cuánto sabe este maldito! Él es un pillastre redomado, sin conciencia; pero como saber... ¡vaya si sabe!...».

—¿Estás conforme con lo que te digo, pichona? —le preguntó don *Lepe*, besando sus manos, sin disimular la alegría que le causaba el sentimiento íntimo de su victoria.

—Te diré... sí... Yo creo que no sirvo para lo doméstico; vamos, que no puedo entender... Pero no sé, no sé si las cosas que sueño se realizarán...

—¡Ay, yo lo veo tan claro como esta es luz! —replicó Garrido con el acento de honrada convicción que sabía tomar en sus fórmulas de perjurio—. Créeme a mí... Un padre no engaña, y yo, arrepentido del daño que te hice, quiero ser padre para ti y nada más que padre.

Siguieron hablando de lo mismo, y don Lope, con suma habilidad estratégica, evolucionó para ganarle al enemigo sus posiciones, y allí fue el ridiculizar la vida boba, la unión eterna con un ser vulgar y las prosas de la intimidad matrimoñesca.

Al propio tiempo que estas ideas lisonjeaban a la señorita, servíanle de lenitivo en su grave dolencia. Se sintió mejor aquella tarde, y al quedarse sola con Saturna, antes que esta la acostara, tuvo momentos de ideal alborozo, con las ambiciones más despiertas que nunca y gozándose en la idea de verlas realizadas.[190] «Sí, sí, ¿por qué no he de ser actriz? Si no, seré lo que quiera... Viviré con holgura decorosa, sin ligarme eternamente a nadie, ni al hombre que amo y amaré siempre. Le querré más cuanto más libre sea».

---

190 On Tristana's hopes, Marina Mayoral has explained that 'Cuando Galdós escribe *Tristana* quedan ya muy lejos sus obras de tesis. Por eso dije al comienzo que el tema de la emancipación femenina no la trataba directamente, es decir, no va a atacarlo ni a defenderlo sino a utilizarlo para lo que en ese momento le interesa. *Tristana* es la historia de un fracaso, pero no del fracaso de una mujer o de una idea sino de un ser humano. Tristana es una persona que le pide mucho a la vida y que no tiene las cualidades necesarias para luchar y triunfar. Está hecha de la misma estofa que Federico Viera, personaje también de esta época galdosiana: seres que tienen la cabeza en sus sueños y los pies en el fango. Federico se suicida para redimirse de su ignominia. Tristana se hunde más y más en la grosura de una vida sin ideales ni sentido' (1989: 5).

Ayudada de Saturna, se acostó, después que esta le hubo curado con esmero exquisito la rodilla enferma, renovándole los vendajes. Intranquila pasó la noche; pero se consolaba con los efluvios de su imaginación ardorosa y con la idea de pronto restablecimiento. Aguardaba con ansia el día para escribir a Horacio, y al amanecer, antes que se levantara don Lope, enjaretó una larga y nerviosa epístola.

«Amor mío, paletito mío, *mio diletto*, sigo mal; pero estoy contenta. Mira tú qué cosa tan rara... ¡Ay, quien me entendiera a mí, si yo misma no me entiendo! Estoy alegre, sí, y llena de esperanzas, que se me cuelan en el alma cuando menos las llamo. Dios es bueno y me manda estas alegrías, sin duda porque me las merezco. Se me antoja que me curaré, aunque no mejore; pero se me antoja, y basta. Me da por pensar que se cumplirán mis deseos, que seré actriz del género trágico, que podré adorarte desde el castillo de mi independencia *comiquil*. Nos querremos de castillo a castillo, dueños absolutos de nuestras respectivas voluntades, tú libre, libre yo, y tan señora como la que más, con dominios propios y sin vida común ni sagrado vínculo ni sopas de ajo ni nada de eso.

»No me hables a mí del altarito, porque te me empequeñeces tanto que no te veo de tan chiquitín como te vuelves. Esto será un delirio; pero nací para delirante crónica, y soy... como la carne de oveja: se me toma o se me deja.[191] No, dejarme, no; te retengo, te amarro, pues mis locuras necesitan de tu amor para convertirse en razón. Sin ti me volvería tonta, que es lo peor que podría pasar.

»Y yo no quiero ser tonta, ni que lo seas tú. Yo te engrandezco con mi imaginación cuanto quieres achicarte, y te vuelvo bonito cuando te empeñas en ponerte feo, abandonando tu arte sublime para cultivar rábanos y calabazas. No te opongas a mi deseo, no desvanezcas mi ilusión; te quiero grande hombre y me saldré con la mía. Lo siento, lo veo... no puede ser de otra manera. Mi voz interior se entretiene describiéndome las perfecciones de tu ser... No me niegues que eres como te sueño. Déjame a mí que te fabrique... no, no es esa la palabra; que te componga... tampoco... Déjame que te piense, conforme a mi real gana. Soy feliz así; déjame, déjame».

Siguieron a esta carta otras, en que la imaginación de la pobre

---

191 This reminds the reader of the Spanish saying: 'Las lentejas y la carne de oveja, el que quiere las toma y el que no las deja'.

enferma se lanzaba sin freno a los espacios de lo ideal, recorriéndolos como corcel desbocado, buscando el imposible fin de lo infinito sin sentir fatiga en su loca y gallarda carrera.

Véase el género:

«Mi señor, ¿cómo eres? Mientras más te adoro, más olvido tu fisonomía; pero te invento otra a mi gusto, según mis ideas, según las perfecciones de que quiero ver adornada tu sublime persona. ¿Quieres que te hable un poquito de mí? ¡Ay, padezco mucho! Creí que mejoraba; pero no, no quiere Dios. Él sabrá por qué. Tu bello ideal, tu Tristanita, podrá ser, andando el tiempo, una celebridad; pero yo te aseguro que no será bailarina... ¡Lo que es eso...! Mi piernecita se opondría. Y también voy creyendo que no será actriz, por la misma razón. Estoy furiosa... cada día peor, con sufrimientos horribles. ¡Qué médicos estos! No entienden una palabra del arte de curar... Nunca creí que en el destino de las personas influyera tanto cosa tan insignificante como es una pierna, una triste pierna, que sólo sirve para andar. El cerebro, el corazón, creí yo que mandarían siempre; pero ahora una estúpida rodilla se ha erigido en tirana, y aquellos nobles órganos la obedecen... Quiero decir, no la obedecen ni le hacen maldito caso; pero sufren un absurdo despotismo, que confío será pasajero. Es como si se sublevara la soldadesca... Al fin, al fin, la canalla tendrá que someterse.

»Y tú, mi rey querido, ¿qué dices? Si no fuera porque tu amor me sostiene, ya habría yo sucumbido ante la sedición de esta pata que se me quiere subir a la cabeza. Pero no, no me acobardo, y pienso las cosas atrevidas que he pensado siempre... no, que pienso más y mucho más, y subo, subo siempre. Mis aspiraciones son ahora más acentuadas que nunca; mi ambición, si así quieres llamarla, se desata y brinca como una loca. Créelo, tú y yo hemos de hacer algo grande en el mundo. ¿No aciertas cómo? Pues yo no puedo explicármelo; pero lo sé. Me lo dice mi corazón, que todo lo sabe, que no me ha engañado nunca ni puede engañarme. Tú mismo no te formas una idea clara de lo que eres y de lo que vales. ¿Será preciso que yo te descubra a ti mismo? Mírate en mí, que soy tu espejo, y te verás en el supremo Tabor de la glorificación artística.[192] Estoy segura de que no te ríes de lo que digo,

---

192 She refers to Mount Tabor. It is believed by many Christians to be the site of the Transfiguration of Jesus.

como segura estoy de que eres tal y como te pienso: la suma perfección moral y física. En ti no hay defectos, ni puede haberlos, aunque los ojos del vulgo los vean. Conócete; haz caso de mí; entrégate sin recelo a quien te conoce mejor que tú mismo... No puedo seguir... Me duele horriblemente... ¡Que un hueso, un miserable hueso, nos...!».

Jueves

«¡Qué día ayer, y qué noche! Pero no me acobardo. El espíritu se me crece con los sufrimientos. ¿Creerás una cosa? Anoche, cuando el pícaro dolor me daba algunos ratitos de descanso, me volvía todo el saber que leyendo adquirí, y que se me había como desvanecido y evaporado. Entraban las ideas unas tras otras, atropellándose, y la memoria, una vez que las cogía dentro, ¡zas!, cerraba la puerta para no dejarlas salir. No te asombres; no sólo sé todo lo que sabía, sino que sé más, muchísimo más. Con las ideas de casa han entrado otras nuevas, desconocidas. Debo yo de tener un *ideón*, palomo ladrón, que al salir por esos aires seduce cuantas ideítas encuentra y me las trae. Sé más, mucho más que antes. Lo sé todo... no; esto es mucho decir... Hoy me he sentido muy aliviada, y me dedico a pensar en ti. ¡Qué bueno eres! Tu inteligencia no conoce igual; para tu genio artístico no hay dificultades. Te quiero con más alma que nunca, porque respetas mi libertad, porque no me amarras a la pata de una silla ni a la pata de una mesa con el cordel del matrimonio. Mi pasión reclama libertad. Sin ese campo no podría vivir. Necesito comerme libremente la hierba, que crecerá más arrancada del suelo por mis dientes. No se hizo para mí el establo. Necesito la pradera sin término».

En sus últimas cartas, ya Tristana olvidaba el vocabulario de que solían ambos hacer alarde ingenioso en sus íntimas expansiones hablando o escritas. Ya no volvió a usar el *señó Juan* ni la *Paca de Rímini*, ni los terminachos y licencias gramaticales que eran la sal de su picante estilo. Todo ello se borró de su memoria, como se fue desvaneciendo la persona misma de Horacio, sustituida por un ser ideal, obra temeraria de su pensamiento, ser en quien se cifraban todas las bellezas visibles e invisibles. Su corazón se inflamó en un cariñazo que bien podría llamarse místico, por lo incorpóreo y puramente soñado del ser que tales efectos movía. El Horacio nuevo e intangible parecíase un poco al verdadero, pero nada más que un poco. De aquel bonito fantasma iba haciendo Tristana la verdad elemental de su existencia, pues sólo vivía para él, sin caer en la cuenta de que tributaba culto a un Dios de su propia cosecha. Y este culto se expresaba en cartas centelleantes, trazadas con trémula mano, entre las alteradas excitaciones del insomnio y la fiebre, y que sólo por mecánica costumbre eran dirigidas a Villajoyosa, pues en realidad debían expedirse por la estafeta del ensueño hacia la estación de los espacios imaginarios.

Miércoles

«Maestro y señor, mis dolores me llevan a ti, como me llevarían mis alegrías si alguna tuviera. Dolor y gozo son un mismo impulso para volar... cuando se tienen alas. En medio de las desgracias con que me aflige, Dios me hace el inmenso bien de concederme tu amor. ¿Qué importa el dolor físico? Nada. Lo soportaré con resignación, siempre que tú... no me duelas. ¡Y no me digan que estás lejos! Yo te traigo a mi lado, te siento junto a mí, y te veo y te toco; tengo bastante poder de imaginación para suprimir la distancia y contraer el tiempo conforme se me antoja».

Jueves

«Aunque no me lo digas, sé que eres como debes ser. Lo siento en mí. Tu inteligencia sin par, tu genio artístico, lanzan sus chispazos dentro de mi propio cerebro. Tu sentimiento elevadísimo del bien, en mi propio corazón parece que ha hecho su nido... ¡Ay, para que veas la virtud del espíritu! Cuando pienso mucho en ti, se me quita el dolor. Eres mi medicina, o al menos un anestésico que mi doctor no entiende. ¡Si vieras...! Miquis se pasma de mi serenidad. Sabe que te adoro; pero no conoce lo que vales, ni que eres el pedacito más selecto de la divinidad. Si lo supiera, sería parco en recetar calmantes, menos activos que la idea de ti... He metido en un puño el dolor, porque necesitaba reposo para escribirte. Con mi fuerza de voluntad, que es enorme, y con el poder del pensamiento, consigo algunas treguas. Llévese el Demonio la pierna. Que me la corten. Para nada la necesito. Tan espiritualmente amaré con una pierna, como con dos... como sin ninguna».

Viernes

«No me hace falta ver los primores de tu arte maravilloso. Me los figuro como si delante de mis ojos los tuviera. La Naturaleza no tiene secretos para ti. Más que tu maestra es tu amiga. De sopetón se introduce en tus obras, sin que tú lo solicites, y tus miradas la clavan en el lienzo antes que los pinceles. Cuando yo me ponga buena, haré lo mismo. Me rebulle aquí dentro la seguridad de que lo he de hacer. Trabajaremos juntos, porque ya no podré ser actriz; voy viendo que es imposible... ¡pero lo que es pintora...! No hay quien me lo quite de la cabeza. Tres o cuatro lecciones tuyas me bastarán para seguir tus huellas, siempre a distancia, se entiende... ¿Me enseñarás? Sí, porque tu grandeza de alma corre pareja con tu entendimiento, y eres el sumo bien, la absoluta bondad, como eres... aunque no quieras confesarlo, la suprema belleza».[193]

---

[193] In this regard, Farris Anderson has noted that 'At the thematic level, the novel's unresolved dialectics include order versus disorder, consciousness versus unconsciousness, freedom versus entrapment, reality versus art, wholeness versus fragmentation, expansion versus enclosure, truth versus falsehood. These antinomies support certain explicit themes: principally, the oppression of women and the danger of mistaking art for life. At the heart of the novel's thematic organization is the search for the personality. This central theme establishes a linkage among the novel's antinomies and secondary themes; it lends coherence to the novel characterized by a missing center. The paradox is resolved in the nature of the core. The governing theme of *Tristana* is the *search* for personality, not the attainment of it. The search is not successfully completed, any more than the novel's antinomies are successfully resolved. Thus, the novel's thematic core, while providing conceptual coherence, actually undermines the search for stability and resolution. Stable personality becomes one of the crucial ingredients whose absence defines the novel' (1985: 62).

XXII

El efecto que estas deshilvanadas y sutiles razones hacían en Horacio, fácilmente se comprenderá. Viose convertido en ser ideal, y a cada carta que recibía entrábanle dudas acerca de su propia personalidad, llegando al extremo increíble de preguntarse si era él como era, o como lo pintaba con su indómita pluma la visionaria niña de don *Lepe*. Pero su inquietud y confusión no le impidieron ver el peligro tras ellas oculto, y empezó a creer que *Paquita de Rímini* más padecía de la cabeza que de las extremidades. Asaltado de ideas pesimistas, y lleno de zozobra y cavilaciones, resolvió marchar a Madrid, y ya tenía dispuesto todo para el viaje, a últimos de febrero, cuando un repentino ataque de hemoptisis de doña Trinidad le encadenó a Villajoyosa en tan mala ocasión.

En los mismos días de esta ocurrencia pasaban en Madrid y en la casa de don Lope cosas de extraordinaria gravedad, que deben ser puntualmente referidas. Tristana empeoró tanto, que nada pudo su fuerza de voluntad contra el dolor intensísimo, acompañado de fiebre, vómitos y malestar general. Desesperado y aturdido, sin la presencia de ánimo que requería el caso, don Lope creía conjurar el peligro clamando al Cielo, ya con acento de piedad, ya con amenazas y blasfemias. Su irreflexivo temor le hacía ver la salvación de la enferma en los cambios de tratamiento: despedido Miquis, hubo de llamarle otra vez, porque su sucesor era de los que todo lo curan con sanguijuelas, y esta medicación, si al principio determinó algún alivio, luego aniquiló las cortas fuerzas de la paciente.

Alegrose Tristana de la vuelta de Miquis, porque le inspiraba simpatía y confianza, levantándole el espíritu con el poder terapéutico de su afabilidad. Los calmantes enérgicos le devolvieron por algunas horas cada día la virtud preciosa de consolarse con su propia imaginación, de olvidar el peligro, pensando en bienes imaginarios y en glorias remotísimas. Aprovechó los momentos de sedación para escribir algunas cartas breves, compendiosas, que el mismo don Lope, sin hacer ya misterio de su indulgencia, se encargaba de echar al correo.

—Basta de tapujos, niña mía —le dijo con alardes de confianza paterna—. Para mí no hay secretos. Y si tus cartitas te consuelan, yo no te riño, ni me opongo a que las escribas. Nadie te comprende como yo, y el mismo que tiene la dicha de leer tus garabatos no está a la altura de ellos, ni merece tanto honor. En fin, ya te irás convenciendo... Entre tanto, muñeca de mi vida, escribe todo lo que quieras, y si algún día no tuvieras ganas de manejar la pluma, díctame, y seré tu secretario. Ya ves la importancia que doy a ese juego infantil... ¡Cosas de chiquillos, que comprendo perfectamente, porque yo también he tenido veinte años, yo también he sido tonto, y a cuanta niña me caía por delante la llamaba *mi bello ideal*, y le ofrecía mi blanquísima mano...!

Terminaba estas bromas con una risita no muy sincera, que inútilmente quería comunicar a Tristana, y al fin él solo reía sus propios chistes, disimulando la terrible procesión que por dentro le andaba.

Augusto Miquis iba tres veces al día, y aún no estaba contento don Lope, decidido a emplear todos los recursos de la ciencia médica para sanar a su muñeca infeliz. En aquel caso no se contentaba con dar la camisa, pues la piel misma le hubiera parecido corto sacrificio para objeto tan grande. «Si mis recursos se acaban por completo —decía—, lo que no es imposible al paso que vamos, haré lo que siempre me repugnó y me repugna: daré sablazos, me rebajaré a pedir auxilio a mis parientes de Jaén, que es para mí el colmo de la humillación y de la vergüenza. Mi dignidad no vale un pito ante la tremenda desgracia que me desgarra el corazón, este corazón que era de bronce y ahora es pura manteca. ¡Quién me lo había de decir! Nada me afectaba y los sentimientos de toda la humanidad me importaban un ardite... Pues ahora, la piernecita de esta pobre mujer me parece a mí que nos va a traer el desequilibrio del universo. Creo que hasta el momento presente no he conocido cuánto la quiero, ¡pobrecilla! Es el amor de mi vida, y no consiento perderla por nada de este mundo. A Dios mismo, a la muerte se la disputaré. Reconozco en mí un egoísmo capaz de mover las montañas, un egoísmo que no vacilo en llamar santo, porque me lleva a la reforma de mi carácter y de todo mi ser. Por él abomino de mis aventuras, de mis escándalos; por él me consagraré, si Dios me concede lo que le pido, al bien y a la dicha de esta sin par mujer, que no es mujer, sino un ángel de sabiduría y de gracia. ¡Y yo la tuve en mis manos y no supe entenderla! Confiesa y declara, Lope amigo, que eres un zote, que sólo la vida instruye, y que la ciencia verdadera no crece sino en los eriales de la vejez...».

En su trastorno insano, tan pronto volvía los ojos a la medicina como al charlatanismo. Una mañana le llevó Saturna el cuento de que cierta curandera, establecida en Tetuán, y cuya fama y prestigio llegaban por acá hasta Cuatro Caminos, y por allá hasta los mismos muros de Fuencarral, curaba los tumores blancos[194] con la aplicación de las llamadas *hierbas callejeras*.[195] Oírlo don Lope y mandar que viniera la que tales prodigios hacía fue todo uno, y poco le importaba que don Augusto pusiese mala cara. Descolgose la comadre con un pronóstico muy risueño, y aseguró que aquello era cosa de días. Revivió en don *Lepe* la esperanza; hízose cuanto la vieja dispuso; enterose Miquis aquella misma tarde y no se enojó, dando a entender que el emplasto de la profesora libre de Tetuán no produciría daño ni provecho a la enferma. Maldijo don Lope a todas las charlatanas habidas y por haber, mandándolas que se fueran con cien mil pares de demonios, y se restablecieron los planes y estilos de la ciencia.

Pasó Tristana una noche infernal, con violentos accesos de fiebre, entrecortados de intensísimo frío en la espalda. Garrido, a quien se podía ahorcar con un cabello, no tuvo más que ver la cara del doctor, en su visita matutina, para comprender que el mal entraba en un período de gravedad crítica, pues aunque el bueno de Augusto sabía disfrazar ante los enfermos su impresión diagnóstica, aquel día pudo más la pena que el disimulo. La misma Tristana se le adelantó, diciendo con aparente serenidad: «Comprendido, doctor... Esta... no la cuento. No me importa. La muerte me gusta; se me está haciendo simpática. Tanto padecer va consumiendo las ganas de vivir... Hasta anoche, figurábaseme que el vivir es algo bonito... a veces... Pero ya me encariño con la idea de que lo más gracioso es morirse... no sentir dolor... ¡qué delicia, qué gusto!». Echose a llorar, y el bravo don *Lepe* necesitó evocar todo su coraje para no hacer pucheros.

Después de consolar a la enferma con cuatro mentiras muy bien tramadas, encerrose Miquis con don Lope en el cuarto de este, dejándose en la puerta sus bromas y la máscara de amabilidad caritativa, y le habló con la solemnidad propia del caso.

194 Tristana has a bone tumour.
195 In every edition one finds a different word. Amores and Sánchez use the form 'calleras'. González and Sevilla opt for 'calderas'. The first edition from 1892 reads 'callejeras'. Both 'calleras' and 'callejeras' produce the same effect in the reader. Don Lope is desperate and he tries anything to cure Tristana.

—Amigo don Lope —dijo, poniendo sus dos manos sobre los hombros del caballero, que parecía más muerto que vivo—, hemos llegado a lo que yo me temía. Tristanita está muy grave. A un hombre como usted, valiente y de espíritu sereno, capaz de atemperarse a las circunstancias más angustiosas de la vida, se le debe hablar con claridad.

—Sí —murmuró el caballero, haciéndose el valiente, y creyendo que el cielo se le venía encima, por lo cual, con movimiento instintivo, alzó las manos como para sostenerlo.

—Pues sí... La fiebre altísima, el frío en la médula, ¿sabe usted lo que es? Pues el síntoma infalible de la reabsorción...

—Ya, ya comprendo...

—La reabsorción... el envenenamiento de la sangre... la...

—Sí... y...

—Nada, amigo mío. Ánimo. No hay más remedio que operar...

—¡Operar! -exclamó Garrido en el colmo del aturdimiento- Cortar... ¿no es eso? ¿Y usted cree...?

—Puede salvarse, aunque no lo aseguro.

—¿Y cuándo...?

—Hoy mismo. No hay que perder tiempo... Una hora que perdamos nos haría llegar tarde.

Don Lope fue asaltado de una especie de demencia al oír esto, y dando saltos como fiera herida, tropezando con los muebles, y golpeándose el cráneo, pronunció estas incongruentes y desatentadas expresiones:

—¡Pobre niña!... Cortarle la... ¡Oh!, mutilarla horriblemente... ¡Y qué pierna, doctor!... Una obra maestra de la Naturaleza... Fidias[196] mismo la querría para modelar sus estatuas inmortales... Pero ¿qué ciencia es esa que no sabe curar sino cortando? ¡Ah!, no saben ustedes de la misa la media... Don Augusto, por la salvación de su alma, invente usted algún otro recurso. ¡Quitarle una pierna! Si eso se arreglara cortándome a mí las dos... ahora mismo, aquí están... Ea, empiece usted... y sin cloroformo.

Los gritos del buen caballero debieron oírse en el cuarto de Tristana,

---

196 Phidias was a Greek sculptor, painter, and architect who lived in the fifth-century BC and is commonly regarded as one of the greatest of all sculptors of Classical Greece.

porque entró Saturna, asustadísima, a ver qué demonches le pasaba a su amo.

—Vete de aquí, bribona... Tú tienes la culpa. Digo, no... ¡Cómo está mi cabeza!... Vete, Saturna, y dile a la niña que no consentiré se le corte ni tanto así de pierna ni de nada. Primero me corto yo la cabeza... No, no se lo digas... Cállate... Que no se entere... Pero habrá que decírselo... Yo me encargo... Saturna, mucho cuidado con lo que hablas... Lárgate, déjanos.

Y volviéndose al médico, le dijo:

—Dispénseme, querido Augusto; no sé lo que pienso. Estoy loco... Se hará todo, todo lo que la facultad disponga... ¿Qué dice usted? ¿Que hoy mismo...?

—Sí, cuanto más pronto, mejor. Vendrá mi amigo el doctor Ruiz Alonso, cirujano de punta, y... Veremos. Creo que practicada con felicidad la amputación, la señorita podrá salvarse.

—¡Podrá salvarse! De modo que ni aun así es seguro... ¡Ay doctor, no me vitupere usted por mi cobardía! No sirvo para estas cosas... Me vuelvo un chiquillo de diez años.¡Quién lo había de decir! ¡Yo, que he sabido afrontar sin un fruncimiento de cejas los mayores peligros!...

—Señor don Lope —dijo Miquis con triste acento—, en estas ocasiones de prueba se ven los puntos que calza nuestra capacidad para el infortunio. Muchos que se tienen por cobardes resultan animosos, y otros que se creen gallos salen gallinitas. Usted sabrá ponerse a la altura de la situación.

—Y será forzoso prepararla... ¡Dios mío, qué trance! Yo me muero... yo no sirvo, don Augusto...

—¡Pobrecilla! No se lo diremos claramente. La engañaremos.

—¡Engañarla! No se ha enterado usted todavía de su penetración.[197]

—En fin, vamos allá, que en estas cosas, señor mío, hay que contar siempre con alguna circunstancia inesperada y favorable. Es fácil que ella, si tanta agudeza tiene, lo haya comprendido, y no necesitemos... El enfermo suele ver muy claro.

---

197 Here 'penetración' means intelligence.

XXIII

No se equivocaba el sagaz alumno de Hipócrates.[198] Cuando entraron a ver a Tristana, esta los recibió con semblante entre risueño y lloroso. Se reía, y dos gruesos lagrimones corrían por sus mejillas de papel.

—Ya, ya sé lo que tiene que decirme... No hay que apurarse. Soy valiente... Si casi me alegro... Y sin casi... porque vale más que me la corten... Así no sufriré... ¿Qué importa tener una sola pierna? Digo, como importar... Pero si ya en realidad no la tengo, ¡si no me sirve para nada!... Fuera con ella, y me pondré buena, y andaré... con muletas, o como Dios me dé a entender...

—Hija mía, te quedarás buenísima —dijo don Lope, envalentonándose al verla tan animosa—. Pues si yo supiera que cortándome las dos me quedaba sin reuma, hoy mismo... Después de todo, las piernas se sustituyen por aparatos mecánicos que fabrican los ingleses y alemanes, y con ellos se anda mejor que con estos malditos remos que nos ha encajado la Naturaleza.

—En fin —agregó Miquis—, no se asuste la muñeca, que no la haremos sufrir nada... pero nada... Ni se enterará usted. Y luego se sentirá muy bien, y dentro de unos cuantos días ya podrá entretenerse en pintar...

—Hoy mismo —dijo el viejo, haciendo de tripas corazón, y procurando tragarse el nudo que en la garganta sentía— te traigo el caballete, la caja de colores... Verás, verás qué cuadros tan bonitos nos vas a pintar.

Con un cordial apretón de manos se despidió Augusto, anunciándole su pronta vuelta, sin precisar la hora, y solos Tristana y don Lope, estuvieron un ratito sin hablarse.

—¡Ah!, tengo que escribir —dijo la enferma.

—¿Podrás, vida mía? Mira que estás muy débil. Díctame, y yo escribiré.

Al decir esto, llevaba junto a la cama la tabla que servía de mesa y la resmilla de papel y el tintero.

---

198 Hippocrates of Kos (c.460–c.370 BC) was a Greek physician of the Age of Pericles (Classical Greece) and is considered one of the most outstanding figures in the history of medicine. He is referred to as the father of western medicine.

—No... Puedo escribir... Es particular lo que ahora me pasa. Ya no me duele. Casi no siento nada. ¡Vaya si puedo escribir! Venga... Un poquito me tiembla el pulso, pero no importa—.

Delante del tirano escribió estas líneas:

—Allá va una noticia que no sé si es buena o mala. Me la cortan. ¡Pobrecita pierna! Pero ella tiene la culpa... ¿Para qué es mala? No sé si me alegro, porque, en verdad, la tal patita no me sirve para nada. No sé si lo siento, porque me quitan lo que fue parte de mi persona... y voy a tener sin ella cuerpo distinto del que tuve... ¿Qué piensas tú? Verdaderamente, no es cosa de apurarse por una pierna. Tú, que eres todo espíritu, lo creerás así. Yo también lo creo. Y lo mismo has de quererme con un remo que con dos. Ahora pienso que habría hecho mal en dedicarme a la escena. ¡Uf!, arte poco noble, que fatiga el cuerpo y empalaga el alma. ¡La pintura!... Eso ya es otra cosa... Me dicen que no sufriré nada en la... ¿lo digo?, en la operación... ¡Ay!, hablando en plata,[199] esto es muy triste, y yo no lo soportaré sino sabiendo que seré la misma para ti después de la carnicería... ¿Te acuerdas de aquel grillo que tuvimos, y que cantaba más y mejor después de arrancarle una de las patitas? Te conozco bien, y sé que no desmereceré nada para ti... No necesitas asegurármelo para que yo lo crea y lo afirme... Vamos, ¿a que al fin resulta que estoy alegre?... Sí, porque ya no padeceré más. Dios me alienta, me dice que saldré bien del lance, y que después tendré salud y felicidad, y podré quererte todo lo que se me antoje, y ser pintora, o mujer sabia, y filósofa por todo lo alto... No, no puedo estar contenta. Quiero encandilarme, y no me resulta... Basta por hoy. Aunque sé que me querrás siempre, dímelo para que conste. Como no puedes engañarme, ni cabe la mentira en un ser que reúne todas las formas del bien, lo que me digas será mi Evangelio... Si tú no tuvieras brazos ni piernas, yo te querría lo mismo. Conque...».

Las últimas líneas apenas se entendían, por el temblor de la escritura. Al soltar la pluma, cayó la muñeca infeliz en grande abatimiento. Quiso romper la carta, arrepintiose de ello, y por fin la entregó a don Lope, abierta, para que le pusiese el sobre y la enviase a su destino. Era la primera vez que no se cuidaba de defender ni poco ni mucho el secreto epistolar. Llevose Garrido a su cuarto el papel, y lo leyó

199 'speaking freely'.

despacio, sorprendido de la serenidad con que la niña trataba de tan grave asunto.

—Lo que es ahora —dijo al escribir el sobre y como si hablara con la persona cuyo nombre trazaba la pluma— ya no te temo. La perdiste, la perdiste para siempre, pues esas bobadas del amor eterno, del amor ideal, sin piernas ni brazos, no son más que un hervor insano de la imaginación. Te he vencido. Triste es mi victoria, pero cierta. Dios sabe que no me alegro de ella sino descartando el motivo que es la mayor pena de mi vida... Ya me pertenece en absoluto hasta que mis días acaben. ¡Pobre muñeca con alas![200] Quiso alejarse de mí, quiso volar; pero no contaba con su destino, que no le permite revoloteos ni correrías; no contaba con Dios, que me tiene ley... no sé por qué... pues siempre se pone de mi parte en estas contiendas... Él sabrá la razón... y cuando se me escapa lo que quiero... me lo trae aladito de pies y manos. ¡Pobre alma mía, adorable chicuela, la quiero, la querré siempre como un padre! Ya nadie me la quita, ya no...».

En el fondo de estos sentimientos tristísimos que don Lope no sacó del corazón a los labios, palpitaba una satisfacción de amor propio, un egoísmo elemental y humano de que él mismo no se daba cuenta. «¡Sujeta para siempre! ¡Ya no más desviaciones de mí!». Repitiendo esta idea, parecía querer aplazar el contento que de ella se derivaba, pues no era la ocasión muy propicia para alegrarse de cosa alguna.

Halló después a la joven bastante alicaída, y empleó para reanimarla, ya los razonamientos piadosos, ya consideraciones ingeniosísimas acerca de la inutilidad de nuestras extremidades inferiores. A

---

200 As Teresa Bordons noted: 'La crítica al personaje de Garrido por parte del narrador se mantiene a lo largo del texto a través de las continuas referencias al "tirano", "dueño", y "amo" de Tristana a la que, a su vez, se define como "víctima", "esclava", "muñeca", "pobre niña" y finalmente "cojita". A partir de estos calificativos en los que el lector o lectora tiende a asumir que la situación de "esclava" de la señorita Reluz resulta repelente para el narrador.[...] El narrador de *Tristana*, sirviéndonos de las palabras de Schmidt, es portavoz de "una actitud masculina muy común" aunque no es exactamente la encarnada en don Lope, representante de un orden social en vías de extinción. Es, por el contrario, la actitud masculina dominante de un periodo de evidente transformación del sistema de género sexual como lo era la última década del siglo XIX. Galdós hace que la historia de Tristana, modelo de la mujer nueva, sea narrada desde una perspectiva ambigua, elusiva, difícil de concretar, por un narrador quizás poco convencido de las ideas de independencia de la protagonista pero que tampoco puedes rechazarlas abiertamente' (Bordons, 1993: 482–485).

duras penas tomó Tristana algún alimento; el buen Garrido no pudo pasar nada. A las dos entraron Miquis, Ruiz Alonso y un alumno de Medicina, que hacía de ayudante, pasando a la sala silenciosos y graves. Uno de los tres llevaba, cuidadosamente envuelto en un paño el estuche que contenía las herramientas del oficio. Poco después entró un mozo que llevaba los frascos de líquidos antisépticos. Recibioles don Lope como si recibiera al verdugo cuando va a pedir perdón al condenado a muerte y a prepararle para el suplicio.

—Señores —dijo—, esto es muy triste, muy triste...

Y no pudo pronunciar una palabra más. Miquis fue al cuarto de la enferma y se anunció con donaire:

—Guapa moza, todavía no hemos venido... quiero decir, he venido yo solo. A ver, ¿qué tal?, ese pulso...

Tristana se puso lívida, clavando en el médico una mirada medrosa, infantil, suplicante. Para tranquilizarla, asegurole Miquis que confiaba en curarla completa y radicalmente, que su excitación era precursora de la mejoría franca y segura, y que para calmarla le iba a dar un poquitín de éter...

—Nada, hija, basta echar unas gotitas de líquido en un pañuelo, y olerlo, para conseguir que los pícaros nervios entren en caja.[201]

Mas no era fácil engañarla. La pobre señorita comprendió las intenciones de Augusto y le dijo, esforzándose en sonreír:

—Es que quiere usted dormirme... Bueno. Me alegro de conocer ese sueño profundo, con el cual no puede ningún dolor, por muy perro que sea. ¡Qué gusto! ¿Y si no despierto, si me quedo allá...?

—¡Qué ha de quedarse...! Buenos tontos seríamos... —dijo Augusto, a punto que entraba don Lope consternado, medio muerto.

Y resueltamente se puso a preparar la droga, volviendo la espalda a la enferma, dejando sobre una cómoda el frasquito del precioso anestésico. Hizo con su pañuelo una especie de nido chiquitín, en el cual puso los algodones impregnados de cloroformo, y entre tanto se difundió por la habitación un fuerte olor de manzanas.

—¡Qué bien huele! —dijo la señorita, cerrando los ojos, como si rezara mentalmente.

Y al instante le aplicó Augusto a la nariz el hueco del pañuelo. Al primer efecto de somnolencia siguió sobresalto, inquietud epiléptica,

201 To control the emotions.

convulsiones y una verbosidad desordenada, como de embriaguez alcohólica.

—No quiero, no quiero... Ya no me duele... ¿Para qué cortar?... ¡Está una tocando todas las sonatas de Beethoven,[202] tocándolas tan bien... al piano, cuando vienen estos tíos indecentes a pellizcarle a una las piernas!... Pues que zajen, que corten... y yo sigo tocando. El piano no tiene secretos para mí... Soy el mismo Beethoven, su corazón, su cuerpo, aunque las manos sean otras... Que no me quiten también las manos, porque entonces... Nada, que no me dejo quitar esta mano; la agarro con la otra para que no me la lleven... y la otra la agarro con esta, y así no me llevan ninguna. Miquis, usted no es caballero, ni lo ha sido nunca, ni sabe tratar con señoras, ni menos con artistas eminentes... No quiero que venga Horacio y me vea así. Se figurará cualquier cosa mala... Si estuviera aquí señó Juan, no permitiría esta infamia... Atar a una pobre mujer, ponerle sobre el pecho una piedra tan grande, tan grande... y luego llenarle la paleta de ceniza para que no pueda pintar... ¡Cosa tan extraordinaria! ¡Cómo huelen las flores que he pintado! Pero si las pinté creyendo pintarlas, ¿cómo es que ahora me resultan vivas... vivas? ¡Poder del genio artístico! He de retocar otra vez el cuadro de *Las Hilanderas*[203] para ver si me sale un poquito mejor. La perfección, esa perfección endiablada, ¿dónde está?... Saturna, Saturna... ven, me ahogo... Este olor de las flores... No, no, es la pintura, que cuanto más bonita, más venenosa...

Quedó al fin inmóvil, la boca entreabierta, quieta la pupila... De vez en vez lanzaba un quejido como de mimo infantil, tímido esfuerzo del ser aplastado bajo la losa de aquel sueño brutal. Antes que la cloroformización fuera completa, entraron los otros dos sicarios, que así en su pensamiento los llamaba don Lope, y en cuanto creyeron bien preparada a la paciente, colocáronla en un catre con colchoneta,

---

[202] Vernon Chamberlain has reflected on the interplay between art and fiction in the novel: 'Further consideration of the interplay (here music), fiction, and life and the complexity of vision implicit in the use of one art form within the scope and structure of another may merit an additional separate study. As a beginning, one may note that the principal themes, variations, and the structural dynamics of *Tristana* tend themselves to explication in terms of typical sonata form. In the process of recording in fictional form his love affair with Concha-Ruth Morell, Galdós – as he has done six year earlier with his masterpiece, *Fortunata y Jacinta* – once again successfully employed the pattern of a musical composition' (1985: 95).

[203] Painting by Diego Velázquez (1599–1660).

dispuesta para el caso, y ganando no ya minutos, sino segundos, pusieron manos en la triste obra. Don Lope trincaba los dientes, y a ratos, no pudiendo presenciar cuadro tan lastimoso, se marchaba a la habitación para volver en seguida avergonzándose de su pusilanimidad. Vio poner la venda de Esmarch,[204] tira de goma que parece una serpiente. Empezó luego el corte por el sitio llamado de elección; y cuando tallaban el colgajo, la piel que ha de servir para formar después el muñón; cuando a los primeros tajos del diligente bisturí vio don Lope la primera sangre, su cobardía trocose en valor estoico, altanero, incapaz de flaquear; su corazón se volvió de bronce, de pergamino su cara, y presenció hasta el fin con ánimo entero la cruel operación, realizada con suma habilidad y presteza por los tres médicos. A la hora y cuarto de haber empezado a cloroformizar a la paciente, Saturna salía presurosa de la habitación con un objeto largo y estrecho envuelto en una sábana. Poco después, bien ligadas las arterias, cosida la piel del muñón, y hecha la cura antiséptica con esmero prolijo, empezó el despertar lento y triste de la señorita de Reluz, su nueva vida, después de aquel simulacro de muerte, su resurrección, dejándose un pie y dos tercios de la pierna en el seno de aquel sepulcro que a manzanas olía.

---

204 Esmarch bandage in its modern form is a narrow hard rubber tourniquet with a chain fastener that is used to control bleeding by applying it around a limb in such a way that blood is expelled from it.

XXIV

—¡Ay, todavía me duele! —fueron las primeras palabras que pronunció al volver del tenebroso abismo. Y después, su fisonomía pálida y descompuesta revelaba como un profundo análisis autopersonal, algo semejante a la intensísima fuerza de observación que los aprensivos dirigen sobre sus propios órganos, auscultando su respiración y el correr de la sangre, palpando mentalmente sus músculos y acechando el vibrar de sus nervios. Sin duda la pobre niña concentraba todas las fuerzas de su mente en aquel vacío de su extremidad inferior, para reponer el miembro perdido, y conseguía restaurarlo tal como fue antes de la enfermedad, sano, vigoroso y ágil. Sin gran esfuerzo imaginaba que tenía sus dos piernas, y que andaba con ellas garbosamente, con aquel pasito ligero que la llevaba en un periquete al estudio de Horacio.

—¿Qué tal mi niña? —le preguntó don Lope haciéndole caricias.

Y ella, tocando suavemente los blancos cabellos del galán caduco, le contestó con gracia:

—Muy bien... Me siento muy descansadita. Si me dejaran, ahora mismo me echaría a correr... digo, a correr, no... No estamos para esas bromas.

Augusto y don Lope, cuando los otros dos médicos se habían marchado, diéronle seguridades de completa curación, y se felicitaron del éxito quirúrgico con un entusiasmo que no podían comunicarle. Pusiéronla cuidadosamente en su lecho en las mejores condiciones de higiene y comodidad, y ya no había más que hacer sino esperar los diez o quince días críticos subsiguientes a la operación.

Durante este período no tuvo sosiego el bueno de Garrido, porque si bien el traumatismo se presentaba en las mejores condiciones, el abatimiento y postración de la niña eran para causar alarma. No parecía la misma, y denegaba su propio ser; ni una vez siquiera pensó en escribir cartas, ni salieron a relucir aquellas aspiraciones o antojos sublimes de su espíritu siempre inquieto y ambicioso; ni se le ocurrieron los donaires y travesuras que gastar solía hasta en las horas más crueles de su enfermedad. Entontecida y aplanada, su ingenio superior sufría un eclipse total. Tanta pasividad y mansedumbre, al principio agradaron a don Lope; mas no tardó el buen señor en condolerse de aquella mudanza de carácter. Ni un momento se separaba de ella, dando ejemplo de paternal solicitud, con extremos cariñosos que rayaban en mimo. Por fin, al décimo día, Miquis declaró muy satisfecho que la cicatrización iba perfectamente, y que pronto la cojita sería dada de alta. Coincidió con esto una resurrección súbita del espiritualismo de la inválida, que una mañana, como descontenta de sí misma, dijo a don Lope:

—¡Vaya, que tantos días sin escribir! ¡Qué mal me estoy portando...!

—No te apures, hija mía —replicó con donaire el viejo galán—. Los seres ideales y perfectos no se enfadan por dejar de recibir una carta, y se consuelan del olvido paseándose impávidos por las regiones etéreas donde habitan... Pero si quieres escribir, aquí tienes los trebejos. Díctame: soy tu secretario.

—No; escribiré yo misma... O si gustas... escribe tú. Cuatro palabras.

—A ver; ya estoy pronto —dijo Garrido, pluma en mano y el papel delante.

—Pues, como te decía —dictó Tristana—, ya no tengo más que una piernecita. Estoy mejor. Ya no me duele... padezco muy poco... ya...

—¿Qué... no sigues?

—Mejor será que lo escriba yo. No me salen, no me salen las ideas dictando.

—Pues toma... Escribe tú y despáchate a tu gusto (*dándole la pluma y poniéndole delante la tabla con la carpeta y papel*). ¿Qué... tan premiosa estás? Y esa inspiración y esos arranques, ¿a dónde diablos se han ido?

—¡Qué torpe estoy! No se me ocurre nada.

—¿Quieres que te dicte yo? Pues oye: «¡Qué bonito eres, qué pillín te ha hecho Dios y qué... qué desabridas son tantas perfecciones!... No, no me caso contigo ni con ningún serafín terrestre ni celeste...». Pero qué, ¿te ríes? Adelante. «Pues no me caso... Que esté coja o no lo esté, eso no te importa a ti. Tengo quien me quiera tal como soy ahora, y con una sola patita valgo más que antes con las dos. Para que te vayas enterando, ángel mío...». No, esto de ángel es un poquito cursi... «pues, para que te vayas enterando, te diré que tengo alas... me han salido alas. Mi papá piensa traerme todos los trebejos de pintura, y *ainda mais*, me comprará un organito, y me pondrá profesor para que aprenda a tocar música buena... Ya verás... Comparados conmigo, los ángeles del cielo serán unos murguistas...».

Soltaron ambos la risa, y animado don Lope con su éxito, siguió hiriendo aquella cuerda, hasta que Tristana hubo de cortar bruscamente la conversación, diciendo con toda seriedad:

—No, no; yo escribiré... yo sola.

Dejola don Lope un momento, y escribió la cojita su carta, breve y sentida:

«Señor de mi alma: ya Tristana no es lo que fue. ¿Me querrás lo mismo? El corazón me dice que sí. Yo te veo más lejos aún que antes te veía, más hermoso, más inspirado, más generoso y bueno. ¿Podré llegar hasta ti con la patita de palo, que creo me pondrán? ¡Qué mona estaré! Adiós. No vengas. Te adoro lejos, te ensalzo ausente. Eres mi Dios, y como Dios, invisible. Tu propia grandeza te aparta de mis ojos... hablo de los de la cara... porque con los del espíritu bien claro te veo. Hasta otro día».

Cerró ella misma la carta y le puso el sello, dándola a Saturna, que, al tomarla, hizo un mohín de burla. Por la tarde, hallándose solas un momento, la criada se franqueó en esta forma:

—Mire, esta mañana no quise decir nada a la señorita por hallarse presente don *Lepe*. La carta... aquí la tengo. ¿Para qué echarla al correo, si el don Horacio está en Madrid? Se la daré en propia mano esta noche.

Palideció la inválida al oír esto, y después se le encendió el rostro. No supo qué decir ni se le ocurría nada.

—Te equivocas —dijo al fin—. Habrás visto a alguno que se le parezca.

—¡Señorita, cómo había de confundir...! ¡Qué cosas tiene! El mismo. Hablamos más de media hora. Empeñado el hombre en que le contara todo, punto por punto. ¡Ay, si le viera la señorita! Está más negro que un zapato. Dice que se ha pasado la vida corriendo por montes y mares, y que aquello es muy precioso... pero muy precioso... Pues nada; le conté todo, y el pobrecito... como la quiere a usted tanto, me comía con los ojos cuando yo le hablaba... Dice que se avistará con don Lope para cantarle clarito.

—¡Cantarle clarito!... ¿qué?

—Él lo sabrá... Y está rabiando por ver a la señorita. Es preciso que lo arreglemos, aprovechando una salida del señor...

Tristana no dijo nada. Un momento después pidió a Saturna que le llevase un espejo y mirándose en él se afligió extremadamente.

—Pues no está usted tan desfigurada... vamos.

—No digas. Parezco la muerte... Estoy horrorosa... (*echándose a llorar*). No me va a conocer. Pero ¿ves? ¿Qué color es este que tengo? Parece de papel de estraza. Los ojos son horribles, de tan grandes como se me han puesto... ¡Y qué boca, santo Dios! Saturna, llévate el espejo y no vuelvas a traérmelo aunque te lo pida.

Contra su deseo, que a la casa le amarraba, don Lope salía muy a menudo, movido de la necesidad, que en aquellas tristes circunstancias llenaba de amargura y afanes su existencia. Los gastos enormes de la enfermedad de la niña consumieron los míseros restos de su esquilmada fortuna, y llegaron días, ¡ay!, en que el noble caballero tuvo que violentar su delicadeza y desmentir su carácter, llamando a la puerta de un amigo con pretensiones que le parecían ignominiosas. Lo que padeció el infeliz señor no es para referido. En pocos días quedose como si le echaran cinco años más encima. «¡Quién me lo había de decir... Dios mío... yo... Lope Garrido, descender a...! ¡Yo, con mi orgullo, con mi idea puntillosa de la dignidad, rebajarme a pedir ciertos favores...! Y llegará el día en que la insolvencia me ponga en el trance de solicitar lo que no he de poder restituir... Bien sabe Dios que sólo por sostener a esta pobre niña y alegrar su existencia soporto tanta vergüenza y degradación. Me pegaría un tiro y en paz. ¡Al otro mundo con mi alma, al hoyo con mis cansados huesos! Muerte y no vergüenza... Mas las circunstancias disponen lo contrario: vida sin dignidad... No lo hubiera creído nunca. Y luego dicen que el carácter... No, no creo en los caracteres. No hay más que hechos, accidentes. La vida de los demás es molde de nuestra propia vida y troquel de nuestras acciones».

En presencia de la señorita disimulaba el pobre don *Lepe* las horribles amarguras que pasando estaba, y aun se permitía fingir que su situación era de las más florecientes. No sólo le llevó los avíos de pintar, dos cajas de colores para óleo y acuarela, pinceles, caballetes y demás, sino también el organito o armónium que le había prometido, para que se distrajese con la música los ratos que la pintura le dejaba libres. En el piano poseía Tristana la instrucción elemental del colegio, suficiente para farfullar polkas y valses o alguna pieza fácil. Algo tarde era ya para adquirir la destreza, que sólo da un precoz y duro trabajo; pero con un buen maestro podría vencer las dificultades, y además el órgano no le exigía digitación muy rápida. Se ilusionó con la música más que con la pintura, y anhelaba levantarse de la cama para probar su aptitud. Ya se arreglaría con un solo pie para mover los pedales. Aguardando con febril impaciencia al profesor anunciado por don Lope, oía en su mente las dulces armonías del instrumento, menos sentidas y hermosas que las que sonaban en lo íntimo de su alma. Creyose llamada a ser muy pronto una notabilidad, una concertista de primer orden, y con tal idea se animó y tuvo algunas horitas de felicidad. Cuidaba Garrido de estimular su ambiciosa ilusión, y en tanto, le hacía recordar sus ensayos de dibujo, incitándola a bosquejar en lienzo o en tabla algún bonito asunto, copiado del natural.

—Vamos, ¿por qué no te atreves con mi retrato... o con el de Saturna?

Respondía la inválida que le convendría más adestrar la mano en alguna copia, y don Lope prometió traerle buenos estudios de cabeza o paisaje para que escogiese.

El pobre señor no escatimaba sacrificio por ser grato a su pobre cojita, y... al fin, ¡oh caprichos de la mudable suerte!, hallándose perplejo por no saber cómo procurarse los estudios pictóricos, la casualidad, el demonio, Saturna, resolvieron de común acuerdo la dificultad.

—¡Pero señor —dijo Saturna—, si tenemos ahí!... No sea bobo, déjeme y le traigo...

Y con sus expresivos ojos y su mímica admirable completó el atrevido pensamiento.

—Haz lo que quieras, mujer —indicó don Lope, alzando los hombros—. Por mí...

Media hora después entró Saturna de la calle con un rimero de tablas y bastidores pintados, cabezas, torsos desnudos, apuntes de paisaje, bodegones, frutas y flores, todo de mano de maestro.

XXV

Impresión honda hizo en la señorita de Reluz la vista de aquellas pinturas, semblantes amigos que veía después de larga ausencia, y que le recordaban horas felices. Fueron para ella, en ocasión semejante, como personas vivas, y no necesitaba forzar su imaginación para verlas animadas, moviendo los labios y fijando en ella miradas cariñosas. Mandó a Saturna que colgase los lienzos en la habitación para recrearse contemplándolos, y se transportaba a los tiempos del estudio y de las tardes deliciosas en compañía de Horacio. Púsose muy triste, comparando su presente con el pasado, y al fin rogó a la criada que guardase aquellos objetos hasta que pudiese acostumbrase a mirarlos sin tanta emoción; mas no manifestó sorpresa por la facilidad con que las pinturas habían pasado del estudio a la casa, ni curiosidad de saber qué pensaba de ello el suspicaz don Lope. No quiso la sirvienta meterse en explicaciones, que no se le pedían, y poco después, sobre las doce, mientras daba de almorzar al amo una mísera tortilla de patatas y un trozo de carne con representación y honores de chuleta, se aventuró a decirle cuatro verdades, valida de la confianza que le diera su largo servicio en la casa.

—Señor, sepa que el amigo quiere ver a la señorita, y es natural... Ea, no sea malo y hágase cargo de las circunstancias. Son jóvenes, y usted está ya más para padre o para abuelo que para otra cosa. ¿No dice que tiene el corazón grande?

—Saturna —replicó don Lope, golpeando en la mesa con el mango del cuchillo—. Lo tengo más grande que la copa de un pino, más grande que esta casa y más grande que el Depósito de Aguas, que ahí enfrente está.

—Pues entonces... pelillos a la mar. Ya no es usted joven, gracias a Dios; digo... por desgracia. No sea el perro del hortelano, que ni come ni deja comer. Si quiere que Dios le perdone todas sus barrabasadas y picardías, tanto engaño de mujeres y burla de maridos, hágase cargo de que los jóvenes son jóvenes, y de que el mundo y la vida y las cositas buenas son para los que empiezan a vivir, no para los que acaban... Con que tenga un... ¿cómo se dice?, un rasgo,[205] don *Lepe*, digo, don Lope... y...

---

205 'rasgo': generous action.

En vez de incomodarse, al infeliz caballero le dio por tomarlo a buenas.

—¿Conque un rasgo...? Vamos a ver: ¿y de dónde sacas tú que yo soy tan viejo? ¿Crees que no sirvo ya para nada? Ya quisieran muchas, tú misma, con tus cincuenta...

—¡Cincuenta! Quite usted *jierro*, señor.

—Pongamos treinta... y cinco.

—Y dos. Ni uno más. ¡Vaya!

—Pues quédese en lo que quieras. Pues digo que tú misma, si yo estuviese de humor y te... No, no te ruborices... ¡Si pensarás que eres un esperpento!... No; arreglándote un poquito, resultarías muy aceptable. Tienes unos ojos que ya los quisieran más de cuatro.

—Señor... vamos... Pero qué... ¿también a mí me quiere camelar? —dijo la doméstica, familiarizándose tanto, que no vaciló en dejar a un lado de la mesa la fuente vacía de la carne y sentarse frente a su amo, los brazos en jarras.

—No... no estoy ya para diabluras. No temas nada de mí. Me he cortado la coleta y ya se acabaron las bromas y las cositas malas. Quiero tanto a la niña, que desde luego convierto en amor de padre el otro amor, ya sabes... y soy capaz, por hacerla dichosa, de todos los rasgos, como tú dices, que... En fin, ¿qué hay?... ¿Ese mequetrefe...?

—Por Dios, no le llame así. No sea soberbio. Es muy guapo.

—¿Qué sabes tú lo que son hombres guapos?

—Quítese allá. Toda mujer sabe de eso. ¡Vaya! Y sin comparar, que es cosa fea, digo que don Horacio es un buen mozo... mejorando lo presente. Que usted fue el acabose, por sabido se calla; pero eso pasó. Mírese al espejo y verá que ya se le fue la hermosura. No tiene más remedio que reconocer que el pintorcito...

—No le he visto nunca... Pero no necesito verle para sostener, como sostengo, que ya no hay hombres guapos, airosos, atrevidos, que sepan enamorar. Esa raza se extinguió. Pero, en fin, demos de barato[206] que el pintamonas sea un guapo... relativo.

—La niña le quiere... No se enfade... la verdad por delante... La juventud es juventud.

—Bueno... pues le quiere... Lo que yo te aseguro es que ese muchacho no hará su felicidad.

---

206 'dar de barato': agree with somebody for concluding a conversation.

—Dice que no le importa la pata coja.

—Saturna, ¡qué mal conoces la naturaleza humana! Ese hombre no hará feliz a la niña, repito. ¡Si sabré yo de estas cosas! Y añado más: la niña no espera su felicidad de semejante tipo...

—¡Señor...!

—Para entender estas cosas, Saturna, es menester... entenderlas. Eres muy dura de mollera y no ves sino lo que tienes delante de tus narices. Tristana es mujer de mucho entendimiento, ahí donde la ves, de una imaginación ardiente... Está enamorada...

—Eso ya lo sé.

—No lo sabes. Enamorada de un hombre que no existe, porque si existiera, Saturna, sería Dios, y Dios no se entretiene en venir al mundo para diversión de las muchachas. Ea, basta de palique; tráeme el café...

Corrió Saturna a la cocina, y al volver con el café permitiose comentar las últimas ideas expresadas por don Lope.

—Señor, lo que yo digo es que se quieren, sea por lo fino, sea por lo basto, y que el don Horacio desea verse con la señorita... Viene con buen fin.

—Pues que venga. Se irá con mal principio.

—¡Ay, qué tirano!

—No es eso... Si no me opongo a que se vean —dijo el caballero, encendiendo un cigarro—. Pero antes conviene que yo mismo hable con ese sujeto. Ya ves si soy bueno. ¿Y este rasgo?... Hablar con él, sí, y decirle... ya, ya sabré yo...

—¿Apostamos a que le espanta?

—No; le traeré, traerele yo mismo. Saturna, esto se llama un rasgo. Encárgate de avisarle que me espere en su estudio una de estas tardes... mañana. Estoy decidido. (*Paseándose inquieto por el comedor*). Si Tristana quiere verle, no la privaré de ese gusto. Cuanto antojo tenga la niña se lo satisfará su amante padre. Le traje los pinceles, le traje el armónium, y no basta. Hacen falta más juguetes. Pues venga el hombre, la ilusión, la... Saturna, di ahora que no soy un héroe, un santo. Con este solo arranque lavo todas mis culpas y merezco que Dios me tenga por suyo. Conque...

—Le avisaré... Pero no salga con alguna patochada. ¡Vaya, que si le da por asustar a ese pobre chico...!

—Se asustará sólo de verme. Saturna, soy quien soy...[207] Otra cosa: con maña vas preparando a la niña. Le dices que yo haré la vista gorda, que saldré exprofeso una tarde para que él entre y puedan hablarse como una media hora nada más... No conviene más tiempo. Mi dignidad no lo permite. Pero yo estaré en casa, y... Mira, se abrirá una rendijita en la puerta para que tú y yo podamos ver cómo se reciben el uno al otro y oír lo que charlen.

—¡Señor...!

—¿Tú qué sabes...? Haz lo que te mando.

—Pues haga usted lo que le aconsejo. No hay tiempo que perder. Don Horacio tiene mucha prisa...

—¿Prisa?... Esa palabra quiere decir juventud. Bueno, pues esta misma tarde subiré al estudio... Avísale... anda... y después, cuando acompañes a la señorita, te dejas caer... ¿entiendes? Le dices que yo ni consiento ni me opongo... o más bien, que tolero y me hago el desentendido. Ni le dejes comprender que voy al estudio, pues este acto de inconsecuencia, que desmiente mi carácter, quizá me rebajaría a sus propios ojos... aunque no... tal vez no... En fin, prepárala para que no se afecte cuando vea en su presencia al... bello ideal.

—No se burle.

—Si no me burlo. Bello ideal quiere decir...

—Su tipo... el tipo de una, supongamos...

—Tú sí que eres tipo (*soltando la risa*). En fin, no se hable más. La preparas, y yo voy a encararme con el galán joven.

A la hora convenida, previo el aviso dado por Saturna, dirigiose don Lope al estudio, y al subir, no sin cansancio, la interminable escalera, se decía entre toses broncas y ahogados suspiros: «Pero, ¡Dios mío, qué cosas tan raras estoy haciendo de algún tiempo a esta parte! A veces me dan ganas de preguntarme: ¿Y es usted aquel don Lope...? Nunca creí que llegara el caso de no parecerse uno a sí mismo... En fin, procuraré no infundir mucho miedo a ese inocente».

La primera impresión de ambos fue algo penosa, no sabiendo qué actitud tomar, vacilando entre la benevolencia y una dignidad que bien podría llamarse decorativa. Hallábase dispuesto el pintor a tratar a don Lope según los aires que este llevase. Después de los saludos y cumplidos de ordenanza, mostró el anciano galán una cortesía desdeñosa,

---

207 Reference to *Exodus* 3, 14.

mirando al joven como a ser inferior, al cual se dispensa la honra de un trato pasajero, impuesto por la casualidad.

—Pues sí, caballero... ya sabe usted la desgracia de la niña. ¡Qué lástima, ¿verdad?, con aquel talento, con aquella gracia...! Es ya mujer inútil para siempre. Ya comprenderá usted mi pena. La miro como hija, la amo entrañablemente con cariño puro y desinteresado, y ya que no he podido conservarle la salud ni librarla de esa tristísima amputación, quiero alegrar sus días, hacerle placentera la vida, en lo posible, y dar a su alma todo el recreo que... En fin, su voluble espíritu necesita juguetes. La pintura no acaba de distraerla... la música tal vez... Su incansable afán pide más, siempre más. Yo sabía que usted...

—De modo, señor don Lope —dijo Horacio con gracejo cortés—, que a mí me considera usted juguete.

—No, juguete precisamente, no... Pero... Yo soy viejo, como usted ve, muy práctico en cosas de la vida, en pasiones y afectos, y sé que las inclinaciones juveniles tienen siempre un cierto airecillo de juego de muñecas... No hay que tomarlo a mal. Cada cual ve estas cosas según su edad. El prisma de los veinticinco o de los treinta años descompone los objetos de un modo gracioso y les da matices frescos y brillantes. El cristal mío me presenta las cosas de otro modo. En una palabra: que yo veo la inclinación de la niña con indulgencia paternal; sí, con esa indulgencia que siempre nos merece la criatura enfermita, a quien es forzoso dispensar los antojos y mimos, por extravagantes que sean.

—Dispénseme, señor mío —dijo Horacio con gravedad, sobreponiéndose a la fascinación que el mirar penetrante del caballero ejercía sobre él, encogiéndole el ánimo—, dispénseme. Yo no puedo apreciar con ese criterio de abuelo chocho la inclinación que Tristana me tiene, y menos la que por ella siento.

—Pues por eso no hemos de reñir —replicó Garrido, acentuando más la urbanidad y el desdén con que le hablaba—. Yo pienso lo que he tenido el honor de manifestarle; piense usted lo que guste. No sé si usted rectificará su manera de apreciar estas cosas. Yo soy muy viejo, muy curtido, y no sé rectificarme a mí propio. Lo que hay es que, dejándole a usted pensar lo que guste, yo vengo a decirle que, pues desea usted ver a Tristanita, y Tristanita se alegrará de verle, no me opongo a que usted honre mi casa; al contrario, tendré una satisfacción en ello. ¿Creía tal vez que yo iba a salir por el registro del padre celoso o del tirano doméstico? No, señor. No me gustan a mí los tapujos, y menos en cosa tan inocente como esta visita. No, no es decoroso que ande el novio buscándome las vueltas para entrar en casa. Usted y yo no ganamos nada, el uno colándose sin mi permiso, y el otro atrancando las puertas como si hubiera en ello alguna malicia. Sí, señor don Horacio, usted puede ir, a la hora que yo le designe, se entiende. Y si resultase que habría que repetir las visitas, porque así conviniera a la paz de mi enferma, ha de prometerme usted no entrar nunca sin conocimiento mío.

—Me parece muy bien —afirmó Díaz, que poco a poco se iba dejando conquistar por la agudeza y pericia mundana del atildado viejo—. Estoy a sus órdenes.

Sentía Horacio la superioridad de su interlocutor, y casi... y sin casi, se alegraba de tratarle, admirando de cerca, por primera vez, un ejemplar curiosísimo de la fauna social más desarrollada, un carácter que resultaba legendario y revestido de cierto matiz poético. La atracción se fue acentuando con las cosas donosísimas que después le dijo don Lope pertinentes a la vida galante, a las mujeres y al matrimonio. En resumidas cuentas, que le fue muy simpático, y se despidieron, prometiéndole Horacio obedecer sus indicaciones y fijando para la tarde siguiente las *vistas*[208] con la pobre inválida.

---

208 From 'entrevistas'.

XXVI

«¡Qué pedazo de ángel! —decía don Lope, dejando atrás, con menos calma que a la subida, el sin fin de peldaños de la escalera del estudio—. Y parece honrado y decente. No le veo muy aferrado a la infantil manía del matrimonio, ni me ha dicho nada de bello ideal, ni aquello de *amarla hasta la muerte*, con patita o sin patita... Nada; que esto es cosa concluida... Creí encontrar un romántico, con cara de haber bebido el vinagre de las pasiones contrariadas, y me encuentro un mocetón de color sano y espíritu sereno, un hombre sesudo, que al fin y a la postre verá las cosas como las veo yo. Ni se le conoce que esté enamoradísimo, como debió de estarlo antes, allá qué sé yo cuándo. Más bien parece confuso, sin saber qué actitud tomar cuando la vea ni cómo presentársele... En fin, ¿qué saldrá de esto?... Para mí, es cosa terminada... terminada... sí, señor... cosa muerta, caída, enterrada... como la pierna».

El estupendo notición de la próxima visita de Horacio inquietó a Tristana, que aparentando creer cuanto se le decía, abrigaba en su interior cierta desconfianza de la realidad de aquel suceso, pues su labor mental de los días que precedieron a la operación habíala familiarizado con la idea de suponer ausente al bello ideal; y la hermosura misma de este y sus raras perfecciones se representaban en la mente de la niña como ajadas y desvanecidas por obra y gracia de la aproximación. Al propio tiempo, el deseo puramente humano y egoísta de ver al ser querido, de oírle, luchaba en su alma con aquel desenfrenado idealismo, en virtud del cual, más bien que a buscar la aproximación, tendía, sin darse cuenta de ello, a evitarla. La distancia venía a ser como una voluptuosidad de aquel amor sutil, que pugnaba por desprenderse de toda influencia de los sentidos.

En tal estado de ánimo, llegó el momento de la entrevista. Fingió don Lope que se ausentaba, sin hacer la menor alusión al caso; pero se quedó en su cuarto, dispuesto a salir si algún accidente hacía necesaria su presencia. Arreglose Tristana la cabeza, recordando sus mejores tiempos, y como se había repuesto algo en los últimos días, resultaba muy bien. No obstante, descontenta y afligida, apartó de sí el espejo, pues el idealismo no excluía la presunción. Cuando sintió que entraba Horacio, que Saturna le introducía en la sala, palideció, y a punto estuvo de perder el conocimiento. La poca sangre de sus venas afluyó al corazón; apenas podía respirar, y una curiosidad más poderosa que todo sentimiento la embargaba. «Ahora —se decía— veré cómo es, me enteraré de su rostro, que se me ha perdido desde hace tiempo, que se me ha borrado, obligándome a inventar otro para mi uso particular».

Por fin, Horacio entró... Sorpresa de Tristana, que en el primer momento casi le vio como a un extraño. Fuese derecho a ella con los brazos abiertos y la acarició tiernamente. Ni uno ni otro pudieron hablar hasta pasado un breve rato... Y a Tristana le sorprendió el metal de voz de su antiguo amante, cual si nunca lo hubiera oído. Y después... ¡qué cara, qué tez, qué color como de bronce, bruñido por el sol!

—¡Cuánto has padecido, pobrecita! —dijo Horacio, cuando la emoción le permitió expresarse con claridad-. ¡Y yo sin poder estar al lado tuyo! Habría sido un gran consuelo para mí acompañar a mi *Paquilla de Rímini* en aquel trance, sostener su espíritu...; pero ya sabes, ¡mi tía tan malita...! Por poco no lo cuenta la pobre.

—Sí... hiciste bien en no venir... ¿Para qué? —repuso Tristana, recobrando al instante su serenidad—. Cuadro tan lastimoso te habría desgarrado el corazón. En fin, ya pasó; estoy mejor, y me voy acostumbrando a la idea de no tener más que una patita.

—¿Qué importa, vida mía? —dijo el pintor, por decir algo.

—Allá veremos. Aún no he probado a andar con muletas. El primer día he de pasar mal rato; pero al fin me acostumbraré. ¿Qué remedio tengo?...

—Todo es cuestión de costumbre. Claro que al principio estarás menos airosa... Es decir, tú siempre serás airosa...

—No... cállate. Ese grado de adulación no debe consentirse entre nosotros. Un poco de galantería, de caridad más bien, pase...

—Lo que más vale en ti, la gracia, el espíritu, la inteligencia, no ha sufrido ni puede sufrir menoscabo. Ni el encanto de tu rostro ni las proporciones admirables de tu busto... tampoco.

—Cállate —dijo Tristana con gravedad—. Soy una belleza sentada... ya para siempre sentada, una mujer de medio cuerpo, un busto y nada más.

—¿Y te parece poco? Un busto, pero ¡qué hermoso! Luego, tu inteligencia sin par, que hará siempre de ti una mujer encantadora...

Horacio buscaba en su mente todas las flores que pueden echarse a una mujer que no tiene más que una pierna. No le fue difícil encontrarlas, y una vez arrojadas sobre la infeliz inválida, ya no tenía más que añadir. Con un poquito de violencia, que casi no pudo apreciar, añadió lo siguiente:

—Y yo te quiero y te querré siempre lo mismo.

—Eso ya lo sé —replicó ella, afirmándolo por lo mismo que empezaba a dudarlo.

Continuó la conversación en los términos más afectuosos, sin llegar al tono y actitudes de la verdadera confianza. En los primeros momentos sintió Tristana una desilusión brusca. Aquel hombre no era el mismo que, borrado de su memoria por la distancia, había ella reconstruido laboriosamente con su facultad creadora y plasmante. Parecíale tosca y ordinaria la figura, la cara sin expresión inteligente, y en cuanto a las ideas... ¡Ah, las ideas le resultaban de lo más vulgar...! De los labios del *señó Juan* no salieron más que las conmiseraciones que se dan a todo enfermo, revestidas de una forma de tierna amistad. Y en todo lo que dijo referente a la constancia de su amor veíase el artificio trabajosamente edificado por la compasión.

Entretanto, don Lope iba y venía sin sosiego por el interior de su casa, calzado de silenciosas zapatillas, para que no se le sintieran los pasos, y se aproximaba a la puerta por si ocurría algo que reclamase su intervención. Como su dignidad repugnaba el espionaje, no aplicó el oído a la puerta. Más que por encargo del amo, por inspiración propia y ganas de fisgoneo, Saturna puso su oreja en el resquicio que abierto dejó para el caso, y algo pudo pescar de lo que los amantes decían. Llamándola al pasillo, don Lope la interrogó con vivo interés:

—Dime: ¿han hablado algo de matrimonio?

—Nada he oído que signifique cosa de casarse —dijo Saturna—. Amor, sí, quererse siempre, y qué sé yo... pero...

—De sagrado vínculo, ni una palabra. Lo que digo, cosa concluida. Y no podía suceder de otro modo. ¿Cómo sostener su promesa ante una mujer que ha de andar con muletas?... La Naturaleza se impone. Es lo que yo digo... Mucho palique, mucha frase de relumbrón y ninguna substancia. Al llegar al terreno de los hechos, desaparece toda la hojarasca y nada queda... En fin, Saturna, esto va bien y como yo deseo. Veremos por dónde sale ahora la niña. Sigue, sigue escuchando, a ver si salta alguna frase de compromiso formal para el porvenir.

Volvió la diligente criada a su punto de acecho; pero nada sacó en limpio, porque hablaban muy bajo. Por fin, Horacio propuso a su amada terminar la visita.

—Por mi gusto —le dijo—, no me separaría de ti hasta mañana... ni mañana tampoco... Pero debo considerar que don Lope, concediéndome verte, procede con una generosidad y una alteza de miras que le honra mucho, y que me obliga a no incurrir en abuso. ¿Te parece que me retire ya? Como tú quieras. Y confío que no siendo muy largas las visitas, tu viejo me permitirá repetirlas todos los días.

Opinó la inválida en conformidad con su amigo, y este se retiró, después de besarla cariñosamente y de reiterarle aquellos afectos que, aunque no fríos, iban tomando un carácter fraternal. Tristana le vio partir muy tranquila, y al despedirse fijó para la siguiente tarde la primera lección de pintura, lo que fue muy del agrado del artista, quien, al salir de la estancia, sorprendió a don Lope en el pasillo y se fue derecho a él, saludándole con profundo respeto. Metiéronse en el cuarto del galán caduco, y allí charlaron de cosas que a este le parecieron de singular alcance.

Por de pronto, ni una palabra soltó el pintor que a proyectos de matrimonio trascendiera. Manifestó un interés vivísimo por Tristana, lástima profunda de su estado y amor por ella en un grado discreto, discreción interpretada por don Lope como delicadeza o más bien repugnancia de un rompimiento brusco, que habría sido inhumano en la triste situación de la señorita de Reluz. Por fin, Horacio no tuvo inconveniente en dar al interés que su amiga le inspiraba un carácter señaladamente positivista. Como sabía por Saturna las dificultades de cierto género que agobiaban a don Lope, se arrancó a proponer a este lo que en su altanera dignidad no podía el caballero admitir.

—Porque, mire usted, amigo —le dijo en tono campechano—, yo... y no se ofenda de mi oficiosidad... tengo para con Tristana ciertos deberes que cumplir. Es huérfana. Cuantos la quieren y la estiman en lo que vale, obligados están a mirar por ella. No me parece bien que usted monopolice la excelsa virtud de amparar al desvalido... Si quiere usted concederme un favor, que le agradeceré toda mi vida, permítame...

—¿Qué?... Por Dios, caballero Díaz, no me sonroje usted. ¿Cómo consentir...?

—Tómelo usted por donde quiera... ¿Qué quiere decirme?... ¿que es una indelicadeza proponer que sean de mi cuenta los gastos de la enfermedad de Tristana? Pues hace usted mal, muy mal, en pensarlo así. Acéptelo, y después seremos más amigos.

—¿Más amigos, caballero Díaz? ¡Más amigos después de probar que yo no tengo vergüenza!

—¡Don Lope, por amor de Dios!

—Don Horacio... basta.

—Y en último caso, ¿por qué no se me ha de permitir que regale a mi amiguita un órgano expresivo de superior calidad, de lo mejor en su género; que le añada una completa biblioteca musical para órgano, comprendiendo estudios, piezas fáciles y de concierto, y que por fin, corra de mi cuenta el profesor?...

—Eso... ya... Vea usted cómo transijo. Se admite el regalo del instrumento y de los papeles. Lo del profesor no puede ser, caballero Díaz.

—¿Por qué?

—Porque se regala un objeto, como testimonio de afectos presentes o pasados; pero no sé yo de nadie que obsequie con lecciones de música.

—Don Lope... déjese de distingos.

—A ese paso, llegaría usted a proponerme costearle la ropa y a señalarle alimentos... y esto, con franqueza, paréceme denigrante para mí... a menos que usted viniera con propósitos y fines de cierto género.

Viéndole venir, Horacio quiso dar una vuelta a la conversación.

—Mis propósitos son que se instruya en un arte en que pueda lucir y gastar ese caudal inmenso de fluido acumulado en su sistema nervioso, los tesoros de pasión artística, de noble ambición, que llenan su alma.

—Si no es más que eso, yo me basto y me sobro. No soy rico; pero poseo lo bastante para abrir a Tristana los caminos por donde pueda correr hacia la gloria una pobre cojita. Yo... francamente, creí que usted...

Queriendo obtener una declaración categórica, y viendo que no la lograba por ataques oblicuos, embistiole de frente:

—Pues yo creí que usted, al venir aquí, traía el propósito de casarse con ella.

—¡Casarme!... ¡oh!... no —dijo Horacio, desconcertado por el repentino golpe, pero rehaciéndose al momento—. Tristana es enemiga irreconciliable del matrimonio. ¿No lo sabía usted?

—¿Yo?... no.

—Pues sí: lo detesta. Quizá ve más que todos nosotros; quizá su mirada perspicaz,[209] o cierto instinto de adivinación concedido a las mujeres superiores, ve la sociedad futura que nosotros no vemos.

—Quizás... Estas niñas mimosas y antojadizas suelen tener vista muy larga. En fin, caballero Díaz, quedamos en que se acepta el obsequio del organito, pero no lo demás; se agradece, eso sí; pero no se puede aceptar, porque lo veda el decoro.

—Y quedamos —dijo Horacio despidiéndose— que vendré a pintar un ratito con ella.

—Un ratito... cuando la levantemos, porque no ha de pintar en la cama.

—Justo... pero, en tanto, ¿podré venir...?

—¡Oh!, sí, a charlar, a distraerla. Cuéntele usted cosas de aquel hermoso país.

—¡Ah!, no, no —dijo Horacio frunciendo el ceño—. No le gusta el campo, ni la jardinería, ni la Naturaleza, ni las aves domésticas, ni la vida regalada y obscura, que a mí me encantan y me enamoran. Soy yo muy terrestre, muy práctico, y ella muy soñadora, con unas alas de extraordinaria fuerza para subirse a los espacios sin fin.

—Ya, ya... (*estrechándole las manos*). Pues venga usted cuando bien le cuadre, caballero Díaz. Y sabe que...

Despidiole en la puerta; se metió después en su cuarto, muy gozoso, y restregándose las manos, decía para su sayo: «Incompatibilidad de caracteres... incompatibilidad absoluta, diferencias irreductibles».

209 Galdós' original reads 'perspicua'.

XXVII

Notó el buen Garrido en su inválida cierta estupefacción después de la entrevista. Interrogada paternalmente por el astuto viejo, Tristana le dijo sin rebozo:[210]

—¡Cuánto ha cambiado ese hombre, pero cuánto! Paréceme que no es el mismo, y no ceso de representármele como antes era.

—Y qué, ¿gana o pierde en la transformación?

—Pierde... al menos hasta ahora.

—Parece buen sujeto, sí. Y te estima. Me propuso abonar los gastos de tu enfermedad. Yo lo rechacé... Figúrate...

A Tristana se le encendió el rostro.

—No es de estos —añadió don Lope—, que al dejar de amar a una mujer se despiden a la francesa.[211] No, no; paréceme atento y delicado. Te regala un órgano expresivo de lo mejor, y toda la música que puedas necesitar. Esto lo acepté: no creí prudente rechazarlo. En fin, el hombre es bueno, y te tiene lástima; comprende que tu situación social, después de esa pérdida de la patita, exige que se te mime y se te rodee de distracciones y cuidados; y él empieza por prestarse, como amigo sincero y bondadoso, a darte leccioncitas de pintura.

Tristana no dijo nada, y todo el día estuvo muy triste. Al siguiente, la entrevista con Horacio fue bastante fría. El pintor se mostró muy amable; pero sin decir ni una palabra de amor. Introdújose don Lope en la habitación cuando menos se pensaba, metiendo su cucharada en el coloquio, que versó exclusivamente sobre cosas de arte. Como pinchara después a Horacio para que hablase de los encantos de la vida en Villajoyosa, el pintor se explayó en aquel tema, que, contra la creencia de don Lope, parecía del agrado de Tristana. Con vivo interés oía esta las descripciones de aquella vida placentera y de los puros goces de la domesticidad en pleno campo. Sin duda, por efecto de una metamorfosis verificada en su alma después de la mutilación de su cuerpo, lo que antes desdeñó era ya para ella como risueña perspectiva de un mundo nuevo.

En las visitas que se sucedieron, Horacio rehuía con suma habilidad toda referencia a la deliciosa vida que era ya su pasión más ardiente.

210 'with sincere words'.
211 ' leave suddenly and without saying goodbye'.

Mostró también indiferencia del arte, asegurando que la gloria y los laureles no despertaban entusiasmo en su alma. Y al decir esto, fiel reproducción de las ideas expresadas en sus cartas de Villajoyosa, observó que a Tristana no le causaba disgusto. Al contrario, en ocasiones parecía ser de la misma opinión, y mirar con desdén las empresas y victorias artísticas, con gran estupor de Horacio, en cuya memoria subsistían indelebles los exaltados conceptos de la correspondencia de su amante.

Por fin, la levantaron, y el estrecho gabinete en que la pobre inválida pasaba las horas, embutida en un sillón, fue convertido en taller de pintura. La paciencia y la solicitud con que Horacio hacía de maestro, no son para dichas. Mas sucedió una cosa muy rara, y fue que, no sólo mostraba la señorita poca afición al arte de Apeles,[212] sino que sus aptitudes, claramente manifestadas meses antes, se obscurecían y eclipsaban, sin duda por falta de fe. No volvía el pintor de su asombro, recordando la facilidad con que su discípula entendía y manejaba el color, y asombrados los dos de semejante cambio, concluían por desmayar y aburrirse, difiriendo las lecciones o haciéndolas muy cortas. A los tres o cuatro días de estas tentativas, apenas pintaban ya; pasaban las horas charlando; y solía suceder que también la conversación languidecía, como entre personas que ya se han dicho todo lo que tienen que decirse, y sólo tratan de las cosas corrientes y regulares de la vida.

El primer día que probó Tristana las muletas, fueron ocasión de risa y chacota sus primeros ensayos en tan extraño sistema de locomoción.

—No hay manera —decía con buena sombra—,[213] de imprimir al paso de muletas un aire elegante. No, por mucho que yo discurra, no inventaré un bonito andar con estos palitroques. Siempre seré como las mujeres lisiadas que piden limosna a la puerta de las iglesias. No me importa. ¡Qué remedio tengo más que conformarme!

Propúsole Horacio enviarle un carrito de mano para que paseara, y no acogió mal la niña este ofrecimiento, que se hizo efectivo dos días después, aunque no se utilizó sino a los tres o cuatro meses de regalado el vehículo. Lo más triste de todo cuanto allí ocurría era que Horacio dejó de ser asiduo en sus visitas. La retirada fue tan lenta y gradual que

---

212 Apelles: famous ancient Greek painter.
213 'with good intention'.

apenas se notaba. Empezó por faltar un día, excusándose con ocupaciones imprescindibles; a la siguiente semana hizo novillos dos veces; luego tres, cinco... y por fin, ya no se contaron los días que faltaba, sino los que iba. No parecía Tristana muy contrariada de estas faltillas; recibíale siempre afectuosa, y le veía partir sin aparente disgusto. Jamás le preguntaba el motivo de sus ausencias, ni menos le reñía por ellas. Otra circunstancia digna de notarse era que jamás hablaban de lo pasado: uno y otro parecían acordes en dar por fenecida y rematada definitivamente aquella novela, que sin duda les resulta inverosímil y falsa, produciendo efecto semejante al que nos causan en la edad madura los libros de entretenimiento que nos han entusiasmado y enloquecido en la juventud.

Del marasmo espiritual en que se encontraba salió Tristana casi bruscamente, como por arte mágico, con las primeras lecciones de música y de órgano. Fue como una resurrección súbita, con alientos de vida, de entusiasmo y pasión que confirmaban en su verdadero carácter a la señorita de Reluz, y que despertaron en ella, con el ardor de aquel nuevo estudio, maravillosas aptitudes. Era el profesor un hombre chiquitín, afable, de una paciencia fenomenal, tan práctico en la enseñanza y tan hábil en la transmisión de su método, que habría convertido en organista a un sordo-mudo. Bajo su inteligente dirección venció Tristana las primeras dificultades en brevísimo tiempo, con gran sorpresa y alborozo de cuantos aquel milagro veían. Don Lope estaba verdaderamente lelo de admiración, y cuando Tristana pulsaba las teclas, sacando de ellas acordes dulcísimos, el pobre señor se ponía chocho, como un abuelo que ya no vive más que para mimar a su descendencia menuda y volverse todo babas ante ella. A las lecciones de mecanismo, digitación y lectura añadió pronto el profesor algunas nociones de armonía, y fue una maravilla ver a la joven asimilarse estos arduos conocimientos. Diríase que le eran familiares las reglas antes que se las revelaran; adelantábase a la propia enseñanza, y lo que aprendía quedaba profundamente grabado en su espíritu. El minúsculo profesor, hombre muy cristiano, que se pasaba la vida de coro en coro y de capilla en capilla, tocando en misas solemnes, funerales y novenas, veía en su discípula un ejemplo del favor de Dios, una predestinación artística y religiosa.

—Es un genio esta niña —afirmaba, admirándola con efusión contemplativa—, y a ratos paréceme una santa.

—¡Santa Cecilia!²¹⁴ —exclamaba don Lope con entusiasmo, que le ponía ronco—. ¡Qué hija, qué mujer, qué divinidad!

No le era fácil a Horacio disimular su emoción oyendo a Tristana modular en el órgano acordes de carácter litúrgico, en estilo fugado, escalonando los miembros melódicos con pasmosa habilidad; y trabajillo le costaba al artista ocultar sus lágrimas, avergonzado de verterlas. Cuando la señorita, inflamada por religiosa inspiración, se engolfaba en su música, convirtiendo el grave instrumento en lenguaje de su alma, a nadie veía ni se cuidaba de su reducido y fervoroso público. El sentimiento, así como el estilo para expresarlo, absorbíanla por entero; su rostro se transfiguraba, adquiriendo celestial belleza; su alma se desprendía de todo lo terreno para mecerse en el seno pavoroso de una idealidad dulcísima. Un día, el bueno del organista llegó al colmo de la admiración oyéndola improvisar con gallardo atrevimiento, y se pasmó de la soltura con que modulaba, enlazando los tonos y añadiendo a sus conocimientos de armonía otros que nadie supo de dónde los había sacado, obra de un misterioso poder de adivinación, sólo concedido a las almas privilegiadas, para quienes el arte no tiene ningún secreto. Desde aquel día el maestro asistió a las lecciones con interés superior al que la pura enseñanza puede infundir, y puso sus cinco sentidos en la discípula, educándola como a un hijo único y adorado. El anciano músico y el anciano galán se extasiaban junto a la inválida, y mientras el uno le mostraba con paternal amor los arcanos del arte, el otro dejaba traslucir su acendrada ternura con suspiros y alguna expresión fervorosa. Concluida la lección, Tristana daba un paseíto por la estancia, con muletas, y a don Lope y al otro viejo se les figuraba, contemplándola, que la propia Santa Cecilia no podía moverse ni andar de otra manera.

Por este tiempo, es decir, cuando los adelantos de la joven se marcaron de un modo tan notable, Horacio volvió a menudear sus visitas, y de pronto estas escasearon notoriamente. Al llegar el verano, transcurrían hasta dos semanas sin que el pintor aportara por allí, y cuando iba, Tristana, por agradarle y entretenerle, le obsequiaba con una sesión de música; sentábase el artista en lo más obscuro de la estancia para seguir con abstracción profunda la hermosa salmodia, como en éxtasis, mirando vagamente a un punto indeterminado del espacio, mientras

214 Patron of music, usually represented playing the organ.

su alma divagaba suelta por las regiones en que el ensueño y la realidad se confunden. Y de tal modo absorbió a Tristana el arte con tanto anhelo cultivado, que no pensaba ni podía pensar en otra cosa. Cada día ansiaba más y mejor música. La perfección embargaba su espíritu, teniéndolo como fascinado. Ignorante de cuanto en el mundo ocurría, su aislamiento era completo, absoluto. Día hubo en que fue Horacio y se retiró sin que ella se enterara de que había estado allí.

Una tarde, sin que nadie lo hubiese previsto, despidiose el pintor para Villajoyosa, pues según dijo, su tía, que allá continuaba residiendo, se hallaba en peligro de muerte. Así era la verdad, y a los tres días de llegar el sobrino, doña Trini cerró las pesadas compuertas de sus ojos para no volverlas a abrir más. Poco después, a la entrada del otoño, cayó Díaz enfermo, aunque no de gravedad. Cruzáronse cartas amistosas entre él y Tristana, y el mismo don Lope, las cuales en todo el año siguiente continuaron yendo y viniendo cada dos, cada tres semanas, por el mismo camino por donde antes corrían las incendiarias cartas de *señó Juan* y de *Paquita de Rímini*. Tristana escribía las suyas deprisa y corriendo, sin poner en ellas más que frases de cortés amistad. Por una de esas inspiraciones que llevan al ánimo su conocimiento profundo y certero de las cosas, la inválida creía firmemente, como se cree en la luz del sol, que no vería más a Horacio. Y así era, así fue... Una mañana de Noviembre entró don Lope con cara grave en el cuarto de la joven, y sin expresar alegría ni pena, como quien dice la cosa más natural del mundo, le soltó la noticia con este frío laconismo:

—¿No sabes?... Nuestro don Horacio se casa.[215]

---

[215] Gilbert Smith has established analogies between the Tristana–Horacio love affair and that of Concha Ruth Morell-Galdós. Smith stated that 'Although Galdós obviously used his own experience as model for the situation of the three central characters in the novel, the development of that situation in *Tristana* is pure fictional invention. What happens to Tristana in the course of the novel has no factual basis in Concha's life in 1892. Yet, the really remarkable fact is that Horacio's abandonment of Tristana is a fairly accurate version of Galdós' desertion of Concha several years later. This is evidence, I think, of the extent of Galdós' emotional involvement in his portrayal of Horacio. It is possible that Galdós' own cynical attitudes toward a personal relationship with a woman are much more manifest in the portrayal of Horacio than even Galdós himself realized. Once again, this observation emphasizes the fact that the letters lead us to a better understanding not of Tristana, but of Galdós and his personal life and his attitudes' (1975: 117).

XXVIII

Creyó notar el viejo galán que Tristana se desconcertaba al recibir el jicarazo; pero tan rápidamente y con tanto tesón volvió sobre sí misma, que no le era fácil a don *Lepe* conocer a ciencia cierta el estado de ánimo de su cautiva, después del acabamiento definitivo de sus locos amores. Como quien se arroja a un piélago tranquilo, zambullose la señorita en el *maremágnum* musical, y allí se pasaba las horas, ya sumergiéndose en lo profundo, ya saliendo graciosamente a la superficie, incomunicada realmente con todo lo humano y procurando estarlo con algunas ideas propias que aún la atormentaban. A Horacio no le volvió a mentar, y aunque el pintor no cortó relaciones con ella, y alguna que otra vez escribía cartas amistosas, Garrido era el encargado de leerlas y contestarlas. Guardábase bien el viejo de hablar a la niña del que fue su adorador, y con toda su sagacidad y experiencia, nunca supo fijamente si la actitud triste y serena de Tristana ocultaba una desilusión, o el sentimiento de haberse equivocado profundamente al creerse desilusionada en los días de la vuelta de Horacio. ¿Pero cómo había de saber esto don Lope, si ella misma no lo sabía?[216]

En las buenas tardes de invierno salía a la calle en el carrito, que empujaba Saturna. La ausencia de toda presunción fue uno de los accidentes más característicos de aquella nueva metamorfosis de la señorita de Reluz: cuidaba poco de embellecer su persona; ataviábase sencillamente con mantón y pañuelo de seda a la cabeza; pero no perdió la costumbre de calzarse bien, y de continuo bregaba con el zapatero por si ajustaba con más o menos perfección la bota... única. ¡Qué raro le parecía siempre el no calzarse más que un pie! Transcurrirían los años sin que acostumbrarse pudiera a no ver en parte alguna la bota y el zapato del pie derecho.

---

[216] Teresa Bordons has noted in relation to the narrative voice that: 'Después de analizar el funcionamiento de la voz narrativa del texto, aquella que el autor ha construido para servir de guía al lector a través de la novela y que evita por medio de la ironía dar una opinión categórica acerca de la situación de Tristana, podemos concluir que Galdós se ha valido de un narrador efectivamente burlón, que en su burla encubre el sentimiento de inseguridad y confusión de una voz masculina contemporánea a Tristana, que si poder, en conciencia, darle la razón al refrán, en su fuero interno —un fuero de muchas esquinas, como decía Tristana de don Lope— se resiste a desecharlo' (Bordons, 1993: 486-487).

Al año de la operación, su rostro había adelgazado tanto, que muchos que en sus buenos tiempos la trataron apenas la conocían ya, al verla pasar en el cochecillo. Representaba cuarenta años cuando apenas tenía veinticinco. La pierna de palo que le pusieron a los dos meses de arrancada la de carne y hueso era de lo más perfecto en su clase; mas no podía la inválida acostumbrarse a andar con ella, ayudada sólo de un bastón. Prefería las muletas, aunque estas le alzaran los hombros, destruyendo la gallardía de su cuello y de su busto. Aficionose a pasar las horas de la tarde en la iglesia, y para facilitar esta inocente inclinación, mudose don Lope desde lo alto del paseo de Santa Engracia al del Obelisco,[217] donde tenían muy a mano cuatro o cinco templos, modernos y bonitos, y además la parroquia de Chamberí. Y el cambio de domicilio le vino bien a don Lope por el lado económico, pues en el alquiler de la nueva casa ahorraba una corta cantidad, que no venía mal para otros gastos en tiempos tan calamitosos. Pero lo más particular fue que la afición de Tristana a la iglesia se comunicó a su viejo tirano, y sin que este notara la gradación, llegó a pasar ratos placenteros en las Siervas, en las Reparatrices y en San Fermín,[218] asistiendo a novenas y manifiestos. Cuando don Lope notó esta nueva fase de sus costumbres seniles, ya no se hallaba en condiciones para poder apreciar lo extraño de tal cambio. Anublose su entendimiento; su cuerpo envejeció con terrible presteza; arrastraba los pies como un octogenario, y la cabeza y manos le temblaban. Al fin, el entusiasmo de Tristana por la paz de la iglesia, por la placidez de las ceremonias del culto y la comidilla de las beatas llegó a ser tal, que acortaba las horas dedicadas al arte músico para aumentar las consagradas a la contemplación religiosa. Tampoco se dio cuenta de esta nueva metamorfosis, a la que llegó por gradaciones lentas; y si al principio no había en ella más que pura afición, sin verdadero celo, si sus visitas a la iglesia eran al principio actos de lo que podría llamarse *dilettantismo* piadoso, no tardaron en ser actos de piedad verdadera, y por etapas insensibles vinieron las prácticas católicas, el oír misa, la penitencia y comunión.

Y como el buen don *Lepe*, no viviendo ya más que para ella y por

---

217 Currently Calle Martínez Campos.
218 The convent of the 'Siervas de María' is on Plaza Chamberí. The convent of 'Las Reparadoras' is next to the Plaza de España, and the convent of 'San Fermín de los Navarros' is at the Salón del Prado.

ella, reflejaba sus sentimientos, y había llegado a ser plagiario de sus ideas, resultó que también él se fue metiendo poco a poco en aquella vida, en la cual su triste vejez hallaba infantiles consuelos. Alguna vez, volviendo sobre sí en momentos lúcidos, que parecían las breves interrupciones de un inseguro sueño, se echaba una mirada interrogativa, diciéndose: «¿Pero soy yo de verdad, Lope Garrido, el que hace estas cosas? Es que estoy lelo... sí, lelo... Murió en mí el hombre... ha ido muriendo en mí todo el ser, empezando por lo presente, avanzando en el morir hacia lo pasado; y por fin, ya no queda más que el niño... Sí, soy un niño, y como tal pienso y vivo. Bien lo veo con el cariño de esa mujer. Yo la he mimado a ella. Ahora ella me mima...».

En cuanto a Tristana, ¿sería, por ventura,[219] aquella su última metamorfosis? ¿O quizás tal mudanza era sólo exterior, y por dentro subsistía la unidad pasmosa de su pasión por lo ideal? El ser hermoso y perfecto que amó, construyéndolo ella misma con materiales tomados de la realidad, se había desvanecido, es cierto, con la reaparición de la persona que fue como génesis de aquella creación de la mente; pero el tipo, en su esencial e intachable belleza, subsistía vivo en el pensamiento de la joven inválida. Si algo pudo variar esta en la manera de amarle, no menos varió en su cerebro aquella cifra de todas las perfecciones. Si antes era un hombre, luego fue Dios, el principio y fin de cuanto existe. Sentía la joven cierto descanso, consuelo inefable, pues la contemplación mental del ídolo érale más fácil en la iglesia que fuera de ella, las formas plásticas del culto la ayudaban a sentirlo. Fue la mudanza del hombre en Dios tan completa al cabo de algún tiempo, que Tristana llegó a olvidarse del primer aspecto de su ideal, y no vio al fin más que el segundo, que era seguramente el definitivo.

Tres años habían pasado desde la operación realizada con tanto acierto por Miquis y su amigo, cuando la señorita de Reluz, sin olvidar completamente el arte musical, mirábalo ya con desdén, como cosa inferior y de escasa valía. Las horas de la tarde pasábalas en la iglesia de las Siervas, en un banco, que por la fijeza y constancia con que lo ocupaba, parecía pertenecerle. Las muletas arrimadas a un lado, le hacían lúgubre compañía. Las hermanitas, al fin, entablaron amistad con ella, resultando de aquí ciertas familiaridades eclesiásticas; en algunas funciones solemnes, tocaba Tristanita el órgano, con gran

219 'por ventura': maybe.

regocijo de las religiosas y de todos los concurrentes. La *señora coja* hízose popular entre los que asiduamente asistían a los oficios mañana y tarde, y los acólitos la consideraban ya como parte integrante del edificio y aun de la institución.

XXIX

No tuvo la vejez de don Lope toda la tristeza y soledad que él se merecía, como término de una vida disipada y viciosa, porque sus parientes le salvaron de la espantosa miseria que le amenazaba. Sin el auxilio de sus primas, las señoras de Garrido Godoy, que en Jaén[220] residían, y sin el generoso desprendimiento de su sobrino carnal, el arcediano de Baeza[221] don Primitivo de Acuña, el galán en decadencia hubiera tenido que pedir limosna o entregar sus nobles huesos a San Bernardino.[222] Pero aunque las tales señoras, solteronas, histéricas y anticuadas, muy metidas en la iglesia y de timoratas costumbres, veían en su egregio pariente un monstruo, más bien un diablo que andaba suelto por el mundo, la fuerza de la sangre pudo más que la mala opinión que de él tenían, y de un modo discreto le ampararon en su pobreza. En cuanto al buen arcediano, en un viaje que hizo a Madrid trató de obtener de su tío ciertas concesiones del orden moral: conferenciaron; oyole don Lope con indignación, partió el clérigo muy descorazonado, y no se habló más del asunto. Pasado algún tiempo, cuando se cumplieron cinco años de la enfermedad de Tristana, el clérigo volvió a la carga en esta forma, ayudado de argumentos en cuya fuerza persuasiva confiaba.

—Tío, se ha pasado usted la vida ofendiendo a Dios, y lo más infame, lo más ignominioso es ese amancebamiento criminal...

—Pero hijo, si ya... no...

—No importa; se irán ella y usted al infierno, y de nada les valdrán sus buenas intenciones de hoy.

---

220 Jaén is a city in south-central Spain. The name is derived from the Arabic word khayyān ('crossroads of caravans'). It is the capital of the province of Jaén.
221 Baeza is a town of approximately 16,200 inhabitants in Andalusia, Spain, in the province of Jaén, perched on a cliff in the 'Loma de Úbeda, a mountain range between the river Guadalquivir to the south and its tributary the Guadalimar to the north. It is chiefly known today for having many of the best-preserved examples of Italian Renaissance architecture in Spain.
222 Bernardino of Siena (8 September 1380–20 May 1444) was an Italian priest and Franciscan missionary, and is a Catholic saint. He is known in the Roman Catholic Church as 'the Apostle of Italy' for his efforts to revive the country's Catholic faith during the fifteenth century. His preaching was frequently directed against gambling, witchcraft, sodomy, and usury.

Total, que el buen arcediano quería casarlos. ¡Inverosimilitud, sarcasmo horrible de la vida, tratándose de un hombre de ideales radicales y disolventes, como don Lope!

—Aunque estoy lelo —dijo este empinándose con trabajo sobre las puntas de los pies— aunque estoy hecho un mocoso y un bebé... no tanto, Primitivo, no me hagas tan imbécil.

Expuso el buen sacerdote sus planes sencillamente. No pedía, sino que secuestraba. Véase cómo.

—Las tías —dijo—, que son muy cristianas y temerosas de Dios, le ofrecen a usted, si entra por el aro[223] y acata los mandamientos de la ley divina... ofrecen, repito, cederle en escritura pública las dos dehesas de Arjonilla,[224] con lo cual no sólo podrá vivir holgadamente los días que el Señor le conceda, sino también dejar a su viuda...

—¡A mi viuda!

—Sí; porque las tías, con mucha razón, exigen que usted se case.

Don Lope soltó la risa. Pero no se reía de la extravagante proposición, ¡ay!, sino de sí mismo... Trato hecho. ¿Cómo rechazar la propuesta, si aceptándola aseguraba la existencia de Tristana cuando él faltase?

Trato hecho... ¡Quién lo diría! Don Lope, que en aquellos tiempos había aprendido a hacer la señal de la cruz sobre su frente y boca, no cesaba de persignarse. En suma: que se casaron... y cuando salieron de la iglesia, todavía no estaba don Lope seguro de haber abjurado y maldecido su queridísima doctrina del celibato. Contra lo que él creía, la señorita no tuvo nada que oponer al absurdo proyecto. Lo aceptó con indiferencia; había llegado a mirar todo lo terrestre con sumo desdén... Casi no se dio cuenta de que la casaron, de que unas breves fórmulas hiciéronla legítima esposa de Garrido, encasillándola en un hueco honroso de la sociedad. No sentía el acto, lo aceptaba, como un hecho impuesto por el mundo exterior, como el empadronamiento, como la contribución, como las reglas de policía.[225]

Y el señor de Garrido, al mejorar de fortuna, tomó una casa mayor

---

223 'pasar por el aro': to be forced through the bottleneck.
224 Arjonilla is a city located in the province of Jaén, Spain.
225 Here Galdós uses the fourth definition provided by the Dictionary of the Royal Academy: '4. Cortesía, buena crianza y urbanidad en el trato y costumbres'. In other words, Tristana is considering marriage as part of the conventions required to be socially accepted.

en el mismo paseo del Obelisco,[226] la cual tenía un patio con honores de huerta. Revivió el anciano galán con el nuevo estado; parecía menos chocho, menos lelo, y sin saber cómo ni cuándo, próximo al acabamiento de su vida, sintió que le nacían inclinaciones que nunca tuvo, manías y querencias de pacífico burgués. Desconocía completamente aquel ardiente afán que le entró de plantar un arbolito, no parando hasta lograr su deseo, hasta ver que el plantón arraigaba y se cubría de frescas hojas. Y el tiempo que la señora pasaba en la iglesia rezando, él, un tanto desilusionado ya de su afición religiosa, empleábalo en cuidar las seis gallinas y el arrogante gallo que en el patinillo tenía. ¡Qué deliciosos instantes! ¡Qué grata emoción... ver si ponían huevo, si este era grande, y, por fin, preparar la echadura para sacar pollitos, que al fin salieron, ¡ay!, graciosos, atrevidos y con ánimos para vivir mucho! Don Lope no cabía en sí de contento, y Tristana participaba de su alborozo.[227] Por aquellos días, entróle a la cojita una nueva afición: el arte culinario en su rama importante de repostería. Una maestra muy hábil enseñole dos o tres tipos de pasteles, y los hacía tan bien, tan bien, que don Lope, después de catarlos, se chupaba los dedos, y no cesaba de alabar a Dios. ¿Eran felices uno y otro?... Tal vez.[228]

226 Galdós is referring to the 'Obelisco de la Castellana' in Madrid which was built between 1833 and 1835 by Francisco Javier Mariátegui and the sculptor José Tomás to embellish the then newly built 'Paseo de la Castellana'. It was a new area that arose from what was popularly known as the 'Castro plan of 1857'. This was an expansion scheme for the city of Madrid carried out by the architect Carlos María de Castro. His plan was to re-order the city by creating new neighbourhoods under the criterion of strict separation between social classes. Thus, Don Lope and Tristana move to a relatively new area of the city designed exclusively for upper-class citizens.

227 It is important to note the irony present in this last passage of 'afición religiosa'. In contrast to the initial anticlericalism displayed by don Lope and the non-conformist attitude embodied by Tristana, both characters end up embracing a devotion to religious forms, strict morals, and a cloistered existence.

228 Not many critics have noticed the great irony of this ending. Instead of providing a final closure to the novel, Galdós prefers to leave the ending open so the reader can produce his or her own interpretation. This ties in with one of the most important features of the novel: the use of rhetorical questions, ellipsis, and silences. Farris Anderson has noted that 'Ellipsis is the basic aesthetic principle that defines *Tristana* and gives it its coherence. *Tristana* has an intensely dialectical structure. The binary casting of reality, a constant in Galdós' work, is particularly clear in this stark, understated novel of 1892. In *Tristana*, thesis and antithesis tug constantly against each other in search of a synthesis that is never attained. The terms of the dialectic remain in opposition throughout the novel, creating in the reader a desire

Fin de la novela

Madrid, enero de 1892

---

for resolution. *Tristana* thus defines itself in the reader's mind by what is missing: synthesis or resolution, which we may understand metaphorically as a "center". In his playful, often poignant manner, Galdós teases the reader with apparent centers, but they invariably prove to be illusory. Ultimately, *Tristana* is governed by the absence of a thematic psychological, and spatial resolution. This absence of the center gives the novel its elliptical, unstable quality' (1985: 62).

Appendix 1

Life and works of Benito Pérez Galdós – literary and historical context 1843–1920

Year	Benito Pérez Galdós	Historical and cultural context Spain	Historical and cultural context Europe
1843	10 May, Galdós is born in Las Palmas de Gran Canaria. His parents were Lieutenant Colonel Sebastián Pérez and Dolores Josefa Galdós Medina.	Isabel II reigns (1843–68) The Moderate Decade (1843–54).	*A Christmas Carol* by Charles Dickens is published, 6,000 copies are sold. Wagner's opera *Der Fliegende Holländer* premieres in Dresden. Gaetano Donizetti's opera *Don Pasquale* premieres in Paris.
1844		Creation of the 'Guardia Civil'. First performance of Zorrilla's play *Don Juan Tenorio*.	Hector Berlioz's *Carnaval Romain* premieres in Paris. Giuseppe Verdi's opera *Hernani* premieres in Venice.
1848		Completion of first railway line in Spain: Barcelona–Mataró.	Revolution in France. Marx and Engels publish the *Communist Manifesto*.
1852	Galdós begins his education at the Colegio of San Agustín.		Start of the Crimean War which ends in 1855 in a defeat for Russia. Napoleon III becomes Emperor of France

1854		Military uprisings in Vicálvaro and Zaragoza. The Liberal Biennium starts.	*Hard Times* begins serialisation in Charles Dickens' magazine, 'Household Words'.
1857		Julián Sanz del Río promotes Krausist ideals, *Discurso de inauguración del curso académico*.	Flaubert publishes *Madame Bovary* and Charles Baudelaire publishes *Les Fleurs du Mal*.
1859			Charles Darwin publishes *On the Origin of Species*.
1860		Julián Sanz del Río publishes *El Ideal de Humanidad para la vida*.	
1861			Unification of Italy after victories by Giuseppe Garibaldi.
1862	Bachelor of Arts at the Institute of La Laguna, Tenerife. Before then Galdós had worked for the local press on some satirical poems, short stories, and fantastical essays. He is also presented as a painter. In September he moves to Madrid to study law at the university.		Victor Hugo publishes *Les Misérables*, Zola publishes *Thérèse Raquin*.
1865	Galdós' first publications as a journalist in the newspaper *La Nación* and *Revista del Movimiento Intelectual de Europa*.	First Spanish workers' conference. Narváez relinquishes power. Events of the 'Noche de San Daniel'.	Wagner, *Tristan und Isolde*.
1866	As a journalist Galdós witnesses the last moments of Isabel II's reign.	Failed coup d'état of General Prim.	First commercially successful transatlantic telegraph cable is sent. Dostoievski publishes *Crime and Punishment*.

1867	Trip to Paris where Galdós visits the Universal Exhibition. He translates the *Pickwick Papers* by Dickens.	O'Donnell dies.	Marx publishes *Das Kapital*. Tolstoi publishes *War and Peace*.
1868	Further trip to Paris. He witnesses in Madrid the Revolution of 1868. Galdós is expelled from the Faculty of Law due to his poor attendance.	Bécquer writes *Rimas y leyendas*. Prim, Topete, Dulce, Serrano, Nouvilas, Primo de Rivera y Caballero start the Revolution of 1868. The Queen is forced into exile. War in Cuba.	Johann Strauss' *Blue Danube* waltz premieres in Vienna. Giuseppe Verdi's opera *Don Carlos* premieres in Paris. Austro-Hungarian Empire forms. Alfred Nobel patents dynamite.
1870	Domingo, Galdós' oldest brother, dies. Galdós publishes *La Fontana de Oro* y *La Sombra*, and the article 'Observaciones sobre la novela en España'. He becomes director of the newspaper *El Debate*.	Reign of Amadeo de Saboya (1870–73). Assassination of General Prim. 90% of Spanish women are illiterate.	Franco-Prussian War and fall of the Second French Empire.
1871	Galdós is appointed general editor of the newspaper *El Debate*.		Unification of Germany under the direction of Otto von Bismarck. Third Republic in France. First exhibition of Impressionist painters in Paris. Darwin publishes *The Descent of Man and Selection in Relation to Sex*.
1872	Galdós publishes *El audaz*.	Second Carlist War (1872–76).	
1873	After closure of *El Debate* Galdós publishes *Trafalgar*.	First Spanish Republic (1873–74). First Cantonalist War.	Tolstoi publishes *Anna Karenina*.

1874	Galdós creates *Revista Contemporánea*.	General Pavía's coup d'état and military rising of General Martínez Campos. Ruiz de Alarcón publishes *El sombrero de tres picos*. Juan Valera publishes *Pepita Jiménez*.	
1875	Galdós publishes the first series of the *Episodios Nacionales* with *La batalla de Arapiles*.	Restoration of the Monarchy: Alfonso XII king of Spain (1875–85).	Great Britain controls the Suez Canal.
1876	Galdós publishes *Doña Perfecta* and *Gloria* (first part).	Spanish Constitution of 1876. Francisco Giner de los Ríos creates the Free Teaching Institution.	
1877	Galdós publishes *Gloria* (second part) and *Los cien mil hijos de San Luis*.	86.5% of the population live in the countryside. This proportion will not change until 1900.	Tchaikowski, *Swan Lake*.
1878	Galdós learns to play the piano. He publishes *Marianela* and *La familia de León Roch*.	Marriage of Alfonso XII and Mercedes de Orleans. Peace of Zanjón that puts an end to ten years of war in Cuba.	
1881	Galdós publishes *La desheredada*.	Sagasta's first government. The Krausist professors return to the university. Menéndez Pelayo publishes *Historia de los heterodoxos españoles*.	
1882	Galdós publishes *El amigo Manso*.	The 'Comisión de Reformas Sociales' is created. Emilia Pardo Bazán publishes *La tribuna*. José María de Pereda publishes *El sabor de la tierruca*.	Signature of the Triple Alliance: Germany, Austro-Hungarian Empire, and Italy.

1883	Galdós publishes *El doctor Centeno*. Trip to London. Leopoldo Alas, known as Clarín, organises a national hommage to Galdós.	Anarchist movement of the 'Mano negra'. Menéndez Pelayo publishes *Historia de las ideas estéticas en España*. Emilia Pardo Bazán publishes *La cuestión palpitante*.	Nietzsche publishes *Thus Spoke Zarathustra: A Book for All and None*.
1884	Galdós begins publishing articles in *La Prensa*, Buenos Aires. He publishes the novels: *Tormento*, *La de Bringas*, *Lo prohibido* (first part).	Alfonso XII dies. Regency of María Cristina de Habsburgo (1885–1902). Clarín publishes *La Regenta*. José María de Pereda publishes *Sotileza*.	Conference of Berlin on the distribution of Africa. Joris-Karl Huysmans publishes *À rebours*.
1885	Trip to Portugal with the novelist José María de Pereda. Galdós publishes *Lo prohibido* (second part).	Leopoldo Alas, Clarín, publishes *La Regenta*.	Karl Benz invents Benz Patent-Motorwagen, the world's first automobile.
1886	Galdós is elected Member of Parliament for the district of Guayana (Puerto Rico). Trips to France and England. His serial novel, *Fortunata y Jacinta* (1886–87) begins publication.	First Cuban War (1886–78). Emilia Pardo Bazán publishes *Los pazos de Ulloa*. Alfonso XIII is born. Abolition of slavery in Cuba.	Rimbaud publishes the collection of poems *Illuminations*.
1887	Galdós' mother, Doña Dolores Galdós, dies. Trip to Germany, Holland, England, and Denmark with Alcalá Galiano.		
1888	Galdós publishes *Miau*. He visits the Exhibition in Barcelona. Trip to Italy with Alcalá Galiano and visit to the Pope. Galdós' brother dies in La Habana.	Universal Exhibition of Barcelona. Creation of the General Union of Workers (UGT). First PSOE (Partido Socialista Obrero Español) conference. Rubén Darío publishes *Azul*.	Van Gogh, *Sunflowers*.

1889	Galdós is elected member of the Spanish Royal Academy of Letters. He visits the Universal Exhibition of Paris. Trip to England. He visits Stratford. He publishes *La incógnita* and *Torquemada en la hoguera*.	Emilia Pardo Bazán publishes *Insolación* and *Morriña*. Palacio Valdés publishes *La hermana San Sulpicio*.	Universal Exhibition of Paris.
1890	Galdós publishes the novels *Realidad* and *Ángel Guerra*.	Universal masculine suffrage is established.	
1891	María, Galdós' and Lorenza Cobián's only child, is born.	Leon XIII *Rerum novarum*.	Oscar Wilde publishes *Portrait of Dorian Gray*.
1892	Galdós publishes *Tristana*, *La loca de la casa*, and *Realidad*.	Sagasta's government.	Franco-Russian agreement.
1893	Galdós finishes the drama *Los condenados*.	Terrorist attack at the Liceo Theatre in Barcelona.	
1894	Galdós publishes *Torquemada en el purgatorio*.		
1895	Galdós publishes *Torquemada y San Pedro*, *Nazarín*, and *Halma*.	Miguel de Unamuno publishes *En torno al casticismo*.	Auguste and Louis Lumière begin exhibitions of projected films before paying public with their cinematography, a portable camera, printer, and projector.
1896	*Doña Perfecta* is adapted for the stage.		
1897	Inaugural address in the Spanish Royal Academy 'La sociedad presente como materia novelable'. Galdós publishes *Misericordia*.	Assassination of Cánovas del Castillo. Miguel de Unamuno publishes *Paz en la guerra*. Ángel Ganivet publishes *Idearium Español*.	

1898	Galdós publishes *Zumalacárregui, Mendizábal,* y *De Oñate a La Granja.* And the novel *El abuelo.*	Spanish-American War: loss of last overseas colonies of Cuba, Puerto Rico, Filipinas, and Guam Island. Vicente Blasco Ibáñez publishes *La barraca.* Menéndez Pelayo is appointed as director of the Spanish National Library.	Zola, 'J'accuse' article in defence of Captain Dreyfus. Freud, *The Interpretation of Dreams*
1900	Galdós publishes *Montes de Oca* and *La batalla de Ayacucho.*	Joaquín Costa publishes *Oligarquía and caciquismo.* Juan Ramón Jiménez publishes *Almas de violeta* and *Ninfeas.*	
1901	Great success of his play *Electra.*	Francisco Cambó creates the 'Lliga Regionalista'. First issue of the modernist journal *Electra.*	
1902	Fourth series of the *Episodios Nacionales*: *Las tormentas del 48* and *Narváez.* Trip to Paris.	Reign of Alfonso XIII. Vicente Blasco Ibáñez publishes *Cañas y barro.* Azoran publishes *La voluntad,* Pío Baroja *Camino de perfección,* Miguel de Unamuno *Amor y pedagogía,* and Ramón María del Valle-Inclán *Sonata de Otoño.*	Guglielmo Marconi sends first transatlantic radio transmission.
1904	Galdós publishes *La revolución de julio* and *O'Donnell.*	José Echegaray obtains Nobel Prize for Literature.	Russian-Japanese War. United Kingdom and France sign the 'Entente Cordiale'.
1905	Galdós publishes *Casandra.*	Miguel de Unamuno publishes *Vida de Don Quijote y Sancho.*	Einstein publishes his *Theory of Relativity.* Russia is defeated by Japan. Russian Revolution.

1907	Galdós becomes Member of Parliament for the Republican Party.	Maura's government. Creation of the 'Junta para Ampliación de Estudios'.	
1908	Last series of *Episodios Nacionales*: *España sin rey*.	Lerroux creates the Radical Party.	Austro-Hungarian empire seizes Bosnia-Herzegovina.
1909	Galdós publishes *El caballero encantado*.	Tragic Week in Catalonia. War in Melilla.	
1910	Galdós becomes the MP who wins the most votes for the district of Madrid.	Gabriel Miró publishes *Las cerezas del cementerio*.	
1911		Pío Baroja publishes *El árbol de la ciencia*.	
1912	Galdós finishes *Episosdios Nacionales* with the publication of *Cánovas*. Candidate for the Nobel Prize.	Miguel de Unamuno publishes *Del sentimiento trágico de la vida*. Antonio Machado publishes *Campo de Castilla*.	First Balkans War.
1913	Galdós' play *Celia en los infiernos* is perfomed on stage for the first time. He leaves the Republican-Socialist Coalition.	National hommage to Azorín in Aranjuez.	Second Balkans War.
1914	Galdós is elected MP for the district of Las Palmas.	Ortega y Gasset publishes *Las meditaciones del Quijote*. Juan Ramón Jiménez, *Platero y yo*.	Archduke Franz Ferdinand of Austria is assassinated. World War I begins. Spain remains neutral.
1915	Galdós writes his last novel: *La razón de la sinrazón*. He declares his support for the Allies in the World War I.	Opening of the Madrid underground. Giner de los Ríos dies. Manuel de Falla's ballet *El Amor Brujo* premieres in Madrid.	

1917		Year of great social tension in Spain: creation of the Juntas Militares de Defensa, General Revolutionary Strike, and prison for several important worker leaders.	Vladimir Lenin and the Bolsheviks seize power in the Russian Revolution. The ensuing Russian Civil War lasts until 1922.
1918			World War I ends with the defeat of Germany and the Central Powers. Ten million soldiers killed. Worldwide Spanish flu epidemic kills millions in Europe. Austro-Hungarian Empire dissolves.
1919		Creation of the Spanish Communist Party.	Versailles Treaty strips Germany of its colonies, several provinces, and its navy and limits its army. Allies occupy western areas. Reparations ordered.
1920	4 January Galdós dies. Spain declares a day of national mourning.	José Millán Astray creates the Spanish Legion.	League of Nations begins operations; largely defunct by 1939.

Galdos' total works

32 novels,
47 Episodios Nacionales,
26 plays,
17 essays,
1 translation,
7 short stories.

Appendix 2

Emilia Pardo Bazán, *Review 'Tristana', Nuevo Teatro Crítico*, núm. 17, mayo de 1892, 77-90.

En medio del alboroto producido por el estreno de *Realidad*, cayó *Tristana* como en un pozo, rodeada de sepulcral silencio. Así en periódicos como en conversaciones literarias, casi puede decirse que no ha sonado el nombre, el asunto ni la tendencia de la última novela de Galdós. Y aun cuando no creo que *Tristana* deba incluirse en el número de las mejores novelas de Galdós, y quizá pueda calificarse de bastante inferior con respecto a otras recientes, todo lo que este autor y media docena más de autores españoles que yo me sé den a luz, merecerá siempre atento examen, porque si el entusiasmo tiene su hora y su sazón ante las obras maestras, la consideración no está sujeta a altibajos, ni puede influir en ella una diferencia de cantidad y calidad inevitable en quien escribe y publica muchos libros y no deja pasar año sin rendir cosecha.

El asunto de *Tristana* cabe en un puño, y la trama puede decirse que es nula. Un Tenorio ya decadente, casi retirado a cuartel de inválidos, Don Juan López Garrido, acepta la tutela de la hija de su amigo Reluz, huérfana ya y sin amparo en el mundo; se la lleva a vivir consigo, y la seduce, adhiriéndose como la hiedra a su última conquista. La equívoca posición de la señorita Reluz la obliga a permanecer en el retiro; no obstante, un día encuentra por casualidad al joven pintor Horacio, y el idilio comienza, primero tímido y suave, después apasionado y ardoroso. El viejo galán y tirano doméstico de Tristana olfatea sin tardanza lo que ocurre, y al pronto quiere tomar medidas violentas, si bien después adopta un sistema mixto de aparente tolerancia y solapada oposición con que aspira a desorganizar el amorío y desunir la pareja. No hubiesen bastado para conseguirlo todas sus tretas y artimañas; pero vienen en su ayuda dos casos fortuitos: la ausencia de Horacio y la enfermedad de Tristana, un horrible tumor blanco por el cual tienen que amputarla una pierna. Lejos el amante y mutilada la señorita, el amor muere de muerte natural; Horacio toma mujer, y la cojita Tristana, despojo infeliz de la adversidad, se salva en las áridas playas del amor senil de su rancio seductor, con el cual acaba por casarse a última hora, sin ilusión alguna, por conveniencia y cansancio. "¿Eran felices uno y otro? Tal vez..." pone el autor a guisa de corolario de la novela.

Conste que no desapruebo la sencillez de la trama. Muchísimas novelas, de las mejores que conozco en la literatura universal, son de trama excesivamente sencilla. Aquí, el decir de una novela que "apenas tiene asunto" suele envolver una censura disimulada, como si calificasen ya de anodina o inocente la obra. Protesto contra este sentido, y protesto más fuerte aún contra otra especie que no diré que echó a volar, pero sí que adoptó sin distingos mi buen amigo el Señor Altamira: la de que no tienen miga los asuntos amorosos, o al menos no tienen tanta como los sociales, políticos, filosóficos, religiosos, científicos, económicos, etc., etc. Si ahondamos (y ahondar es ley) los asuntos amorosos diría yo que tienen más miga que ningunos. En el modo de tratarlos, es decir, en la habilidad, ingenio y felicidad del autor, está el toque. Por otra parte, en la cuestión de asunto también hay que distinguir cuidadosamente entre el asunto interno y el externo, entre lo que *acontece* y lo que *permanece*, entre lo que se ve y lo que se esconde, pero pueden adivinar los iniciados...

Por eso declaro que a *Tristana*, a pesar de su sencillez de asunto, aún le sobra parte de él: para el asunto interno no hacía falta Horacio, ni la ausencia de Horacio, ni la pierna cortada, porque el asunto interno en *Tristana* no es realmente ni la seducción de *Don Lope*, ni el enamoramiento de Horacio, ni la ruptura, ni el casamiento final... El asunto interno de *Tristana*, asunto nuevo y muy hermoso, pero imperfectamente desarrollado, es el despertar del entendimiento, la conciencia de una mujer sublevada contra una sociedad que la condena a perpetua infamia y no le abre ningún camino honroso para ganarse la vida, salir del poder del decrépito galán, y no ver en el concubinato su única protección, su apoyo único. —Si esta idea,— que en *Tristana* aparece embrionaria y confusa, al través de una niebla, como si el novelista no se diese cuenta clara de la gran fuerza dramática que puede encerrar,— se destacase con la precisión y vitalidad que ostentan el asunto interno de *El Amigo Manso* y los caracteres de *Fortunata y Jacinta*, *Tristana* sería quizá la mejor novela de Galdós.

Por desgracia falta esa unidad, ese vigor, ese aplomo que dan la certeza y el deseo de expresarla, en la historia de la señorita de Reluz, especialmente desde la segunda mitad de la novela, que visiblemente decae y queda muy por bajo de la primera, atropellándose para traer el episodio final de la operación quirúrgica y sus consecuencias decisivas del porvenir de Tristana. Los primeros capítulos confieso que me hacían concebir esperanzas brillantes. La situación estaba planteada con rapidez y firmeza, como de mano de maestro, y entonada con algunos brochazos a los Velázquez la jugosa y castiza figura del buen hidalgo, al cual "o había que matarle, o decirle Don Lope". No menos sentida y expresiva la cabeza de su víctima, la señorita Reluz, la "dama de papel" que, "en opinión del vulgo circunvecino, no era hija, ni sobrina, ni esposa, ni nada del gran Don Lope; no era nada y lo era todo, pues le pertenecía como una petaca, un mueble o una prenda de ropa...¡y ella parecía tan resignada a ser petaca y siempre petaca!" En esta unión ilícita del maduro galán con la linda muchacha, el drama verdadero, el conflicto de conciencia, tiene que surgir al punto mismo en que Tristana conozca la indignidad de su situación, y por salir de ella se arroje a una lucha desigual, pero que por lo mismo puede rayar en sublime. El capítulo II de *Tristana*, y ya hasta que empieza el episodio de los amores con Horacio, son un manantial de esperanza: apunta allí una novela fuerte y rara, de primer orden, un bellísimo *caso* psicológico. Tristana cuenta veintiún años ya, y a este edad principian a despertarse en ella los anhelos de independencia "con las reflexiones que embargaban su mente acerca de la extrañísima situación social en que vivía" (supongo que Galdós no la califica de extrañísima porque no sea frecuente, sino porque, en efecto, es extraña ante la razón). Hay algo de sagrado en esas crisis del alma de Tristana, que sacudiendo su irreflexión y pasividad muñequil, sin ideas propias, sustentada por las proyecciones del pensar ajeno, florece de improviso como planta vivaz y se llena de ideas, en apretados capullos primero, en espléndidos ramilletes después; que se siente inquieta, ambiciosa de algo muy distante, muy alto, y que a medida que se cambia en sangre y médula de mujer la estopa de la muñeca, va cobrando aborrecimiento y repugnancia a la miserable vida que lleva en poder de Don Lope Garrido.

Sola, retirada, sin confidentes, sin desahogo ninguno, Tristana confía su aspiraciones nuevas ¿a quién? a la criada Saturna. ¡Donosos parrafeos los de la romántica señorita y la maciza fámula! Saturna, con su sentido práctico de dueña marrullera, advierte a Tristana de los riesgos que corre. "¿Sabe la señorita como llaman a las que sacan los pies del plato? Pues las llaman, por buen nombre, *libres*... Si ha de haber un poco de reputación, es preciso que haya dos pocos de esclavitud. Si tuviéramos oficios y carreras las mujeres, como los tienen esos bergantes de hombres, anda con Dios. Pero, fíjese, sólo tres carreras puedes seguir las que visten faldas: o casarse, que carrera es, o el teatro... vamos, ser cómica, que es buen modo de vivir, o..." Y contesta tristemente la señorita: "Ya sé, ya sé que es difícil eso de ser libre... y honrada. ¿Y de qué vive una mujer no poseyendo rentas? Si nos hicieran médicas, abogadas, siquiera boticarias o escribanas, ya que no ministras y senadoras, vamos, podríamos... Pero, cosiendo, cosiendo... Calcula las puntadas que hay que dar para mantener una casa... ¡Ay, pues si yo sirviera para monja, ya estaba pidiendo plaza en cualquier convento! Pero no valgo, no, para encerronas de toda la vida. YO quiero vivir, ver mundo y enterarme de por qué y para qué nos han traído a esta tierra en que estamos. Yo quiero vivir y ser libre..."

En este diálogo se cifra lo que debía ser, en mi concepto, asunto fundamental de *Tristana*. Engolosinado por tales preludios, cree el lector que va a presencia un drama trascendental; que va a asistir al proceso libertador y redentor de un alma, de un alma que representa millones de almas oprimidas por el mismo horrible peso, a sabiendas o sin advertirlo... No es así. Cuando creemos que va a principiar el combate, aparece Horacio, una intriga amorosa como otra cualquiera, y Tristana se entrega a la pasión con un ímpetu que yo no negaré que sea cosa muy natural, pero que no tiene nada que ver con la novela iniciada en las primeras páginas del libro. La lucha por la independencia ya queda relegada a último término; puede decirse que suprimida. Ni aun tenemos ocasión de presenciar otro género de lucha, la lucha por la libre elección amorosa. Don Lope, que al principio parece un esclavo del punto de honra, un galán calderoniano, modo de ser muy conforme con su avellanada y varonil hermosura de personaje del cuadro de *las Lanzas*, y que se prestaba admirablemente para realzar con el contraste la figura de su rebelada pupila, se va convirtiendo poco a poco en héroe *psicológico* moderno, francés, a lo Pablo Bourget, un hombre contemporizador y escéptico, que tolera lo que no puede evitar, seguro de que las circunstancias y el tiempo le devolverán su presa, y conforme con ser *le plus heureux des trois*. Deja correr el torrente amoroso de Tristana y Horacio, y la señorita de Reluz no necesita lidiar para conseguir, a falta de dignidad inseparable de los sentimientos sinceros y los afectos desinteresados y profundos. De suerte que el autor, después de que nos ha desorientado en el carácter y papel de Tristana, vuelve a desorientarnos en el de Don Lope; creíamos (y no era culpa nuestra el creerlo, porque fundamento no nos faltaba) que iba a presentarnos Galdós el terrible conflicto del hombre antiguo y el ideal nuevo, el choque de la coraza y la locomotora, y sólo encontrarnos un viejo condescendiente y terco a la vez, *muy truchimán*, una niña encandilada por un hombre bastante vulgar, y una historia inexpresiva que se desenlaza por medio de un suceso adventicio, de una fatalidad física, análoga a la caída de una teja o al vuelco de un coche. Entiéndase que ni niego la verosimilitud de la historia, ni menos dudo de que con esos elementos y otros aún más ínfimos, puede Galdós entretener, interesar, conmover, hacer pensar y sentir, porque yo creo que Galdós es capaz de sacar novela de un trozo de sílex o de una madeja de esparto. Lo único que significan mis censuras (pues no niego que lo sean) es que *Tristana* prometía otra cosa; que Galdós nos dejó entrever un horizonte nuevo y amplio, y después corrió la cortina.

Probablemente toca gran parte de culpa, en esta insuficiencia de *Tristana*, a *Realidad*, obra dramática que, si no me engaño, preocupaba a su autor precisamente en los momentos en que crecía el montón de cuartillas de la novela. La obra de arte es celosa: pide para sí sola todas las energías y fuerzas vitales y creadores del cerebro. Nótese que el primer tercio de *Tristana* es superior al segundo, y éste al último, de donde puede inferirse que, según iba apoderándose *Realidad* del espíritu de Galdós, la novela se hacía más borrosa, la idea primera se desvanecía, y quedaba sólo... lo que nunca puede faltar en obras de tal pluma... pero ni un ápice más.

El maestro de nuestra fábula novelesca no necesita que pongamos sordina a nuestra opinión; ahí va lisa y llana, como él tiene derecho a oírla. De poner sordina no la pondría yo por él, sino por esa casta de cuervos literarios que al menor pretexto olfatean cadáver, y para quienes todo lo que no sea subir al empíreo es bajar al profundo infierno, y el cuadro de Ribera o de Goya que no ocupe el primer puesto en la jerarquía de los del mismo autor, ya es un chafarrinón de Orbaneja. Yo no sé si renegar de tales cuervos, porque acaso no es inútil su graznido: tal vez puede estimular y sacar chispas del genio. Lo cierto es que aquí la palestra literaria no es estadio olímpico, sino plaza de toros: al que sale bien de la suerte, apoteosis; al que se resbala, naranjas y denuestos; pero el caso es que los primeros espadas no varían de una corrida a otra; con naranjos y toques de cencerro, o con cigarros y palmas, ellos son siempre los mismos; apostaré algo a que ni chulillos, ni mulilleros, ni monos sabios, sustituirán a *Lagartijo*, aunque llegue a ser más viejo que un palmar; y en cuanto al público de los tendidos, a ese tan pródigo de injurias, a ese que harta de "cobardes" a los diestros que tienen su cuerpo tatuado a puras cornadas... claro está que ese sí que nunca bajará a la arena. ¡Hombre, ni que decir tiene! (Lector, permíteme que mantenga el estilo a la altura del símil).

Appendix 3

Benito Pérez Galdós, *Realidad* (Jornada I, Escena VIII, 1890), Madrid, Imprenta La Guirnalda.

AUGUSTA.— (*entrando de puntillas, en traje de noche*). Dormido ya; pero esto no es más que el primer sueño, breve y profundo, que lo dura apenas media hora. Y yo ¿por qué me acuesto si sé que no he de dormir? ¡Habla de conciencia intranquila!... Este bienaventurado no sabe lo que es vivir con los pies sobre la tierra. Él tiene alas. (*Se sienta junto a su lecho, y apoya el brazo en él y la frente en la mano*). Si mi fe religiosa fuera más viva... me consolaría. Pero mis creencias están como techo de casa vieja, llenas de goteras. De esto tiene la culpa el trato social, lo que una piensa, y lo que oye, y lo que ve... Por ese lado no hay esperanza. (*Mirando a su marido que duerme*). Si Dios se ocupa de nuestras pequeñeces, sabrá que quiero tiernamente a este hombre, que su salud me interesa más que la mía; sabrá también que esta unión no satisface mi alma, que otro cariño me salió al paso y lo tomé, porque me llena la vida hasta los bordes. Esto ha venido a ser esencial en mí. Mi conciencia es voluble, y suele regirse por las impresiones que recibo y por los movimientos del ánimo. Cuando estoy contenta y satisfecha, y los celos no me punzan, mi conciencia se relaja, se hace la tonta, y me dice que mi falta no es falta, sino ley del espíritu y de la naturaleza. Pero cuando mi pasión se alborota con las contrariedades, y el alma se me revuelve, y se enturbia con sus propias heces que suben, pierdo la tranquilidad y me tengo por mala, por indigna de perdón... ¿Qué es lo que siento esta noche? Inquietud, temor de no ser amada. El despecho y la ira se me vuelven remordimientos. Casi casi me dan impulsos de abrir el alma delante de mi marido, y contarle todo lo que me pasa. ¿Y para qué? ¿Para renegar de mi error y prometer la enmienda? No, no tendré fuerzas para enmendarme, ni hipocresía para hacer promesa tan imposible de cumplir. Me confesaría, simplemente por el consuelo de vaciar un secreto que ahoga... (*Irguiendo la cabeza*). ¡Dios mío, qué disparates pienso! Paréceme que tengo fiebre. A estas horas, el insomnio y las cavilaciones nos llevan a una verdadera locura. ¡Confesarme a Tomás! No me comprendería, como yo no comprendo las sutilezas de su conciencia, que por querer adelgazarse tanto, se quiebra; incurriría en las vulgaridades de la moral gruesa y común, de esa que parece que se compra por kilos. ¡Ay!, digan lo que quieran, estamos gobernados por leyes estúpidas... hechas para regularizar lo irregularizable, para contener en distancias muy medidas el vuelo de las almas... porque yo también tengo plumas. (*Hace con las manos movimientos de aleteo*). ¡Vaya que se me ocurren unas cosas cuando cavilo a estas horas!... Sí, ardo en calentura; como que dudo a veces si estoy despierta o estoy soñando... y hasta me parece que un diablillo gracioso me sopla al oído lo que he de pensar... Despierta estoy, y discurro claramente que la sociedad y sus leyes son obra de la tontería. (*Accionando como si hablara con alguien*). Y lo digo y lo sostengo: si no nos encontrásemos atados por estos nudos del convencionalismo, yo podría tener un gran consuelo. Ante la razón grande, hablo de la grandísima, de la que anda por allá arriba sin que nadie la pueda coger, ¿qué inconveniente habría en que este hombre, que miro como hermano de mi alma, este hombre de entendimiento superior, de gran corazón, todo nobleza, supiera lo que me está pasando, y que lo oyera de mi propia boca?... Esto que parece absurdo... ¿por qué lo es?, mejor dicho, ¿por qué lo parece? No; lo absurdo no es esto que pienso, sino lo otro, todo el armatoste social... (*Sonriendo*). ¿Por qué me río?... No me río: es rabia; es que mi sabiduría, esta ciencia que me entra por las noches, me hace reír... de rabia.

Appendix 4

Benito Pérez Galdós, *La Incógnita* (extract from 'A Don Equis X, en Orbajosa', 1889), Madrid, Imprenta La Guirnalda, pages 21–33.

16 de Noviembre.

Modera tu impaciencia, voluntarioso y desocupado Equis. ¿Deseas saber pronto lo que pienso de mi prima? Me había propuesto dejar ese interesante tratado para cuando mi observación hubiese reunido datos suficientes en que apoyar una buena crítica. Pero cedo a tus exigencias de proscrito aburrido y mimoso, y empiezo por decirte que Augusta no me pareció, la primera vez que la vi, tan hermosa como yo me la figuraba. No puedo olvidar que nunca me diste una opinión terminante sobre ella, tú que debes de conocerla, aunque no tanto como a su marido. En tus expresiones al hablarme de esta mujer, he notado siempre como una veladura reticente. No creas: el recuerdo de tus vaguedades en tal asunto, me pone en guardia. Observo, miro y escudriño en torno de ella, sospechando que podré descubrir algo que me asombre, y aunque nada veo, nada absolutamente más que una conducta pura y una reputación intachable, la escama persiste en mí, y suspendo mi juicio. Contén tu insana curiosidad, oh varón depravado, que yo, cuando sepa bien a qué atenerme, no me pararé en pelillos para manifestártelo. Por ahora, no me sacarás del cuerpo sino una apreciación breve y superficial. Que Augusta es elegante, no tengo por qué decírtelo. Te reirás sin duda de mi descubrimiento. Sobre si es o no hermosa, ya cabe mayor variedad de opiniones. Hermosa, lo que se llama hermosa, quizás no lo sea para los que creen, como tú, en eso de las reglas y proporciones estéticas. Para mí, que no le encuentro ninguna gracia a la boca chiquita de las Venus griegas y de las Vírgenes de Rafael, una de las mayores seducciones de mi prima es su boca, que un amigo mío llama el templo de la risa. ¡Vaya que es grandecita! ¡Pero qué salada y hechicera! Dime,

¿tú la has visto reír, pero con gana, burlándose de alguien o contando un pasaje chistoso? ¿Y no te has extasiado ante aquella doble sarta de dientes blancos, duros, igualitos, de los cuales te dejarías morder si a su dueña se le antojase hacerlo? ¿No te divierte, no te embelesa oír la cascada de aquella risa, que inunda de alegría el mundo y sus arrabales, como el trinar de los pájaros celebrando la aurora? Toma poesía... Otrosí, querido Equis, tiene mi prima unos ojos negros que te marean si fijamente te miran, ojos que llevan en sí el vértigo de las alturas y el misterio de las profundidades (aguántate esa imagen), ojos que... no sigo por temor a mi retórica y a tus guasitas.

Fuera de los ojos, que son, como dice un amigo nuestro, la sucursal del cielo, si miras aisladamente las facciones de Augusta, las encontrarás imperfectas; pero luego se componen y arreglan ellas a su manera, y resulta un conjunto encantador que te vuelve loco; digo, a ti no, pero a otros, si no les ha enloquecido, les enloquecerá. ¿Y qué tienes que decir de su figura? ¿Has conocido alguna más arrogante? Di que no, hombre, di que no, o te pego. Buena talla, sin ser desmedida; buenas carnes, sin gorduras; curvas hermosísimas... Yo me la figuro con poca ropa, y me extasío, como lo harías tú, con castidad estética, delante de la viviente estatua, considerando con la mayor formalidad que la belleza de las líneas convierte la carne tibia en el más honesto de los mármoles... Suprimo las imágenes porque te estás riendo de mí, y de seguro dices al leerme: «¡Miren el tonto ese...!». ¡Ah!, la edad la fijo en treinta años; y lo más, lo más que añado, si en ello te empeñas, es dos o tres a lo sumo.

Y pensarás también, haciendo una de esas muequecillas profesionales que son resultado del hábito de la crítica seria: «Mujer hermosa, pero sin instrucción». Ya tenemos en campaña el problema educativo. Pues a eso te digo que en efecto, Augusta carece de instrucción, si por esto entiendes algo más que las llamadas tinturas de las cosas; pero tiene tanto talento natural, y tal gracia y desenfado para abordar cualquier cuestión grave o ligera, que oyéndola no podemos menos de celebrar que no sea instruida de verdad. Si lo fuera, si la sosería de la opinión sensata apuntara en aquellos ojos y en aquella boca, cree que perderían mucho. Habías de oírla cuando se pone a hincar el colmillito en las ridiculeces humanas o a sostener una tesis paradójica. Si entonces no se te caía la baba, no sé yo cuándo se te iba a caer. Pues en aplicar motes no hay quien le gane. Cuando tuvo bastante confianza conmigo, me confesó, llorando de risa, que de su cacumen había salido el apodo de el payo de la carta, y te aseguro que nunca he perdonado con más gusto un agravio.

Basta, basta; no has de sacarme una palabra más acerca de esta simpática persona. Lo único que me resta decirte es que anoche estuve en el teatro con ella y su marido. Este es un cumplido caballero, digno de poseer tal joya. Paréceme de salud algo delicada. Su mujer le mima, le cuida, y no está profundamente seria sino cuando teme que aquella salud se quebrante más. Hallo perfecta armonía en este matrimonio. Podré equivocarme; pero... ¿Qué es eso?, ¿te ríes? A mí no me descompones tú con tus risitas... ¿He dicho algún disparate? Tu opinión sobre Orozco, ¿no es la mía? ¿No eres tú quien me ha hecho ver en él una excepción dentro de la actual sociedad? ¡Ah!, ya sé por qué te ríes, hombre incrédulo y malicioso. Es porque desde que empecé esta carta estoy diciendo que no quiero hablar de Augusta, y ya llevo tres carillas sin ocuparme de otra cosa. Punto, punto aquí, vive Dios. Pon un punto como una casa, indiscreta pluma, o te estrello contra el papel.

Hablemos otra vez de ese espejo de los padrinos, de esa potencia crítica de primer orden que por sí solo representa una escuela sistemática de sátira social, a la que ajusta sus juicios sangrientos. Tú no sabes bien lo que es este hombre y cuánto se prestan sus pensamientos a la admiración y al análisis. ¡Y yo, tonto de mí, que los primeros días, juzgando por la superficie de las ideas, le tuve por carlista o al menos por partidario del poder absoluto! Figúrate, Equis de mi alma, cómo me quedaría hoy cuando me expuso las ideas más contrarias al absolutismo... Poco a poco: quizás no; puede que ello sea el propio absolutismo en su forma más concentrada. Vamos por partes, y dime si estas rarezas merecen que un observador como tú las estudie.

Mi padrino vive, como sabes, en la plaza del Progreso. Aborrece los barrios del Centro y del Este de Madrid, que son los más sanos. La tradición le amarra al Madrid viejo y a la parte aquella donde siente el tufo de la plebe, apiñada en las calles del Sur. Ha vivido siempre al borde del abismo, según dice, y no quiere apartarse de él. Detesta la prensa, que en su sentir es la vocinglería, el embuste, la difamación y el medio seguro empleado por nuestra época para envilecer los caracteres y falsear todas las cuestiones. A pesar de esto, no conozco a nadie que lea más periódicos. Por las mañanas en su casa, se traga tres o cuatro, y de noche en el Casino, media docena. Busca en ellos la comidilla, la información mal intencionada, el palpitar convulsivo de la sociedad que considera enferma. La política, tal como aquí se practica, le inspira despiadadas burlas. Atiende a ella, según dice, como quien asiste a un sainetón extravagante. Para él no hay ministro honrado, ni personaje que no merezca la horca... Y sin embargo, muchos son sus amigos, se sientan a su mesa y le celebran las gracias. Cuando surge algún escándalo en la prensa, adopta y da por válidas las versiones más desfavorables. La complacencia y el orgullo iluminan su rostro cuando tiene que dar su opinión pesimista sobre cualquier asunto que cautiva y apasiona al público. Cada frase suya es un alfiler candente que penetra hasta el hueso y hace chisporrotear la carne.

Respecto a mi entrada en la política, me dice cosas y me da consejos que, la verdad, me entristecen. Hoy, después de almorzar, pasamos al gabinete donde habitualmente lee y escribe, y después de ofrecernos (los convidados éramos Federico Viera y yo) un par de cigarros secos, duros, amargos, que tiene en el cajón de una de las papeleras, y que por los viejos deben de ser los primeros que como muestra vinieron a España en los albores del vicio, dio a Viera una carpeta de estampas para que se entretuviese, y me echó este sermoncito, del cual te doy un extracto, que, gracias a mi excelente memoria, ni tomado por taquígrafos sería más ajustado a la verdad.

«Mira, hijo, todas las cuestiones que se refieren a libertad política, a garantía de derechos, o a leyes que robustezcan la Constitución y los altos poderes, es pura pamema. Oye estas cosas como aquel paleto que decía: por un oído me sale y por otro me sale; es decir, que no le entraba por ninguna oreja. Cuida mucho de que estas rimbombancias estériles no te entren en el cerebro, porque si llegan a entrar, siempre queda en la masa celular algo que puede trastornarte. Obra tocata muy común es la organización de los partidos, la necesidad imperiosa de que haya partidos, y de que estén bien disciplinados... ¡Oh!, ¡la gran simpleza...!, bien disciplinaditos. Esto lo oyes y te callas, como se calla uno cuando oye el canto del grillo. ¿Nos vamos a poner a discutir con un grillo y a refutarle lo que canta? No. Pues lo mismo haces cuando te echen el registro ese de los partidos y de la disciplina. En esto sigue la norma de conducta que he seguido yo cuando me han llevado a la reata del

Senado o a la del Congreso. Mira, hijo; yo, a los badulaques que me hablaban de cohesión, de apoyar al Gobierno, les contestaba que sí, que muy santo y muy bueno; y después hacía lo que me daba mi santa gana. Siempre que veía al Gobierno comprometido en las secciones, votaba con los enemigos. En el salón, te juro que nadie ha tenido tanta gracia para abstenerse a tiempo. Y nadie supo nunca si yo soltaba el sí o el no hasta que salía de mis labios. Veo que frunces el ceño y alargas el hocico, como si esto que te digo fuera una gran inmoralidad que escandaliza tu conciencia. Ten calma, que te daré razones convincentes para acallar tus escrúpulos. Mi sistema se inspira en el bien universal, no en el interés de unos cuantos charlatanes y explotadores de la nación. Ya lo irás conociendo, ya te vendrás a mi campo, al campo de las negaciones, de todas las negaciones juntas, donde se asienta la gran afirmación.

»También tratarán de meterte en la cabeza esa monserga de la paz... que necesitamos paz para prosperar y enriquecernos con la... la... industria, la agricultura... y dale que le darás Esto, chico, es como si al que no tiene qué comer se le dice que se siente a esperar que le caigan del cielo jamones y perdices, en vez de salir y correr en busca de un pedazo de pan. ¡La paz!... Llamar paz al aburrimiento, a la somnolencia de las naciones, languidez producida por la inanición intelectual y física, por la falta de ideas y pan, es muy chusco. ¿Y para qué queremos esa paz? ¿De qué nos sirve esa imagen de la muerte, ese sueño estúpido, en cuyo seno se aniquila la nación, como el tifoideo que se consume en el sopor de la fiebre? En el fondo de este sueño late la revolución, no esa revolución pueril porque trabajan los que no tienen el presupuesto entre los dientes, sino la verdadera, es decir, la muerte, la que todo debe confundirlo y hacerlo polvo y ceniza, para que de la materia descompuesta salga una vida nueva, otra cosa, otro mundo, querido Manolo, otra sociedad, modelada en los principios de justicia».

Al llegar aquí, no pude menos de mostrarme asombrado de que tales ideas profesase un hombre que vive tranquilamente de las rentas extraídas de la propiedad inmueble y de la riqueza mobiliaria, es decir, un fortísimo sillar del edificio del Estado, tal como hoy existe. Por respeto a las canas de Cisneros, no me eché a reír ante ellas. ¿Estará loco este hombre?, me dije. Y le tiré de la lengua, preguntándole qué forma social era esa en la cual quiere que resucitemos después de muertos y putrefactos.

No creas que se acobarda cuando se le argumenta estrechándole y pidiéndole que concrete sus ideas. Al contrario, esto le estimula a exprimir el magín para sacar de él nuevas agudezas. «Es -me dijo- como si me mandaras escribir la historia antes de que ocurran los hechos que han de componerla. ¿Qué es lo que ha de venir? ¿Qué forma traerá la catástrofe y en qué posición van a quedar las piedras del edificio una vez caídas? ¿Cómo he de saber yo eso, tonto? Lo que yo sé es que debo hacer cuanto esté de mi parte por ayudar al principio de suicidio que late en nuestra sociedad, y apresurar la destrucción, contribuyendo a fomentar todo lo negativo y disolvente. Que me hablan de libertades públicas y de los derechos del hombre. Música, bombo y platillos. Contesto que el pueblo no tiene más aspiración que la indiferencia política, ni más derecho que el derecho a esperar, cruzado de brazos, el vuelco de la sociedad presente, que ha de producirse por un fenómeno de física social. Háblanme de los partidos y de la disciplina, y hago tanto caso como de las disputas de los chicos de la calle, cuando juegan a los botones, al trompo y a cojito-pie. Me ponderan la necesidad de apoyar a estos gobiernos de filfa para que duren mucho, y yo me persuado más de la urgencia de combatirlos para que duren lo menos posible. ¿No has observado que, cuando se habla de crisis, la sociedad toda parece que se esponja, palpitando de esperanza y de júbilo? Es que tiene la conciencia de que el remedio de sus males ha de venir de la pulverización. Que esas cuadrillas de vividores que se llaman partidos y grupos se dividan cada vez más; que los gobiernos sean semanales, y tengamos jaleos y trapisondas un día sí y otro también. Esta movilidad, este vértigo encierra un gran principio educativo, y la nación va sacando de la confusión el orden, y de lo negativo la afirmación, y de los disparates la verdad. Yo, que siento en mí este prurito de la raza, me alegro cuando soplan aires de crisis, y aunque no la haya, digo y sostengo que la hay o que debe haberla... para que corra... Cuando mi criado entra a afeitarme por las mañanas, siempre le pregunto dos cosas: «¿Cómo está el tiempo, Ramón?... Ramón, ¿hay crisis?».

Con esta tienes para un rato, hijo de mi alma. Mientras la digieres, te preparo la continuación, que irá, Dios mediante, mañana.

Temas de discusión

¿Es *Tristana* una novela fallida tal y como expuso la crítica literaria del momento?

¿Podemos leer *Tristana* como una novela feminista? ¿Por qué piensas que Galdós insiste tanto en señalar la falta de educación que sufre Tristana?

Examina las razones y argumentos con los que Tristana y Saturna explican, a lo largo de la novela, que las mujeres se encuentran subyugadas al poder masculino. ¿Es Tristana una heroína?

¿Hasta qué punto denuncia la novela la situación de la mujer a finales del siglo XIX? Examina el papel de la familia patriarcal y el matrimonio en la novela.

Comenta las relaciones entre Tristana y Saturna; entre Tristana y Don Lope; y entre Tristana y Horacio.

¿Cómo definirías esta novela: tragedia, tragicomedia, melodrama...?

¿Cuál es la función del paisaje urbano de Madrid? ¿Hay cambios significativos entre los lugares donde vive Tristana?

Comenta el uso de las cartas, los diálogos y la narración en la novela ¿hay puntos de conexión entre las técnicas de la escritura teatral y de la narración novelística? ¿Cuál es la función de la elipsis en esta novela?

Explora las características del personaje canonizado de *Don Juan* en la cultura europea y explica los puntos de encuentro y las diferencias que presenta Don Lope con respecto a ese modelo.

Tras ver la proyección de la adaptación de *Tristana* de Luis Buñuel ¿podrías señalar cuáles son las principales semejanzas y diferencias entre la novela y la película?

Selected vocabulary

The meanings given here are those most useful to the reader in the context of this book.

abriles, years (Aprils)
abrojo, thistle
acendrada, pure
acibarar, to embitter
acicalarse, clean yourself up
acólito, acolyte
acritud, harshness
acuñado, coined
achicharrarse, to get burnt
adocenada, ordinary
afanarse, to toil too much
afeite, make-up
agravio, grievance
aherrojar, to oppress
ajadas, to become wrinkled
ajuar, trousseau
alabastrina, a thin sheet of alabaster
albarda, saddle
alborozo, delight
albricias, good news, congratulations
alcanfor, camphor
alifafe, ailment
almo, nourishing
alquicel, Moorish garment resembling a cloak
altanero, arrogant
altivo, haughty

amancebarse, to live together
amén, as well as
amílico, amyl
añejo, mature
añosos, old
apagador, silencer
apencar, to slog away
aportar, to arrive
aprensivo, apprehensive
arcabuz, arquebus
arcano, mystery
arcediano, archdeacon
ardid, trick
armiño, stoat
arrabal, suburb
arranque, outburst
arreo, belongings
arrumbar, to put side
artimaña, trick
asechanza, trap
astro, star
atildado, stylish
atufarse, to be overcome
avistar, to spot
azahar, orange blossom
azogue, to be restless

baldón, affront
bargueño, sideboard

barruntar, suspect
bastidor, stretcher
batacazo, blow
bayeta, cleaning cloth
bergante, rascal
bodegón, still life
bosquejar, sketch out
bruñido, polishing
bufando, seething
bula, papal bull

caballete, easel
caduco, outdated
callejera, stray
callera: hierba callera, wild grass
canalla, despicable
candor, candidness
capote, coat with shoulder cape
carantoña, caress
caro, dear, expensive
casero, homemade
casinescas, from the social clubs
casquivana, scatterbrained
casulla, chasuble
caterva, bunch
caudal, flow
cavilación, worrying
cazoleta, guard
cebada, barley
cejar, desist
celibato, celibacy
cifra, sum, figure
circunvecino, neighbouring
claudicar, give up
clavija, plug
clepsidra, water-clock
cojitranca, cripple
comezón, itch
comidilla, gossip
cominería, fussiness

comiquil, funny
compendiosa, condensed
contravención, violation
copete, crest
copioso, copious
corcel, steed
coronilla, crown
correntona, active
cortejar, to court
corva, back of the knee
cosquilleo, tickle
cotarro, riotous gathering
cuartos, cash
chacota, waggery
chafaldita, joke
chascarrillo, gossip
chisgarabís, obtrusive
chistera, top hat
chocarrero, vulgar
chocho, senile
chuchería, candy
chusco, funny
chusma, rabble

danzante, hustler
dehesa, pasture
derogación, repeal
desabrido, harsh
desatentada, excessive
desbarrar, to act the fool
desmedrar, to impair
despabiladilla, sharp
despepitar, to rave
despotismo, tyranny
desvelada, awake
diafanidad, transparency
diluvio, flood
discretismo, gossip
disipada, dissipated
dolencia, sickness

donaire, finesse
donosa, amusing
ductilidad, ductility

efluvio, outflow
egregio, eminent
embeleso, spellbound
embriaguez, intoxication
empadronamiento, registration of residency in a town, census
emplasto, plaster
enagua, petticoat
enaltecer, to raise up
encomendar, to entrust
engolfarse, to focus
enjaretar, to shape
enjuague, rinse
enjuta, bony
erial, wasteland
esclarecida, untangled
escorzo, torsion
esmero, care
espaldar, back
espingarda, Moorish musket
esquilmar, to exhaust
esquiva, distant
estopa, tow
estropajo, scrubber
exangüe, exhausted

facha, appearance
farfullar, to mumble
febril, feverish
fenecida, dead
fineza, delicacy
fisgonear, to snoop into
flor, compliment
franquearse, to be sincere
frugal, light
fueros, regional code of laws

fosco, disordered

gabela, tax
gandul, idle
galán, womaniser
galanteador, flatterer
galeote, galley slave
galeras, galleys
gallardía, bravery
gaznate, neck
generalato, generalship
grillete, shackles
grillos, crickets

hastío, boredom
hechicería, witchcraft
hidalga, gentlemanly
hociquear, to run into trouble
holgazán, lazy
hollar, leave tracks on
hombrada, brave act
huera, empty

ignominia, disgrace
ijares, flanks
improviso: de improviso, unexpectedly
incandescente, passionate
indelebles, unforgettable
indómita, untamed
inefable, unspeakable
ínfulas, airs
intrincado, intricate
intríngulis, mystery
irreductible, implacable
jaquetón, braggart
jicarazo, rough bang

lacerante, wounding
lacio, weak

laconismo, terseness
ladino, cunning
lance, predicament
lelo, stupid
lenitivo, palliative
lides, matters
lisonjear, to flatter
litúrgico, liturgical
liviandad, frivolity
lívida, pallid
lozanía, vigour
luxación, dislocation
llaneza, simplicity

machucho, sensible
magín, imagination
manceba, lover
marasmo, stagnation
mareante, sailor
maremágnum, confusion
maridaje, union
marina, navy
marrullero, smooth type
matutero, smuggler
medrosa, fearful
mejunje, brew
memorial, memorial book
menoscabo, damage
menudear, to be frequent
mercachifle, hawker
metomentodo, meddler
mistificador, mystifier
mortificar, torment
mosquete, musket
muelle, spring
murguista, street musician
murria, depression

nefanda, loathsome
nuncio, messenger

odaliscas, prostitutes
oficios, mass or other religious events
opalina, opaline
oprobio, shame
orondo, chubby/smug

pachorra, slowness
panoplia, panoply
palique, chitchat
pánfilo, gullible
páramo, dry land
parco, frugal
pasmarote, idiot
patinillo, small courtyard
patulea, mob
pegote, sponger
pendencioso, quarrelsome
perdulario, dissolute
pereza, sloth
pérfido, betrayer
perjurio, perjury
perspicua, perspicuous
pesquis, intelligence
pestaña, eyelash
petaca, hip flask
peto, chest guard
piélago, sea
positivista, materialist
premiosa, reticent
pretil, parapet
prócer, dignitary
prurito, obsession to be perfect
puntada, stitch
purgar, to purge
pusilánime, faint-hearted

quebranto, weakening
querencia, love
quevedos, pince-nez

quirotecas, gloves

redomado, inveterate
ramplona, coarse
rebullicio, uproar
remendar, to mend
renquear, to limp
renta, income
resmilla, parcel of one hundred sheets of letter-paper
resortes, means
resquemor, resentment
ribetear, to edge
rimero, stack
ringorrango, unnecessary complication
rúbrica, signature

sacrílego, sacrilegious
salmodia, psalmody
sanguijuela, leech
sátrapa, dictator
sedentaria, inactive
sedición, insurrection
serafín, angel
seso, prudence
sicario, killer
soleá, flamenco musical composition
spleen, apathy
súbito, sudden
supina, utter

tabardillo, sunstroke
taciturno, reserved
taimado, crafty
tejuelo, spine label
terne, tough
terneza, tenderness
tez, complexion
timorata, prudish
tiovivo, carousel
torneada, toned
torzal, cord
trapillo, to be dressed in ordinary clothes
trapisonda, row
trasto, junk
trebejos, equipment
trémula, trembling
trincar, to hold
trocar, to trade
tronera, small window
troquel, die, tool for stamping
tugurio, hovel
tumulto, turmoil
tuno, rogue
turca, drunkenness

undosa, which moves making waves
usufructo, lease

velador, pedestal table
ventolera, vanity
ventura, joy
vil, vile
vituperar, to condemn
viudez, widowhood
zangolotino, big kid
zaragüelles, baggy trousers
zote, stupid
zozobra, anxiety
zumbón, joker